读史馆

大写的历史

被忽略的历史文化

黄朴民 著

浙江出版联合集团
浙江文艺出版社

序

我曾经在第一部随笔集《寻找本色》中写下如是文字：

意兴的逸飞、思想的漂泊、生命的躁动、功名的渴求，这永远是古往今来一切伟人人生哲学的支柱、建功立业的媒介。惟其如此，他们方才成其伟大。与这形成鲜明对比的，则是迟钝、闭塞、萧索、浅薄的桎梏，曾抑压多少人的生命活力，将他们降为庸碌无为的一群。

正是在这个意义上，我们可以理解，为什么孔老夫子不愿意阿谀苟且，稳稳当当做他的副总理级司寇大官，而抱着"克己复礼"的理想追求不放，一往情深宣扬礼乐，尝试德政，以致丢掉了乌纱帽，漂泊四方，浪迹天涯，却仍不改其乐。为什么东汉的太学生们不肯浑浑噩噩，与世俗同流合污，博取一份功名利禄，而偏偏要以兼济天下为己任，勇敢向黑暗势力宣战，以致遭受党锢之祸，惨历斧钺囹圄之戕毒，却慨当以慷，甘之如饴。这正是伟人独有的境界，也是中华民族历史上伟人辈出、正气浩然的根源。

的确，蔑视平庸，嘲笑浅薄，渴望舒展抱负，建功立业，寻求自己的人生支点，实现自己的内在价值，谱写一曲生命的颂歌，完成历史赋予的使命，正是所有伟人的襟度和本色。

近二十年过去了，我渐渐懂得，中国历史上之所以有这样的气象，这样的境界，这样的超越，其真正的动因，是文化。文化的力量，文化的基因，造就了这一切！

这里，我们有必要先厘定“文明”与“文化”的不同概念。在我看来，文明与文化既有联系又有区别：文明是物化的、具体的，更多体现为物质性、实质性的形态，例如青铜文明、农业文明、工业文明，等等；而文化是抽象的、理念性的，其本质则更多地体现为无形的精神力量。文明有先进或发展程度上的不同，如工业文明一般情况下要较农耕文明来得先进；而不同文化彼此之间并无优劣高下之分，我们不能说基督教文化优越于儒学文化和伊斯兰文化，反之亦然。换言之，文明更多地呈示为硬实力，而文化更多地反映为软实力。

文化的价值与功能，在于互为观照，互为包容，互为渗透，互为升华。从这个意义上说，不同文化都有其普适性的成分，普适价值不应该是西方文化的专利品。当然，说什么 21 世纪是中国文化的天下，鼓吹所谓“三十年河东，三十年河西”，侈谈东方文明主导明天的世界，也同样是片面的、偏颇的，乃至是荒诞的。

中华文化之所以生生不息、亘古常新，就在于它的核心精神具有普适性。“天人合一”“和而不同”“泛爱仁慈”“刚柔相济”“民为邦本”“孝悌忠信”等等，皆呈示了鲜明的自强不息、厚德载物的本质属性。它超越了时空，也超越了族群与阶级，是我们今天进行东西方文化接轨与融合的重要资源。它与西方文化中“自由、平等、民主、博爱、天赋人权”的价值理念可谓百虑而一致，异曲而同工，殊途而同归。

我的这本小书，就是想从某个侧面、某些个案，对源远流长、博大精深的中国历史文化作个性化的解读。虽然说内容的涉猎不免挂一漏万，诠释的方法不免捉襟见肘，认知的层面不免浅尝辄止，但是，可以肯定的是，收录在本书中的这些文章，基本上是能够致力于围绕“历史文化”这个中心来叙述展开的。对跌宕起伏的悠久历史，对雅人深致的中华文化，我在主观上，都试图予以充满感情的描绘，予以富有生命的重现。至于能否做到，则没有做过多的计较，也没有必要做过多的计较。所谓“至于成败利钝；非臣之明所能逆睹也”，“尽吾志也，而不能至者，可以无悔矣！其孰能讥之乎？”我个人认为，历史的回顾是我们最大的慰藉，而文化的寻根更是我们最高的价值。我们的历史、我们的文化，是我们生命的源头，是我们精神的港湾，更是我们心灵的归宿。不管你走得多远，也不管你有怎样的成功，你总是会时不时地回望你灵魂的皈依之所，梦萦于斯，心归于斯。

一言以蔽之，我们应当拥抱历史，拥抱文化，将皈依传统与坚守文化看作自己生活中最重要的一部分，看作最值得留恋与记忆的美好对象。有必要怀着深厚的寻根意识，不遗余力地去寻觅灵魂的安顿之所，并且在这个过程中，寄托自己的欣然，表达自己的体认，诉求自己的愿景，分享自己的愉悦，交流自己的感悟！

了解历史的终极目的，归根结底，是要弄明白“从何处而来，往何处而去”的意义；文化的永恒魅力，说千道万，是要提醒我们搞清楚“后之视今，亦犹今之视昔”的底蕴。毫无疑问，我们正在走向现代化，这使我们的生活变得更为便捷，更为富裕，更为体面。但是，我们也忧虑地发现，现代文明并非绝对优越，它让我们在物质上享受种种好处的同时，也往往使得我们在精神上迷失了自我。所以，我们在仰头前行的时候，更有必要回首寻觅，找回失去的以往，找回错过的风景。慢慢走，欣赏路边的风景，固然重要；回头看，带上往昔的梦幻，同样迫切。

于我而言，多写几篇文章，多出几本专著，并非毫无意义。有更多的成果，当然是值得欣慰的好事，硬是要装出一副淡泊名利的姿态，卖弄不食人间烟火的样子，那叫作矫情。我们要拒绝这种虚伪，而虚伪的归宿，严复早已指出，就是“始于作伪，终于无耻”！但是，这些东西毕竟已经不是我从事研究、实现自我的主要诉求了。我经常扪心自问，自己现在更想做的究竟是什么？答案是，吾生也有涯，而知也无涯，我怎么在非常有限的生命里多写一些能够让自己找回本色，同时也有益于更多的人能够“回头看”的文字，可以和大家一道分享文化盛宴带给我们的重要启示。

生活不是单调的，何妨古今一线牵，回顾历史，认知文明，感恩文化，同样也是我们精神生活中的有机组成部分，是我们皈依真理、超越时空、追求永恒的一种选择。而所谓历史，所谓文化，也不是虚幻的，它就存活在故乡小河的石板桥上，依托于叠床架屋的线装书里，镌刻在你我所有人魂牵梦萦的记忆深处。

孔子有言：“仁者乐山，智者乐水。”我的祈愿，既简单平凡，又似乎遥不可及，即钟情于水的活泼，又期许于山的沉默。因为：活泼象征着自由，沉默意味着力量！

我不会放弃，我将继续努力。

是为序。

黄朴民

2015 年 12 月于中国人民大学国学院

目录

走出历史的丛林

以史为镜

附录

历史的第三种读法

江畔何人初见月？江月何年初照人？
人生代代无穷已，江月年年望相似。
——（唐）张若虚《春江花月夜》

怎样读历史？一个貌似多余却又不得不说的问题。

复原历史真相，探究历史规律，寻觅历史启迪，这是绝大多数专业历史工作者的读法。

在他们眼里，历史是往昔文明的沉淀，是科学研究的对象。饾饤索隐，考镜源流，是为了说明历史的真相；由表及里，提玄钩要，是为了揭示历史的规律；牵手古今，经世致用，是为了接受历史的启迪。于是，一盏青灯，几茎白发，便成了他们的生存状态；板凳要坐十年冷，文章不写一字空，便成了他们的治学态度；究天人之际，通古今之变，成一家之言，便成了他们的理想诉求。

这当然是很高雅的读法，也是历史学作为一门学科赖以存在并不断发展的不竭动因。诚然，历史学的本质是“求真”，功能是“致用”，没有对历史现象与真实的说明，历史学便失去了存在的意义；没有对历史经验与智慧的借鉴，历史学便丧失了存在的价值。所以，我们理所当然理解和尊重这种读法，更感谢一切为复原历史真相，探究历史规律，寻觅历史启迪而做出的努力。

了解掌故，增添谈资，享受乐趣，消磨永昼，这是千千万万胼手胝足平头老百姓的读法。

在他们眼里，历史是离奇古怪的故事，是大众消遣的对象。茶余饭后，历史不妨成为一种谈资内容，乱弹神侃，自娱娱人；车上枕旁，历史不妨作为一种休闲手段，思接千古，打发时间。对他们来说，读历史纯粹属于业余的兴趣，而绝非谋生的饭碗。不在乎丝丝入扣的真实，只要热闹有趣便行；不计较宏大深沉的学理，只要通俗易懂便行；不关心鉴古知今的命题，只要亲切生动便行。

这种心情，这种姿态，属于典型的历史大众读法。它并不发轫于今天，至少在唐宋时期的瓦舍勾栏里，历史的大众通俗化读法就蔚然成风了。“或笑张飞胡，或谑邓艾吃”，这是大众对历史的一种解说；“斜阳古柳赵家店，负鼓盲翁正作场。身后是非谁管得，满村争说蔡中郎”，同样也是大众对历史的一种诠释。

时至今天，它依旧充满着勃勃生机，只要看看电视荧屏上的“汉武大帝”“洪武皇帝”“贞观君臣”的火爆出镜，清宫“辫子戏”的所向披靡，再看看大大小小书店里“水煮三国”“××秘史”之类图书的上榜畅销，引领风骚，就不能不承认，以享受乐趣、放松心情为主旨的历史大众读法，较之于历史工作者的专业读法，范围要宽得多，影响要大得多，群众基础也要广泛得多。所谓“历史热”的造就，在更大程度上应该与它相关。

很显然，第一种读法是阳春白雪，第二种读法是下里巴人，各有各的主旨，各有各的范围，各有各的对象，就好比是两股道上跑的车，走的不是一条路，但都有其存在的合理性。

然而，问题并不是这么简单，对不少钟爱历史但又非从事专业历史研究的受众而言，仅有这两种历史的读法，无疑是远远不够的。

专业的读法固然很高雅，可高雅的同时，又不免有孤芳自赏之讥。所以，当历史学者呕心沥血，打磨出一部部佶屈聱牙、莫测高深的学术精品的同时，他们也悲哀地发现，这些成果有如博物馆里的文物，养在深闺人未识，丝毫引发不起普通读者的兴趣，狭窄小圈子里的流连忘返，终究无法与社会大众发生联系，更遑论引起共鸣。用流行歌曲的歌词来形容，便是"一个人的精彩"。这样一来，整日在竹头木屑中捣鼓，长年在浩瀚史册里折腾的历史学研究，其前途也只能是王小二过年，一年不如一年，越来越淡出人们关注的视线，不可逆转地走向边缘化。

大众的读法固然很通俗，可通俗的同时，有时又不免有滑入戏说庸俗的危险。在缺乏对历史起码敬畏的情况下，满足于感官快感的大众阅读，有可能出现这样的结果："关公战秦琼"之类的笑话层出不穷，历史应有的科学理性与教育意义悄然消解，真实的历史与无稽的虚构煮成一锅粥。所以，"辫子戏"当了我们荧屏的主角，"厚黑学"成了不少人们的钟爱。热闹的同时，是基本历史是非的错位颠覆；喧哗的背后，是丑陋封建意识的沉渣泛起。这并不是危言耸听，只要看看某些电影，就可以触类旁通了——《英雄》对杀人如麻行径的津津乐道、大肆渲染，《黄金甲》对乱伦背叛做法的嗜痂成癖、沉醉如痴，正以活生生的现身说法提醒我们：单纯追求市场，迎合世俗的大众读法，稍有不慎，很可能会走火入魔，贻害无穷。一句话，与专业的读法一样，历史的大众读法在具有其独特优势的同时，也存在着毋庸置疑的局限性。

既不乐意因执着高雅而架空历史，边缘历史，又不希望因凑合通俗而唐突历史，忽悠历史，那么，有没有更多的选择？有没有更好的出路？答案是肯定的，这就是我们要说的历史的第三种读法。

所谓历史的第三种读法，其核心内涵，就是要打破壁垒森严的专业与业余界限，跳出高雅与通俗的人为圈子，让专业历史工作者暂时放低身段，离开高高的象牙之塔，走向社会，融入大众，以深入浅出、雅俗共赏的方式，弘扬健康的历史观念，传播正确的历史知识，与更多的大众分享历史的智慧，反省历史的经验。化腐朽为神奇，变深奥为平易，使尽可能多的人消除对历史有形无形的隔膜，使阅读历史、认识历史、借鉴历史成为社会大众生活中的有机组成部分。

要知道，学有所长，术有专攻，对于绝大多数非专业的社会大众来说，他们关心历史，了解历史，不是为了做历史学家，而是出于对历史的喜爱，对传统的钟情。所以，他们并不拒绝历史，所不感兴趣的，只是那种专业研究层面的历史读法；他们更不厌烦历史，所无法认同的，只是那种漫无边际的历史戏说。他们真正期待和热情欢迎的，乃是用现代意识对历史进行生动鲜活的解读，让历史从历史学家营造的象牙之塔中走出来，走入千家万户，走入每个人的心里。

社会大众的这个要求合情合理，毫不过分，专业的历史工作者没有任何理由忽视和拒绝。健康的通俗化与精深的专业化并不是水火不相容、冰炭不同器式的对立。作为专业的历史工作者，职责所在，当然可以也应该坚持历史的专业读法，继续皓首穷经去搞所谓的"考据"，继续在字里行间发掘所谓的"微言大义"。然而，与此同时，是否也能更积极地承担起义不容辞的另一种社会责任，观照绝大多数社会大众的需求，分出一点精力与时间，尝试做历史的第三种读法，从而扩大历史学的社会基础，避免历史学尴尬的社会边缘化呢？

必须指出的是，这绝不是单纯的付出，更不是无谓的自降身价。恰恰相反，这乃是对历史学的自我救赎——只有更多的人亲近历史，关注历史，才能使历史研究拥有更坚实的基础，注入更活泼的生机；才能使自己钟爱的历史专业读法在更理想的环境下坚持下去，壮大起来；才能使社会大众的历史通俗读法提高层次，实现升华。说到底，这乃是双赢的选择，也是正确的方向。

令人鼓舞的是，近些年来，已经有越来越多的专业工作者开始关注和践行历史的第三种读法。他们努力贴近社会大众的思维方式和阅读习惯，用平易亲切的语言解读历史，用生动活泼的方式普及历史，让沉睡的历史人物一朝复活，使久远的历史事件再度浮现，既揭示了历史的真相，又引发了人们的兴趣，从而在尝试历史的第三种读法的道路上迈出扎扎实实的步子。

事实证明，这种尝试是深受欢迎的，也是非常有益的。如央视《百家讲坛》的专题历史讲座，无论是易中天教授的“品三国”、阎崇年教授的“说清史”，还是毛佩琦教授的“讲明史”、王立群教授的“讲汉史”等等，都获得了广大观众的肯定，收视率节节攀升，拥趸者趋之若鹜，这从一个侧面显示了历史的第三种读法具有强大的生命力。尽管他们所解读的历史，在专业的圈子里，不过是些所谓的“常识”，是一般的介绍而非专门的研究，但是，对于普通的社会大众来说，这些知识已经足以满足他们在历史方面的求知心理需求了。历史的第三种读法既没有丧失应有的高雅旨趣，又超越了以往大众历史解读上的戏说境界，它意味着历史阅读上的推陈出新，别开生面，这是大势之所趋，更是希望之所在！

儒者果真高尚？

“儒”的文化史考察

随着近些年国学热的兴起，古代儒士的身价似乎也水涨船高、奇货可居了。人们都喜欢拿“儒”做有文化、有涵养、有境界的标签，往自己的身上贴。于是，医生大夫中，医术高明且宅心仁厚者，被尊称为“儒医”；行商坐贾中，致富有道且童叟无欺者，被恭誉为“儒商”；从戎统军的，能征惯战且知书达理者，被敬推为“儒将”……总之，不论是干哪一行活，吃哪一碗饭，好像只要是与“儒”字沾上了边，就立马变得儒雅风流、气象万千了。

可是，“儒”果真是这么高尚、如此神圣吗？

其实并不见得。

至少在先秦的大部分时间里，“儒”仅仅是普通的文化人而已。章太炎、胡适之等学者对此都有详尽的考证。更为关键的是，在当时社会普遍推崇尚武精神的氛围下，执干戈以卫社稷才是正儿八经的事业，只有孔武有力的武士，才是人群中的精英、社稷的靠山、国家的栋梁。所谓“赳赳武夫，公侯干城”，讲的就是这种时代风尚。正如顾颉刚先生所言：“吾国古代之士，皆武士也。”[①]他们是国士，地位崇高，万人钦仰：“国士在，且厚，不可当也。”[②]这样一来，儒，作为一个群体，只能是被边缘化的角色。因此，其并不被主流社会所看好乃是合乎逻辑的。换言之，在当时相当多的人眼中，四体不勤，五谷不分，只会摇唇鼓舌，不能冲锋陷阵，正是这些文化人的最大特征。他们是一群文弱窝囊的迂夫子，是一批混迹江湖的寄生虫。

因此，《左传·昭公元年》载郑国贵族徐吾犯之妹择婿时，弃衣冠楚楚"盛饰入"、忸怩作态的公子黑（子皙）而取"戎服入，左右射，超乘而出"的公孙楚（子南），其理由就是公孙楚粗犷强悍，有一身的蛮劲，"子皙信美矣，抑子南，夫也。夫夫妇妇，所谓顺也"。连同样身为武士贵族阶层的公子黑尚且不入其法眼，那么若是文绉绉的儒者去求婚，恐怕是连门也进不去的。"儒"在中国古代的社会生活中，其地位就是这么尴尬和无奈。

其实，从我本人所了解的文字学知识来观察，在中国古代社会中的"儒"，也似乎不是什么优秀的一群。古文字学中有一个相当流行的概念，即宋代人王子韶（字圣美）在其《字解》中所提出的"右文说"。沈括《梦溪笔谈》卷十四中曾有引录："王圣美治字学，演其义以为'右文'。古之字书，皆从左文，凡字其类在左，其义在右。如木类，其左皆从木。所谓'右文'者，如戋，小也，水之小者曰浅，金之小者曰钱，歹之小者曰残，贝之小者曰贱。如此之类，皆以戋为义也。"

在古文字学研究者看来，所谓"右文说"，乃是指形声字的声符在表声的同时还表意。它也是日后清代大朴学家段玉裁在其《说文解字注》中创立的"形声多兼会意"这一条例的滥觞。当代著名文字学家、训诂学家陆宗达对此曾有详尽的阐述，因为它太重要和精辟了，兹转引如次：

《荀子·正名篇》在讲到"制名之枢要"时指出："物有同状而异所者，有异状而同所者，可别也。"状是事物所具有的形态，所是处所，就是事物是以怎样的一种东西存在于世界，也就是相当于现代所谓"实质"。所谓"同状而异所",是形态相同而实质不同。例如《说文·艸部》:"茎,枝柱。"意思是茎是植物花叶果实的枝柱。又《页部》:"颈,头茎也。"则头部的枝注(原文,应为柱)叫颈。又《牛部》:"牼,牛膝下骨也。"《肉部》:"胫,胻也。"则动物或人的身体的枝柱叫牼、胫。这些事物同样具有向上挺立的形态和起着枝柱的作用,这就是同状。同时,这些事物又不是一种东西,或为草木,或为脖项,或为肢体,其实质并不相同,这就是异所。[③]

按古文字学家和训诂学家的理解,这种文字训诂学上的"同状的引申"乃是相当普遍的。两种本质不同的事物,如果形状、性质、用途、特征相似,是可以引申的,即可以同词或同根。就"同态"言,劈柴叫"斯",也作"廝"或"撕";声音散裂叫"嘶",流冰叫"凘",东西扯裂叫"撕"。这些词都同根,以"斯"为根,都是由于它们破裂的状态一致而引申的。[④]

从文字学的内在规律讲,这也属于形声造字。这种情况越到后来越是普遍,因此,同声符的同源字便纷纷出现。在古文字学和训诂学者看来,就是因为存在着这类同源字,所谓的"右文说"的产生乃是很正常的现象。就同声符的同源字构成规律而言,音同或音近的字有可能选择同一声符来标音而采用形声造字,如辒、愠、蕴,都取"昷"做声符。而"右文说"更进一步,认为其声符的"义"也一致或相近。

对于"右文说"的评价,学者们的意见有明显的分歧。我个人认为,陆宗达、王宁先生的看法是比较平允的:"用同源字的原理来解释'右文说',可以看出其中的部分合理性。但是,'右文说'也犯了以偏概全的错误,不加分析地把声符带义现象说成'凡'、'皆',以为这是形声造字的普遍规律,这就将形声系统与同源系统简单地等同起来，于理论于实际都是不符合的。”[5]

尽管“右文说”在释读文字上存在着不尽科学的问题，但它的确有助于我们考察“儒”的本义，能知道“儒”并非像人们所理解的有什么了不得的地方。“儒”字若作分析，则“人”旁为类别，“需”为其义，同时亦为声符。“需”之意蕴，古籍中有柔弱、沾滞的意思。《考工记》言：“革，欲其荼白而疾浣之，则坚；欲其柔滑而腥脂之，则需。”又，同书：“厚其帤则木坚，薄其帤则需。”这里两处“需”均与“坚”对举。很显然，“需”为“坚”的反义词，是“坚强”的对应面“柔软”。后来又引申为迟缓濡滞、犹犹豫豫、拖泥带水、怯懦无力的意思。《周易·杂卦传》有云：“需，不进也。”而《左传·哀公六年》则云：“需，事之下也。”《左传·哀公十四年》亦称：“需，事之贼也。”这里的“需”，就是软弱无决断之意，正是因为耽误、犹豫而导致了严重的恶果。故杜预“注”云：“需，疑也。”孔颖达“疏”亦引“正义”云：“需是懦弱之意。”

考察汉字中绝大多数以“需”做声符的字汇，我们可以发现：其基本上都有着柔弱、弱小、软弱、差劣的含义。如“懦”，即胆怯、怯懦，没有担当的勇气。“孺”，小孩子，象征着需要被保护，有时也意味着懵然无知，所谓“孺子可教”。“糯”，一种黏软粘牙的稻米。“濡”，水细小湿染之貌。“嚅”，嗫嚅，声音细微，精神萎靡不振之状。“蠕”，软小虫子的蠕动。“瓀”，质地不坚、质量居次的玉。“壖”，贫瘠下等的田地。“襦”，贴身的内衣，也称亵衣，有私密不可示人的意思。

以此类推，那么用“儒”来冠名人群中的某一类，很显然，也不是什么嘉名。应该说，许慎《说文解字》中关于“儒”的定性是非常恰当与准确的：“儒，柔也。”“儒”这群人因与“需”这个声符与义项沾了边，而拥有了天生柔弱和没有能耐这个特征，特指一群柔弱无力、不堪担当大事的文化人。

关于“儒”的起源与属性，学者已多有讨论，并不乏真知灼见。章太炎《国故论衡》下卷《原儒》中指出，“儒”有广狭不同的含义：

> 儒有三科，关达、类、私之名。达名为儒，儒者术士也……儒之名盖出于需。需者，云上于天，而儒亦知天文、识旱潦……古之儒知天文占候，谓其多技，故号遍施于九能，诸有术者悉晐之矣。
>
> 又云：类名为儒，儒者，知礼乐射御书数。《天官》曰：儒以道得民。说曰：“儒，诸侯保氏，有六艺以教民者。”《地官》曰：联师儒。说曰：师儒，乡里教以道艺者。此则躬备德行为师，效其材艺为儒。
>
> 再曰：私名为儒。《七略》曰：“儒家者流，盖出于司徒之官，助人君顺阴阳明教化者也。游文于六经之中，留意于仁义之际，祖述尧、舜，宪章文、武，宗师仲尼，以重其言，于道最为高。”周之衰，保氏失其守，史籀之书、商高之算、蜂门之射、范氏之御，皆不自儒者传。

章太炎先生进而提出了“题号由古今异”的重要概念：“今独以传经为儒，以私名则异，以达名、类名则偏。要之题号由古今异，儒犹道也。儒之名于古通为术士，于今专为师氏之守；道之名于古通为德行道艺，于今专为老聃之徒。”

沿着太炎先生的足迹，多位学者都将“儒”的含义做了历史的动态性的甄别。如钱穆先生在《古史辨》第四册《序》中即指出“儒”之名并不始于孔门：“儒为术士，即通习六艺之士。古人以礼乐射御书数为六艺，通习六艺，即得进身贵族，为之家宰小相，称陪臣焉。孔子然，其弟子亦无不然。儒者乃当时社会生活一流品，……非学者自锡之嘉名。”

当然，称“儒”的本义为术士和一般文化人，亦并非太炎、钱穆诸先生的发明。古代学者早有这方面的提示。许慎《说文解字》卷八上即云：“儒，柔也，术士之称也，从人，需声。”颜师古《汉书·司马相如传》“注”亦云：“凡有道术皆为儒。”俞樾《群经平议》卷十二则称：“凡有一术可称，皆名之曰儒。”凡此种种，不胜枚举。由此可见，“儒”可区分为广义之“儒”和狭义之“儒”，乃是古今学者的普遍共识。

而胡适先生对这类广义的“儒”的阐释，则集中到殷周文化传承的历史背景中来展开，其《说儒》称云：“儒是殷民族的礼教的教士，他们在很困难的政治状态之下，继续保存着殷人的宗教典礼，继续穿戴着殷人的衣冠。他们是殷人的教士，在六七百年中渐渐变成了绝大多数人民的教师。他们的职业还是治丧，相礼，教学；但他们的礼教已渐渐行到统治阶级里了……这才是那个广义的‘儒’。”他的结论是：“儒的职业需要博学多能，故广义的‘儒’为术士的通称。”

虽说有一些学者，如郭沫若等并不赞同胡适的观点（郭氏有专文《驳“说儒”》对胡适的观点痛加驳斥），但是，大部分学者还是认同胡适先生的论断的。如果胡先生的看法可以成立，那么，柔弱怯懦为“儒”的特征，也恰好合乎了“儒”的文字学构造的本义。

应该说，汉代人对“儒”的广义与狭义的区隔，还是基本了解的。许慎是东汉时期的学者，此时，“罢黜百家，独尊儒术”业已成为社会政治生活中的现实，儒学早已成为正统的统治指导思想。按说，许慎在解释“儒”时，当引《汉书·艺文志·诸子略》有关“儒家”的定义，然而，许慎并没有这么做，而是径谓“儒，柔也，术士之称也”。其原因无他，而是许慎虽系纯正虔诚的儒者人物，可毕竟是杰出的古文经学家，在治学上所秉承的是实事求是、穷本溯源的基本原则，因而能够跳出意识形态的窠臼，而致力于辨章学术，考镜源流，来准确地描述“儒”的本来面目。

这样的情况，在两汉时期并不是孤立的，像《汉书·儒林传》指称秦代暴政表现之一，乃为“燔《诗》《书》，杀术士”。这里，所谓“杀术士”，指的就是坑杀广义之“儒”。又，《汉书·司马相如传(下)》载“相如以为列仙之儒居山泽间，形容甚臞，此非帝王之仙意也，乃遂奏《大人赋》”，云云。可见贾山、司马相如等人也是完全了解“儒”有广义之“儒”与狭义之“儒”的区别的。

知道了“儒”有广义与狭义之别，对于我们重新释读古典，复原历史的真相，无疑是十分有裨益的。其中特别重要的，是有助于我们正确梳理古代学术传承的关系，走出后世儒者所设置的学术师承关系上的误区。

例如，对于墨家创始人墨翟与孔子及其儒家的关系，长期以来都流传着一种说法，称墨翟原为孔门的追随者，后才因为理念不合而从儒家营垒中反叛出来，创立墨学，另起炉灶，别树一帜。其实，这完全是以狭义的“儒”的概念去框定儒墨关系而造成的误读。

真实的情况应该是：就狭义的“儒”而言，墨家与儒家并无所谓的师承关系，儒家是儒家，墨家是墨家，墨子并没有曾做儒门弟子的经历，当然也谈不上有背叛师门、另立山头的行径了。但就广义的“儒”而言，墨家和儒家倒确实同出一源，都是一般意义上的文化人、博学多能的术士，他们共同以“六艺”为学习的对象，以传承先圣的文化为职责。这一点，在《淮南子》中一样有具体的提示，只是平时没有引起人们充分的关注而已：“孔丘、墨翟，修先圣之术，通六艺之论，口道其言，身行其志，慕义从风。”[6] 很显然，“修先圣之术，通六艺之论”，正是儒家和墨家作为广义的“儒”所共有的价值取向与治学特征。

明乎此，我们才能够真正阐释有关文献中诸如“女为君子儒，毋为小人儒”[7]，“鄙儒小拘，如庄周等又滑稽乱俗”[8]，“今夫子必儒服而见王”[9]的本义，对其所提及的“君子儒”“小人儒”“鄙儒”“儒服”予以合情合理的回答，而不至于望文生义。

同样，了解了“儒”的本义，我们也可以对秦始皇当年的焚书坑儒之公案得出更为公允的认识。一直以来，焚书坑儒事件是秦始皇暴政的标志性事件之一，秦始皇本人也因摧残文化、屠戮儒生而背负着千秋骂名。然而，我们读史籍时亦不免会产生一些困惑：为何儒家创始人孔子的后裔孔鲋在这场浩劫中能够安然无恙，日后当陈胜、吴广起事时可以与鲁地儒生一道抱孔氏宗族之礼器归附义师？又为什么叔孙通能以儒者身份充当秦廷的待诏博士，并在政治的惊涛骇浪中全身而退？史籍曾明确记载：叔孙通“秦时以文学征，待诏博士”；后来又因为能巧言令色，所提之建议投机迎合秦二世的心意而获得实授的博士。

其实，这并不是什么值得奇怪的事情，明白了“儒”有广义与狭义之畛域，则可知当年秦始皇所坑杀的“儒”，并不是那些正儿八经的儒家读书人，而是那些到处煽风点火、妖言惑众、装神弄鬼的术士，打击的是邪教之类的社会渣滓。司马迁是知道秦始皇血腥镇压的矛头之所向的，因此，他在《史记·儒林列传》中一针见血地道出真相：“及至秦之季世，焚《诗》《书》，坑术士。”请注意，他这里讲的是坑术士，而并非坑儒生。由此可见，秦始皇焚书固然是事实，乃是其采纳法家“明主之国，无书简之文，以法为教；无先王之语，以吏为师”[10]的逻辑选择；但是坑儒的情况则比较复杂，需要加以认真的辨析。

从更深的层次考察，历史上的无数经验已证明，一个王朝的覆灭，其原因是十分复杂的。在很多情况之下，暴政并不一定会导致王朝统治的崩溃。以秦朝为例，它灭亡的首要原因，当是其施政上战略重心的过早转移，即轻忽了东西对立的结构性矛盾，以为收缴了山东六国兵器铸成铜人之后，内部的反叛势力已不足忧虑，自我感觉过于良好，以致松懈了对山东六国潜伏敌对势力的警惕，将“攘外必先安内”的训律置于脑后，把战略重心提前转变为“攘外”，又是派遣蒙恬等人率兵四十万北上抗御匈奴，又是驱动将军屠雎发兵五十万修筑灵渠，开发岭南，结果导致核心区域的防御空虚，违背了“居重驭轻”的根本战略原则，埋下了土崩瓦解的隐患。一旦陈胜、吴广在腹心地区揭竿而起，则无兵可派，只好让少府章邯临时纠集那些修筑骊山陵墓的刑徒仓促成军。这样的军队，其战斗力自然要打上大大的折扣，与陈胜、吴广麾下的乌合之众较量，尚有胜算，可一旦遇上具有相当战斗力的项梁、项羽叔侄子弟兵，则不免只有失败的命运了。至于从北方前线仓促回防的正规精锐之师，也会因长途奔波而人困马乏、锐气顿挫，而未能发挥出正常的战力，巨鹿之战的结局业已证明了这一点。

不过问题的关键是，历史总是由胜利者来书写的，而胜利者当中书写历史的，又是那些操控着笔杆子的儒家士人。他们对秦王朝不重视儒学、不重用儒生早已心怀不满——这也基本上是事实，所以他们在总结历史经验之时，就很自然地将秦王朝覆灭的原因简单归结于“仁义不施而攻守之势异也”，这里的“仁义不施”，就包括了所谓的焚书坑儒。如此一来，焚书坑儒事件便成了秦始皇和整个秦王朝暴政的最大象征，而坑儒的真相亦不能不长期为历史的风尘所湮灭或曲解了。

注释：

①《史林杂识初编·武士与文士之蜕化》。

②《左传·成公十六年》。

③陆宗达：《说文解字通论》，北京出版社，1981年版，第39页。

④陆宗达、王宁：《训诂与训诂学》，山西教育出版社，1994年版。

⑤陆宗达、王宁:《训诂与训诂学》,山西教育出版社,1994年版,第373页。

⑥《淮南子·主术训》。

⑦《论语·雍也》。

⑧《史记·孟子荀卿列传》。

⑨《庄子·说剑》。

⑩《韩非子·五蠹》。

门外说“礼”

自周公旦制礼作乐，肇基西周皇皇礼乐文明之后，中国遂以礼仪之邦的形象屹立于天下，在漫长的历史长河中呈示中华文明独特的精神气质与文化魅力，引领风骚，自立于世界民族之林。

正因为礼乐文明对中国历史与政治发展的意义如此重大，影响这般深远，所以，历代人们对“礼”的起源、内涵、性质、价值的讨论与阐释，可谓是连篇累牍，不可胜数，称之为浩如烟海亦不为过。

在我看来，“礼”最显著的特征也许可以归纳为以下几个“性”：

第一，悠久性。“礼”作为系统完备的礼制文化与礼乐文明，也许出现在国家机器正式建立之后，最为典型的，自然是西周初年的周公制礼作乐，但是，“礼”的萌芽则源自原始社会晚期。据业师杨向奎先生研究，“礼”起源于原始社会的内部之物物交易，所谓“来而不往，非礼也”，即原始之“礼”的孑遗。[①]

第二，包罗性。在前帝国时代，“礼”是上层建筑与意识形态的综合载体，涉及制度建设、道德观念、行为方式、价值取向等方方面面。以典型的周礼而言，“礼”就有五大类，即“吉礼、凶礼、军礼、宾礼、嘉礼”，举凡朝觐、盟会、祭祀、丧葬、征伐、聘问、宾客、学校、婚嫁、冠笄等等，无不有详尽具体的礼制规定。如宋襄公在泓水之战后发表的高论，“君子不重伤，不禽二毛。古之为军也，不以阻隘也。寡人虽亡国之余，不鼓不成列”[②]等等，均属于军礼所要求做到的准则；《汉书·艺文志》著录有“军礼司马法百五十五篇”，可见其之蔚为大观。

第三，继承性。礼制文化的建设不是一蹴而就的，而是有一个漫长悠久的发展过程。每一个时代的“礼”，在体现其时代主题的同时，都有对前代之“礼”的借鉴与继承，有所凭借，有所扬弃，有所发展。这就是孔子所说的：“殷因于夏礼，所损益，可知也；周因于殷礼，所损益，可知也。其或继周者，虽百世，可知也。”[③]从这个意义上讲，礼制文化就是一个层叠累积的产物。

第四，等级性。“礼”的基本功能，在于建构社会的秩序，维系社会的稳定。其宗旨是为了确立尊卑有序、贵贱有等、内外有分、亲疏有别的社会超稳定系统。因此，表征社会成员的等级差别、尊卑贵贱，也就成了礼制文化的根本属性，所谓“礼者，法之大分，类之纲纪也”[④]。而这种区隔、这种分异，则通常是通过名物度数的“礼物”和揖让周旋的“礼仪”得以反映的。“刑不上大夫，礼不下庶人”[⑤]，就是印证。这正如荀子等人所强调的：“礼者，贵贱有等，长幼有差，贫富轻重皆有称者也。”[⑥]

第五，重要性。“礼”在国家治理、人伦关系维持方面的重要意义不言而喻。历代思想家、政治家对此均有充分的阐述，打开典籍，这方面的言论比比皆是，可以信手拈来。这在《左传》中，是“礼，经国家，定社稷，序民人，利后嗣者也”；在《论语》中，是“克己复礼为仁。一日克己复礼，天下归仁焉”；在《荀子》中，是“礼起于何也？曰：人生而有欲，欲而不得，则不能无求；求而无度量分界，则不能不争；争则乱，乱则穷。先王恶其乱也，故制礼义以分之”，“人无礼不生，事无礼不成，国家无礼不宁”，“故礼上事天，下事地，尊先祖而隆君师”。贾谊《新书》，亦设《礼》篇，将先秦儒家的礼论归结在一起加以集中阐明。既然“礼”为“国之干也”[7]，那么，它的重要性受到这般推崇也是非常正常与合理的。“礼者，履也”[8]，人们得遵循奉行，不能违背造次，属于必有之义，所谓没有规矩，则不能成方圆。荀子声称“礼”为“治辨之极”“功名之总”“威行之道”，[9]这可不是随便说说而已，而是实实在在的道德伦理与政治管理之诉求。

第六，对称性。先秦时期的“礼”，虽然有强烈的等级区分色彩，但是，值得我们注意的是，当时的“礼”有一个鲜明的特征，即“礼”的确立与施行，有对象关系上的严格对称性。任何人在“礼”这个大框架中既享受有一定的权利，同时也承担着一定的义务。如在君臣关系上，君与臣互为对称，不可偏废，孔子云：“君使臣以义，臣事君以忠。”[10]而孟子更强化了这种对称：“君之视臣如手足，则臣视君如腹心；君之视臣如犬马，则臣视君如国人；君之视臣如土芥，则臣视君如寇仇。”[11]

总之，一切都不是绝对的，而是相辅相成的。子孝固然必须，但父慈同样应该；臣忠俨然合理，君义亦理所当然。无此即无彼。这种对称性，其实是“礼”蕴含有一定人文精神的曲折反映，“礼”的构建与施行，必须建立在循常理、合人情的基础之上，否则就是乖离大道，背悖自然。孟子称孔子为“圣之时者也”[12]，讲的就是孔子真正懂得天意人情，能够体谅常理，与时俱进，具有最大的包容性，所谓“太山不让土壤，故能成其大；河海不择细流，故能就其深”[13]，避免了陷入“水至清则无鱼，人至察则无徒”的窘境。

而后世的陋儒、腐儒片面地强调“礼”的等级性，将它绝对化，而忽略了“礼”的对称性这个重要特征，一味鼓吹“明天理，灭人欲”[14]，“失节事大，饿死事小”，“君要臣死，臣不得不死”之类的混账观点，遂使“礼”的人文精神荡然无存，“礼”的对称性销声匿迹，造成礼教杀人的局面，这显然是对"礼"的精神实质的曲解与反动，不能不说是一个悲剧。

第七，"礼"的发展性。礼乐文明既有相对的稳定性，但是更有历史的发展性。它在三代，可以称得上是维系家天下王国时期政治社会秩序的主要统治工具，兼具政刑法度、道德规范、行为准则等多重社会功能，在国家政治生活和社会秩序整合中发挥着主导的作用。自春秋起，尤其是到战国，典型的礼乐文化随着整个社会的结构性转型而面临着重大的挑战，遭到严重的冲击，这就是所谓的"礼崩乐坏"。随着帝国政治的发生并确立，官僚体制取代宗法分封的逐渐完成，政治法度与"礼"的界线也有了较为分明的区隔，"礼"逐步演化为新型意义上的礼义和礼节，成为传统社会人的行为规范和道德规范。这是"礼"在发展史上有根本性意义的一个转型，在某种程度上，也可以理解为"礼"的发展。

这种发展，也是"礼"的升华，"礼"的这个载体犹在，但是新的因素的进入，使之完成了具有革命性的改造。在"礼"的躯壳中，新的内涵得以不断注入，旧瓶装新酒，"礼"被赋予了时代新的精神。形式还是重要的，还是需要有的，但是，更有意义的是，"仁"注入了"礼"的躯壳之中，使"礼"拥有了新的生机。从根本上讲，礼的精神不附丽于形式，而蕴含于实质。也就是说，内容要高于形式，实质要重于表象。

第八，互补性。礼乐文明，核心内涵是礼治文化，"礼"是主体，"礼"为根本。但是，在肯定和强调这一点的同时，我们也不能忘了"乐"在这个文化结构中所占有的地位，所发挥的作用。"礼"与"乐"是浑然一体，不可须臾分离的，它们互为前提，相互依存，相辅相成，具有极大的互补性。

这种互补性，体现为"礼"与"乐"两者功能差异与作用不同。"礼"的功用在于分别和区隔，而"乐"的功用在于融合和混同；

“礼”强调的是等级森严，上下有序，而“乐”追求的是物我一致，诸生平等；“礼”体现的是敬畏肃然，“乐”呈示的是亲爱和谐。这就是《礼记·乐记》中所指出的：“乐者为同，礼者为异。同则相亲，异则相敬……礼义立，则贵贱等矣。乐文同，则上下和矣。”而正是因为有这种互补性的存在，才能克服“礼”与“乐”各自的弱点。就如《礼记·经解》所说的那样，“《乐》之失，奢……礼之失，烦”，防止因过度强调某一点而导致弊端的发生，从而使礼乐文明的精神实质得以真正地坚持和弘扬。

以现代意识来审视传统的礼乐文明，我个人认为，有几点或许应该成为比较普遍的基本共识：

一是礼乐文明作为前现代社会中的一种上层建筑与意识形态，是建立在一定的经济基础之上的。黑格尔曾经说过：凡是存在的就是合理的，凡是合理的就是存在的。礼乐文明的发生与确立，有其历史的合理性与必然性，人们别无选择，只能概括接受。在人类社会里，礼乐文明具有共性的意义，只是表现形式上有所差异而已。西方社会同样也讲“礼”，所谓的骑士精神，体现的就是西方的礼治文化。

二是礼乐文明在中华民族成长壮大的过程中，毫无疑问，曾起到过凝聚人心、稳固秩序、和谐社会等多方面的重要作用。璀璨夺目的中华文明中，是以礼乐文化及其精神为重要构成的，于是遂有以汉官威仪、礼仪之邦为中华文明的显著象征。而泱泱大国的风采，说到底，就是彬彬有礼，让人尊重。从某种意义上讲，“德治”与“礼治”是一物而两名。“礼治”是就形式而言，“德治”是就内涵而言，两者是辩证而有机的统一。而这一点，早在《诗经》中即已发轫：“抑抑威仪，维德之隅”[15]，“敬慎威仪，以近有德”[16]。

三是要旗帜鲜明地承认礼制文化存在着明显的局限性，而不必羞羞答答，遮遮掩掩，更不宜强词夺理，文过饰非！礼制文化的不少内容，如一味强调贵贱尊卑，以维系等级差异为中心的伦理纲常为嚆矢，固然值得批评与反思，而礼制文化所呈现的外在形式，同样也令人困扰和嫌恶。那种繁文缛节，那种烦琐细苛，让许多人不胜其烦，敬而远之。当年墨子之所以炒儒家先生的鱿鱼，另起炉灶，很大程度上，就是受不了礼制文化的繁文缛节。司马谈《论六家要旨》的评论十分到位，儒家博而寡要，问题就出在儒家过分地拘束于“礼”，结果弄得自己捉襟见肘，疲于奔命：“累世不能通其学，当年不能究其礼，故曰：‘博而寡要，劳而少功。’”

“礼”的琐碎繁杂还只能算是小事，最为糟糕的是，在它的炫目光环之下，经常会衍生出令人作呕的“虚伪”，播下的是龙种，可收获的却是跳蚤。这一点，早在先秦时期，睿哲如老子、庄子等人即有一针见血的批判。老子言：“大道废，有仁义；慧智出，有大伪；六亲不和，有孝慈；国家昏乱，有忠臣。”[17]而庄子说得更决绝：“蹩躠为仁，踶跂为义，而天下始疑矣；澶漫为乐，摘僻为礼，而天下始分矣。”[18]在他们的眼中，“礼”是对自然规律的反动，对本色人性的扭曲，它造成最大的虚伪，导致人性的异化，是天下祸乱的总源头！

他们的见解，或许不无偏激，但是应该承认其不无一定的道理。在历史上，强调礼乐，鼓吹礼治，似乎从来就是冠冕堂皇的旗号，但是，事实上，这不过是专制统治的遮羞布而已。礼乐至上，结果变成虚伪猖獗，乃是不争的事实。假道学风靡一时，伪名教畅行无阻，套用罗兰夫人一句名言，就是“礼乐，多少罪恶借汝名而行”。一些思想家痛斥礼教杀人，虽是激愤之辞，但是礼乐的历史局限性也是不必加以讳言的。

四是要对传统的礼乐文化富有同情之理解，持更加客观理性的态度，展现最大的包容性。礼乐文化是中华传统文化中重要的有机组成部分，它不但作用于往昔，而且影响于今天，同时也伴随于将来。人们没有选择的空间，更没有拒绝的可能，只有直面它，只有概括承受，无所逃于天地之间。既然无法在主观上定取舍，那么，对待它的态度也只能是杂于利害，将它作为一个整体性的事物来对待，而不能作主观性的选择。因为礼乐文明的优势与弱点，乃是一个钱币的正反两面，是不可割裂的整体，互为前提，彼此依存，当一方不存在时，另一方也不可能继续存在。今天的人们，能够做的，也无非是"爱其美而多少知其恶，用其长而尽可能避其短"。所以，对它简单加以肯定或片面予以否定，都是有违科学理性的立场和包容开放的精神的。而所谓的"扬弃"，虽说是老生常谈，可是舍此之外，是别无其他的路径可走的。

总而言之，礼乐文明的优劣得失之评判标准是难以一概而论的。若要硬性地规定，结果一定会适得其反。在今天，幻想用传统的礼乐文明应对现实的挑战，解决当前的问题，自然是天大的笑话；可是，企图荡涤礼乐文明的内涵，拒绝礼乐文明的影响，将它视为阻碍社会进步、文明提升的绊脚石，这同样是异想天开的思维误区。事实也已经证明，旧传统与新文明之间，并不是非此即彼、水火不容的关系。"礼失求诸野"，综观东亚文明圈中的日本、韩国、新加坡诸国，它们在国家发展过程中，曾引入并采纳中华古典礼乐文明的诸多因素，尊礼尚乐，可这并没有影响其顺利地实现现代化。这就是最好的证明。

可见，对礼乐文明心存一份同情之理解，既不自大，又不自卑，这就是最大的文化自信！

注释：

①杨向奎：《宗周社会与礼乐文明》下卷，人民出版社，1992 年版。

②《左传 · 僖公二十二年》。

③《论语 · 为政》。

④《荀子·劝学篇》。

⑤《礼记·曲礼上》。

⑥《荀子·富国篇》。

⑦《左传·僖公十一年》。

⑧(汉)许慎:《说文解字》。

⑨《荀子·议兵篇》。

⑩《论语·八佾》。

⑪《孟子·离娄下》。

⑫《孟子·万章下》。

⑬《史记·李斯列传》。

⑭(宋)朱熹:《朱子语类》卷十二。

⑮《诗经·大雅·荡之什·抑》。

⑯《诗经·大雅·民劳》。

⑰《老子》十八章。大意为:大道被废弃了,才有提倡仁义的需要;聪明智巧的现象出现了,伪诈才盛行一时;家庭出现了纠纷,才能显示出孝与慈;国家陷于混乱,才能现出忠臣。

⑱《庄子·外篇·马蹄》。大意为:勉为其难地去倡导所谓仁,竭心尽力地去追求所谓义,于是天下开始出现迷惑与猜疑;放纵无度地追求逸乐的曲章,繁杂琐碎地制定礼仪和法度,于是天下开始分离了。

品鉴三味：我读《论语》（五则）

起点与宗旨：《论语·学而》的逻辑

《大学》有云："物格而后知至，知至而后意诚，意诚而后心正，心正而后身修，身修而后家齐，家齐而后国治，国治而后天下平。自天子以至于庶人，壹是皆以修身为本。"由此可见，儒家做人做事的基本逻辑就是"格物，致知，诚意，正心，修身，齐家，治国，平天下"八个循序渐进、互为依存的纲目。在这八大纲目中，又以修身为本。

从这个意义上说，《论语》开宗明义，以修身这个大本说起，就是理有固宜，势所必然了，即所谓"壹是皆以修身为本"。

该如何立身为人？当遵循什么样的途径？当把握什么样的要领？当运用什么样的方法？当达到什么样的效果？《学而》篇在很大程度上，就是要回答这些问题。使"修己安人"的理想转化为现实，使"修身为本"的追求变得具有可操作性。应该说，《学而》篇给人们提供了修身的门径。这些具体方法概略而言，有以下几个方面：

首先是要致力于学习。在孔子看来，"生而知之"的"圣人"，"困而不学"的"斗筲之人"都是极少数。对大多数人而言，非学习无以掌握知识，明白是非，升华境界，脱胎换骨，只有学习才能由生物人进而为社会人，能够尊道明德，知书达礼。

至于学习，既要有正确的态度，能折节向学，虚怀若谷，即所谓“人不知而不愠”；又要有正确的方法，做到知行合一。一方面是学，向书本学，向他人学；另一方面是习，将学到的知识与实际生活结合起来，到实践中去印证，去升华，使之成为自己真正理解和掌握的知识，成为自己精神世界、思维方式、行为方式的有机组成部分，即所谓“学而时习之”。应该说，孔子所主张的“学习”，是知与行的融会一体、完美统一，包含了由实践到理论，再由理论到实践的正确认知规律。学是基础，非学则习无所依托，就失去了根底与方向；习是转化，非习则学无有意义，就不能真正提升能力，运用知识。两者不可偏废。这其实揭示了认知世界、改造世界的一般规律，反映出孔子对待知识的通脱识见与高明境界。

其次，是主张修身要有主次轻重，把思想修养放置在优先考虑与践行的位置。这其实也是强调学习的重点与中心是德义，而不是一般的知识与学问，即所谓“行有余力，则以学文”。

在孔子和他的弟子们看来，所谓“修身为本”，说到底是孝悌为本，忠诚为本，诚信为本。很显然，孔子及其门徒提倡在修身的过程中，要抓纲举目，把握关键，突出重点，主忠信。这表明，修身的核心内涵，是完善自己的道德，升华自己的人格。这是理想化的学习方向，也是纯粹化的修身原则，在这个原则的指导下，人们修身的终极归宿，就是“入则孝，出则弟，谨而信，泛爱众，而亲仁”。为了达到这个崇高目标，外在的物质诱惑可以拒绝，外在的感官享受可以放弃，“君子食无求饱，居无求安”，一切都以“就有道而正”为皈依，从而实现尊道明德之学习初衷。

其三，是强调修身必须超越世俗的功利得失，应该以达观的心态，克服患得患失的心理障碍，走出浅尝辄止的行为误区，致力于持之以恒，精益求精。总之，要“气有浩然，学无止境”，把修身进德坚持到底，为做人做事奠定最坚实的基础。

修身是十分重要的，但同时也是非常不易的。就过程言，它是长时期的努力，非一朝一夕之功，只有持之以恒，精益求精，才能完善自己的道德修养。就社会反应言，它存在着被他人轻忽，甚至误解的可能性，有必要超越得失成败的羁縻，进入不以物喜，不以己悲的境界。为此，孔子强调“不患人之不己知，患不知人也”。同时，他还给人们指点了实现超越的途径，“贫而乐，富而有礼”。应该说，孔子的这一认知是尊重实际、切中肯綮的。贫穷之人，衣不遮体，食不果腹，心绪恶劣，满心不快乐，乃是十分自然的；富贵之人，锦衣玉食，权势炽热，趾高气扬，忘乎所以，最容易逾越制度，肆意妄为。君不见，就在今天，我们还不是动辄听到那些“官二代”和“富二代”在那里神气活现，大声吆喝“我爸是李刚”吗？可见，孔子言“贫而乐，富而有礼”，是何等的深刻，实具有超越时空的启迪意义。而且更为高明的是，孔子这番话也区分了不同阶层之人“修身进德”的各自侧重，贫穷之人重点应在追求乐观、达观之上，富贵之人的重点则应该落在谨守礼制、收敛低调之上。不同质的矛盾，用不同质的方法加以面对和处理，孔子的思路可谓深谙辩证法的精髓。

能够懂得学习的重要性，能够区分学习的主次性，能够体认学习的长期性，那么所谓君子“修身为本”的识见及其相应要求就可以落到实处，就能够真正养成“温、良、恭、俭、让”的完美人格，真正养成“敏于事而慎于言”的优秀素质，从而最终实现理想化修身的人生至高境界。

当然，正所谓“礼之用，和为贵”，修身是否卓有成效，还必须立足于和的基点，做到和谐有序，收放自如，把握分寸，恰到好处。这种和谐，固然是社会政治秩序建构上的理想形态，但是，在个人道德修养践行与人格完善努力的过程中，它又何尝不是必有之义和重中之重呢？由此可见，《学而》篇以修身为首要之务，以学习为修身的根本途径，不是偶然的，孔子与儒门实有其深意存焉！

从孝道到德治：《论语·为政》

按儒家经典《大学》所揭示的家国一体论的基本逻辑，“修身为本”的终极宗旨，乃是治国，平天下。因此，《论语》在“学而以修身”的基础上，自然而然进入了提出并践履为政之道的环节，缘是之故，《为政》篇遂紧接《学而》篇，而成为《论语》的第二篇。

《为政》篇共有二十四章。其主旨就是为政。这中间，直接阐说为政的有八章，间接涉及为政的有十六章。在孔子看来，为政不仅仅是纯粹的政治运作问题，而且是道德指导下的一个系统大工程，齐家同样是为政的重要组成部分，故倡导孝道之类，毫无疑问也是为政的必有之义，所谓“或谓孔子曰：‘子奚不为政？’子曰：‘《书》云：“孝乎惟孝，友于兄弟。”施于有政，是亦为政，奚其为为政？’”由此可见，直接讨论为政，间接涉及为政的综合互补，才是孔子为政之道的全面体现。

如何为政？先秦诸子的认识与主张是不相同的。道家基于“道法自然”①的哲学理念，主张的是自然政治；法家基于“无治人有治法”的政治观念，提倡的是法治政治；而儒家基于“建国君民，教化为先”②的道德意识，推崇的是德化政治，即所谓“以德治国”。《为政》篇正是孔子及其门徒阐说德化与德治基本理念的核心篇章，集中体现了孔子与整个儒家有关“以德治国”重要意义及其实现途径的系统理性认识。

因此，《为政》篇开宗明义就提出了德治的基本命题：“为政以德，譬如北辰，居其所而众星共之。”德化与德治是政治之本，是为政之纲。唯有纲举，方可目张，从而为政治运作的基本方向与中心命题定下了基调，即治国的根本选择是道德感化，而不能是其他（如用法制规范与约束等）。

那么，为何治国当以德而非以刑呢？孔子的理解是：德治乃是治本，而法治仅仅只能治标；德治可以从根本上解决问题，而法治只能头痛医头、脚痛医脚；德治是形而上的，而法治则是形而下的。

很显然，在孔子看来，具体的政治、细密的刑法，只能在表面上暂时约束住人们不去做坏事，却无法真正取得人们对去恶为善形成普遍的共识。恰恰相反，上有政策，下有对策，人们如果没有道德感和正义感，那么他们就会想方设法去钻法律与制度的漏洞，不但不会有任何耻辱感，反而会为自己的投机取巧行为得逞一时而沾沾自喜，自鸣得意，这就是所谓的“民免而无耻”！这当然不是真正成功的政治。

相反，如果以道德治国，并在具体的政治实践形式上弘扬礼乐文化精神，人们才会在潜移默化、感化挹注的情况下，真正激发起去恶为善的自觉意识，真正懂得廉耻荣辱，由被动进入主动，由“不得已然”转化为“本当以然”，成为有善良的品质，有健全的人格，有高尚的志趣，有理想追求的人。这样的人，就是新民，就是政治进入理想境界的具体标志。

毫无疑义，孔子“德化为先”“德治为本”的政治观念，对今天仍有重大的启示意义。只有让民众发自内心地认同与拥护现有的政治秩序，只有使民众在道德修养上升华为自觉向善的境界，在人格磨砺上完成完善高尚的飞跃，我们的社会政治才可能是真正理想的，我们的现实秩序才可能是真正和谐的。与之相反，如果一味依赖于“齐之以刑”，单纯依靠强大的行政力量去面对错综复杂的社会问题，则必然陷入越“维稳”而越不稳的困境。堤坝可以越筑越高，但水位也势必越涨越高，一旦决堤，后果就不堪设想。所以，在以法治国的同时，当务之急，是要积极推动以德治国，从根本上化解各种社会矛盾，防患于未然，和谐于天下，既要治标，更要治本。营造政通人和的良好局面，引导广大民众摈弃功利之心、暴戾之心、自为之心，培养广大民众的感恩之心、是非之心、敬畏之心，真正做到孔子所推崇的“有耻且格”。

至于德治的具体纲目，《为政》篇也有多角度、多层次的阐说。首先是提倡孝道。百善孝为先，孝是伦理范畴，同时也是政治命题。一个人能否忠于国家、服务他人、造福社会，起点是能否孝顺父母。换言之，孝是德化的基础，未尝有不孝之人能够践行忠义的。故孔子强调行孝无违，“生，事之以礼；死，葬之以礼，祭之以礼”，认为“孝慈，则忠”。其次，是强调诚信为本：“人而无信，不知其可也。”在用人上则是要举贤而用能，让贤良之人成为社会的中坚，成为人们的楷模，树立起正确的道德导向，弘扬正气，使社会呈现出崭新而又健康的气象。同时，倡导和谐，强调团结：“君子周而不比。”其三，提倡学习，鼓励思考，为营造和谐、进步的德化与德治氛围创造必要的条件：“温故而知新”，“多闻阙疑”。同时做到知与行的有机辩证统一：“学而不思则罔，思而不学则殆。”虚怀若谷，不断追求，不断超越。其四，为政不能完全跟着感觉走，不应该什么都是摸着石头过河，而是要善于总结和借鉴历史经验，从历史中汲取智慧，为现实政治提供有益的启迪，从而事半功倍，少走弯路，造就德化与德治的理想局面：“殷因于夏礼，所损益可知也。周因于殷礼，所损益可知也。其或继周者，虽百世可知也。”

综上所述，《为政》对为政之道进行了系统、深刻的概括与总结，有宗旨、有纲领、有细目，是孔子及其儒家学派有关政治性质、理想、实践环节的理性认识的集中反映，也是儒家道德政治的鲜明体现，言简意赅，胜义迭呈，对今天的为政者而言，不啻为一份精妙至微的政治箴言。

礼之大体：《论语·八佾》

《论语·八佾》的中心命题是礼。孔子及其弟子就礼的重要性、礼的本质属性、礼的基本内涵、礼的体现形式、礼的历史文化渊源、礼与仁的内在关系，进行了扼要深刻的阐说，对当时礼崩乐坏的局面表达了深深的忧虑并进行了尖锐的抨击，希望挽狂澜于既倒，启新生于绝望。全篇主旨鲜明，辨析入理，在某种意义上，它能帮助我们理解为什么后人会将儒家所推重的教化称为礼教，将儒家所倡导的社会治理方式称为礼治。

孔子学说的核心精神是礼还是仁，这是千百年来学术界、思想界聚讼纷纭的话题。有人认为，礼乐精神是孔子及其儒学的核心，礼治是孔子所推崇的政治上的最高理想。但更有人强调，仁才是孔子及其儒学的主体，德化与德治则是孔子及其后学汲汲追求的完美政治愿景。与之相应，前者一般认为孔子学说相对体现为守旧、保守的特征，其继承传统重于开拓创新，所以，在他们那里，有关孔子及其儒学的评价通常比较偏低，多予以负面性的指摘。后者通常强调孔子学说相对体现为进步、积极的特征，其超越传统重于拘泥旧制，因此，在他们那里，有关孔子及其儒学的评价通常倾向于肯定，正面性的褒扬是主导的倾向。

其实，在孔子的学说中，守旧与创新，保守与进步是同一个事物的正反两面。守旧在许多情况下，未尝就是负面的东西，因为在某种程度上，它意味着保持事物的稳定性，象征着对传统的尊重与传承，体现为对原则性的坚持与执着；当然，这不能成为拒绝进步、走向封闭与自我僵化的理由。我们今天对孔子崇尚礼乐文明的做法进行评价，必须从这个视野切入，看看他所倡导的礼，是否真正做到了坚持原则性与运用灵活性的统一，适度稳定与合理变化的统一，正确继承传统与恰当开拓创新的统一。而《八佾》篇就是一个可用来具体剖析的最好范本。

与仁相比，礼更多地体现为历史上的固有传统。礼者，履也。如黄克剑先生所言："中国文化可追溯到夏、商、周三世，是由治理家族推而治理'天下'的时代，依'礼'确定人的身份地位以获得一种人伦秩序，使其制度化，遂有了所谓'礼治'。"[3] 从这个意义上说，孔子对礼的肯定和强调，更多的是对传统的崇尚与弘扬。《八佾》篇所要解决的就是在面临新挑战、新机遇的背景下，如何重新认识礼，如何正确遵循礼等基本问题。

春秋时期，中国社会出现了大变革的形势，固有的礼乐文明面临着新的挑战，以至有人把这形容为礼崩乐坏。但是，从另一个角度看，危机同时也是转机。若能顺应时代潮流，对礼进行实质性的丰富与改造，使之在保持优秀传统的同时，实现新的超越，则可起死回生，开创新的局面。应该说，《八佾》篇在继承传统与适时更化方面是不无独到的认识与切实可行的思路的。

孔子对当时礼乐文明的灾难性遭遇是感到忧心忡忡的，对社会上那些僭越礼制的行径是深恶痛绝的："孔子谓季氏，'八佾舞于庭，是可忍也，孰不可忍也'！"甚至认为诸夏的礼乐精神被摧毁，等于是自我退为禽兽，连做夷狄的资格都随之丧失了："夷狄之有君，不如诸夏之亡也！"即便是像管仲这样建有丰功伟业的贤人，也逾越礼制，为礼崩乐坏的泛滥推波助澜，火上加油，更遑论普通人了："邦君树塞门，管氏亦树塞门。邦君为两君之好，有反坫，管氏亦有反坫。管氏而知礼，孰不知礼？"因此，孔子对礼的现状极度不满，对礼乐精神遭否定、被弃之如敝屣极为愤慨，乃是显而易见的态度。

于是乎，孔子主张重新倡导礼制，振衰起弊，匡世救俗，来改变天下无道的现实局面。孔子是卓越的思想大家，具有厚重的历史意识。他知道，要振新礼治，必须回归历史，回归传统，穷本溯源，从而返本开新。而历史文化资源的借鉴与利用，则必须是有具体载体的，是可资参考的。礼虽延续三代，但是夏礼和殷礼毕竟时代遥远，文献严重不足，并不是最好的借鉴与利用对象，因此，只有周礼才是最好的资治载体。周代的礼乐文明，集古典礼乐文明之大成，在春秋时期要重振礼治，确立和谐秩序，可利用的最佳历史文化资源，就是周礼："周监于二代，郁郁乎文哉！吾从周！"

但是，在孔子看来，礼虽然是不可须臾缺失的文明载体，然而，礼的具体内核则应该随着时代的发展、社会的变化而予以新的丰富与完善。这个新的丰富与完善，就是要引进和注入仁的积极因素，从而使礼乐文明实现升华，能适应时代的要求，即："人而不仁，如礼何？人而不仁，如乐何？"换言之，对礼乐的遵从与弘扬，不能简单地流于形式，而是要溯源返本，回归礼之本："礼，与其奢也，宁俭；丧，与其易也，宁戚。"这样，孔子就在很巧妙的方式下，完成了礼乐文明的改造与转型，确保了以仁为核心的礼乐获得新的生机，能够迎接各种挑战，更好地去实现政治有序、纲常和谐、天下有道的终极目标。

很显然，在礼与仁的关系上，孔子所强调的是形式与内容的统一。礼更多地体现为形式，仁更多地反映为内容。礼说到底，是从属于、服务于仁的。内容更重于形式，没有仁，则礼不免流于空泛，就不能发挥其应有的作用："子谓《韶》：'尽美矣，又尽善也。'谓《武》：'尽美矣，未尽善也。'"由此可见，孔子所说的礼，所倡导的礼，从本质上说，已不是传统周礼的简单重复，而是注入了仁这个新因素、新生机的礼。故孔子激赏子夏"礼后乎"的见解，明确提出“绘事后素”。就这个意义而言，孔子不愧为圣之时者，他能够与时俱进，使传统的周礼在新的形势下脱胎换骨，获得生机。

当然，孔子的思维不是单向的、线性的，他在充分肯定内容主导性的同时，也没有贬低或否定形式的重要性。在他看来，合理、恰当的形式还是必要的，没有礼制这个载体，那么仁就无所附丽，无所依托。为此，他反对简慢不合理的礼典和礼节。《八佾》篇对孔子重礼尊礼的细节多有描述，如“入太庙，每事问”；又如他反对子贡“欲去告朔之饩羊”做法，“尔爱其羊，我爱其礼”；再如他提倡“事君以礼”，等等，就反映了孔子从不轻忽必要的形式的立场和态度。这种既重视内容，又不抹杀形式的做法，可谓孔子辩证思维、理性精神的具体写照。

仁本的精髓：《论语·里仁》

《论语·里仁》与《八佾》可谓是姐妹篇，《八佾》言礼，《里仁》说仁。孔子既倡导礼乐，又强调仁义的思想逻辑借此而得以较为完整地统一。言礼是孔子对历史文化传统的继承，说仁则是孔子对历史文化传统的发展。正如但丁的《神曲》被称道为一方面是对中世纪的终结，另一方面则是对新时代的开启一样，孔子的仁礼统一观，也是西周礼乐文明的终结和春秋战国轴心时代文明的肇始在思想史上的具体象征。如果说，老子“道”的提出，标志着中国古代哲学的突破，法家“法”的倡导，体现为中国古代政治学的成熟，那么，孔子“仁”的强调，就象征着中国古代人的发现。

仁作为孔子最高的哲学、政治、伦理命题而言，可谓包括了孔子所认同的基本美德。就层次性言，它有一般性的、普适性的爱人之道，这是相对直观的，具体的；但同时，仁的高层次内涵，也可谓是核心的价值观，即孔子自己所体认的一贯之道："夫子之道，忠恕而已矣！"所谓"忠"，乃忠诚尽心，孔子自己下的定义是"己欲立而立人，己欲达而达人"；所谓"恕"，就是宽容博爱，用孔子自己的话说，即"己所不欲，勿施于人"。这种忠恕之道，是超越简单爱人、泛爱众的抽象性仁之根本，所有美德，诸如义、信、智、礼、廉、耻等，皆是这个一贯之道的具体表现与衍生。从这个意义上说，孔子的学说可以命名为"仁学"。

在孔子看来，唯有以仁为根本，人们才能够明智，才能够分辨与判断是非，"唯仁者能好人，能恶人"，人们才能坚守住正确的立场，不至于为各种利益所诱惑，不至于放弃原则，所谓"苟志于仁矣，无恶也"。君子与小人之别，其实就是能否坚守仁这个核心价值观之别。在仁这个是非试金石面前，君子与小人的道德境界高下立判，政治智慧优劣顿见："君子怀德，小人怀土；君子怀刑，小人怀惠。""君子喻于义，小人喻于利。"

即使是具体的君臣、朋友相处之道方面，由仁而派生的智，也可以帮助人们明智地把握分寸、收放自如，做到恰到好处，而不至于逾越界线，失去节度，导致作茧自缚、自取其辱："事君数，斯辱矣；朋友数，斯疏矣。"应该说，这是人生的大智慧。历史上也好，现实中也罢，我们常常看到的是，千方百计讨好上司，与当权者过分亲近，结局往往不怎么美妙，下场往往比较凄惨悲凉；朋友之间交往也一样，有大好必有大恶，最后落得互为仇寇、形若陌路局面的也不少见。距离产生美，"数"的意思是过分密切，过度黏糊，"数"了就很容易产生审美疲劳，使双方关系走向疏离，乃至决裂。故君臣之间的相处，朋友之间的交往，应该保持适当的距离，以避免"执象而求，咫尺千里"[④]的窘境。而能做到君子之交淡如水，达到这样的境界，唯智者能之；智者之所以能为之，则在于其有"春满华枝，天心月圆"[⑤]之仁者廓大气象，有"险夷原不滞胸中，何异浮云过太空”[⑥]的仁者恢宏襟度。

在孔子看来，唯有以仁为根本，人们才能真正恪尽孝道，进入纯孝醇厚的理想境界。孔子和其后学，均把孝道作为明人伦的基础，这一点毫无疑义。然而，怎么才能把恪尽孝道落到实处，发挥践履孝道在淳朴人心、敦厚人伦方面的特殊作用？孔子认为，这同样应该是溯源返本，以仁为最高指导，以仁者之心来奉行与贯彻孝道。为此，《里仁》篇多处提及并揭示孝的要义与具体做法，如“三年无改于父之道，可谓孝矣”，“父母在，不远游，游必有方”，“父母之年，不可不知也。一则以喜，一则以惧”等，均不是偶然的。因为只有以仁为本，孝才是真实可行的美德；也只有以仁为本，孝才不会流于形式，虚应故事。

在孔子看来，唯有以仁为根本，人们才能虚怀若谷，保持清醒的头脑，拥有勇于践行、不尚空言的素质，具备难能可贵的自我反省意识，从而懂得礼让谦退，懂得中庸适度。仁者谦逊虚心，既不会因暂时的困难、暂时的挫折而灰心丧气，自暴自弃，也不会因一时的成功、一时的通达而踌躇满志，忘乎所以，而总是能够反躬自省。他们不羡慕出人头地，不追求名利双收，所以总是能少说多干，脚踏实地，默默奉献，致力践行。《里仁》篇对这种仁者的高尚人格有非常精到的揭示，反映了孔子对仁者的最大期许：“古者言之不出，耻躬之不逮也。”“君子欲讷于言而敏于行。”应该说，孔子的仁者人格期许在今天还是有警示意义的。这样的仁者才是鲁迅先生所称道的“中国人的脊梁”。我们现在的社会，不缺乏头脑精明、手段高超的智者与能者，所稀罕的是自甘淡泊、勇于任事、低调处世的仁者。一个人取得成功、赢得荣耀也许值得欣赏，但一个人能够讷于言而敏于行更值得嘉许。只有整个社会真正形成“耻躬之不逮”的高尚氛围，能够真正做到“仁者安仁”，志于道，以礼让为国，这个民族、这个社会、这个国家才会拥有远大的希望、伟大的未来。

当然，孔子也知道，这样的境界要达成是非常困难的。仁者的造就，仁义的弘扬乃是一个十分漫长的过程，不可能一蹴而就。但是，尽管有难度，尽管很遥远，信念却不能放弃，立场却不能动摇，一定要锲而不舍地坚持下去，从而一步步接近目标，一点点积累成功："君子去仁，恶乎成名？君子无终食之间违仁，造次必于是，颠沛必于是！"

"夜静海涛三万里，月明飞锡下天风"[7]，这是王阳明的气象，然而，穷本溯源，它其实就是孔子君子人格、仁者之道的境界！

内圣外王之道：《论语・尧曰》的境界

《尧曰》篇作为整部《论语》的终结篇，共计三章，文字篇幅不大，但主题却稍嫌散漫。有关全篇的核心宗旨，黄克剑教授的解读提示有较好的参考价值。他认为："（首）章当是《论语》全书的后序……从尧、舜、禹到汤、文、武，以至于周公、孔子，《论语》编者第一次为儒家教化理出了某种脉理相贯的道统，这曾为孔子所默示的不无历史感的统绪把孔子置于继往开来的枢纽地位上。"至于次章、三章，"或为《论语》成书若干年后由汉儒依据轶策所补缀"。[8]

细细玩味《尧曰》全部文字的蕴意，可知黄氏之说不无道理。儒家始终注重道统的建构，孟子、韩愈在这方面所作的努力最为显著，他们的共同旨趣是，确立道统，为儒学的思想统治地位寻找到最大的合法性，在此基础上，再试图将道统置于政统与君统之上。这是儒家的理想，也反映了儒家的气象。

现在看来，孟子、韩愈的说法并非空穴来风，无中生有，而是有所依本的。这个本，就是《尧曰》篇的首章。换言之，早在孔子那里，道统建构的雏形已依稀存在，这实在是了解、掌握儒学所憧憬的理想政治与文化传承的很好切入点。

班固《汉书·艺文志·诸子略》有云:“儒家者流,盖出于司徒之官,助人君顺阴阳明教化者也。游文于六艺之中,留意于仁义之际,祖述尧、舜,宪章文、武,宗师仲尼,以重其言,于道最为高。”孔子及其后学倡导修身、正己,注重道德仁义的润泽,强调君子人格的养成,但这并非其理想的终极目的,而是为其“齐家、治国、平天下”创造条件,奠定基础。换言之,内圣只是基础,外王才是目的,所谓“祖述尧、舜,宪章文、武”,由小康而大同,其实都是其孜孜以求的外王的理想境界。

正是因为这个缘故,《尧曰》篇首章的道统建构上的主要内容,乃是如何“治国、平天下”的要旨与方法。这包括君主要对政治得失成败担当最大责任,必须一切概括承受,“朕躬有罪,无以万方;万方有罪,罪在朕躬”,“虽有周亲,不如仁人。百姓有过,在予一人”;君主施政必须重视制度建设,做到有章可依,有律可循,“谨权量,审法度,修废官,四方之政行焉”;君主胸襟应该博大宽广,做到尊重传统,遵行旧俗,兼容并包,化解消极因素,呈现充足信心,造就政治和谐,赢得天下民心,“兴灭国,继绝世,举逸民,天下之民归心焉”;君主施政应该抓住重点,突出关键,“所重:民、食、丧、祭”,同时努力体现宽厚、诚信、机敏、公正等原则,推行德政,以德化民,发仁为本,“宽则得众,信则民任焉,敏则有功,公则说”;君主处理事务,应该把握分寸,中庸有度,不走极端,防止偏颇,允执其中。凡此等等,皆为外王的极致,皆属道统在施政上的具体呈现。

至于次章、三章,当是《论语》的最后编定者认为内容比较吻合首章所揭示的道统主旨而在编纂过程中将其附属于首章之后,以对首章的外王旨趣作补充性的申明。在这里,孔子就为政的要义作了进一步的概括与揭示,将善政与恶政分别归纳为“五美”与

“四恶”，告诫统治者应该做到“尊五美，屏四恶”。在此基础上，孔子进而提出了为政者所应该具有的政治睿智：要乐观达命，不企盼去做力所不及的事情；要用礼义来规范自己的行为，从而立足于天地，成就自己的事业；要善于察言观色，不为虚幻的假象所迷惑，对他人的真实想法与各种言行作出正确的分析判断。

值得注意的是，在具体列举“五美”“四恶”之时，孔子依然是用允执其中的中庸思想方法论来加以指导的。在孔子看来，君子为政的高明，是给民众以好处，可不必由自己去付出；是让民众出力效劳，可并不因此而招致民怨；君子可以有自己的私欲（追求仁义，建功立业，同样也是私欲，无非是看上去比较高尚而已），可又能巧妙到不被人们看作是贪婪；君子可以是泰然自若，优哉游哉，可又能让人们感觉不到有任何的骄傲得意成分在内；君子可以是威风凛凛，仪态庄严堂皇，可又能不给人们留下任何凶狠蛮横的印象。这样的政治领导艺术，无疑是出神入化、炉火纯青的，这种张弛有度、恰到好处的大局观和分寸感，是高度成熟的政治智慧，它可以用来确保尧、舜、禹以降的道统建构，是立足于坚实的基础之上，而不至于成为海市蜃楼，大而无当，自娱自乐。

应该说，孔子实不愧为圣之时者。他的精神境界，他的使命意识，他的为政思路，他的方法艺术，均已臻于一流，出类拔萃，绝非敏于言而拙于行的寻常理论家、思想家。由此可见，他所说的“苟有用我者，期月而已可也，三年有成”[⑨]云云，并非大言不惭，自我膨胀，而是建立在具备充分为政能力的基础之上的，是信心，也是实力。然而，历史并没有给孔子以这样的机遇，使他只能以伟大的思想家而非成功的政治家定格在历史的天幕上。

由内圣而外王，这是孔子的崇高理想追求。《论语》的编纂者不愧为孔子的真正知音，让全书肇始于讲求内圣方法的《学而》篇，而终结于阐释外王之道的《尧曰》篇，可谓独具慧眼，善于卓裁。

如此去理解《尧曰》篇在《论语》全书中的地位与意义，寻绎《论语》全书的内在逻辑与微旨脉络，或许不失为一种可以尝试的方法，用《论语》自己的话说，即所谓“虽不中，不远矣”[10]。

注释：

①《老子》二十五章。

②《礼记·学记》。

③黄克剑：《论语解读》。

④李叔同语。

⑤同上。

⑥(明)王阳明：《泛海》。

⑦同上。

⑧同③。

⑨《论语·子路》。

⑩《大学》八章。

兵者未必诡道

《武经七书》的文化密码

宋朝是中国历史上一个非常有意思的朝代。

不论是对读书人来说还是就做官为吏、当平头百姓而言，活在宋朝，都算是幸运儿。开国皇帝宋太祖赵匡胤本人，虽然是赳赳武夫出身，但是宅心仁厚，宽恕包容，早早立下所谓的“祖宗之法”。这其中，优待后周皇室宗族，不杀功臣，不杀言事之士大夫三条，尤其“皇恩浩荡”，亘古未有。好生之德，实可钦佩；忠恕之道，垂范千秋。

试问除了宋朝，还有哪一朝是如此优渥厚待前朝的皇族宗室的？还不是实行彻底的“肉体消灭”政策！这是改朝换代的政治常态，可宋太祖改变了这个游戏规则，这是多么了不起的胸襟！读《水浒传》，看那小旋风柴荣不但享受着荣华富贵，还收容窝藏社会上的刑事犯乃至政治异己分子，官府对他却是礼敬有加，曲护放任，就是拜宋太祖所定的“祖宗之法”所赐。换成其他朝代，柴氏早已灭门，哪里还会有柴荣这号人存在？

又譬如，不杀功臣，宋朝也基本上做到了。在我的印象中，除了认贼作父，挟寇自重，当过伪楚皇帝的张邦昌伏诛遭戮之外——应该说这完全是张氏本人咎由自取，自绝于天地——似乎也只杀过岳飞，但这冤案，很快就在宋孝宗时期得到平反昭雪。

其制造者宋高宗、秦桧、张俊一干人还被千秋万代地钉在了历史的耻辱柱上，成为后人声讨唾骂的对象。历史就是那么的吊诡：偶尔杀了一个人，结果沦落万丈深渊，万劫不复；而杀人如麻、丧心病狂如高洋、朱元璋之辈，却没有引起后人足够的注意而受到更大的谴责。历史有时真的不太公平。

至于宋朝的士大夫，也即我们今天所说的知识分子，在当时也活得非常滋润、逍遥自在。其发表与朝廷主流原则相背悖、不合时宜的言论，通常也不存在被纠治的危险。一般也就是让你边缘化而已，说得实在过分了，惹朝廷老大不高兴，那就加以薄惩，将你外放到边远的州郡去反省和改造，而且通常时间也不会太长，等过上几年，法外施恩，就批准你返回中土，安享生活了。所以，苏东坡才会有这么良好的心态，写诗作画，饮酒品茶，"日啖荔枝三百颗，不辞长作岭南人"！即使是涉嫌颠覆的乌台诗案，也是高高举起，轻轻放下。

而普通老百姓，在宋代的生活，毫无疑问，也是相对安宁惬意的。看张择端《清明上河图》所直观反映的汴京市民生活情景，读《武林旧事》之类的宋人笔记所记载的勾栏、瓦舍的热闹场面，我们不能不承认宋代的城市繁华、经济发达，使普通民众基本都过上了还算可以的生活。我们可以批评宋时民众安于现状、缺乏进取的问题，但却不能不承认老百姓安居乐业、悠闲自在的事实。

有宋一代，除个别地方性的动乱，如王小波、李顺造反，方腊举事，以及个别团伙性的闹事，如宋江起兵之外，没有像其他朝代发生过全国性的暴动。这一事实本身，就说明学界几成定论的宋代"积贫积弱"之说的结论似乎是下早了。说宋代积弱，问题好像不大，但若是称宋代积贫，那恐怕是值得商榷的了。

正是因为有宋一代不存在什么官不聊生、士不聊生、民不聊生的状况，所以中国的读书人，一直是向往两宋时期的。这时期那种宽容、宽松、宽厚的政治生活氛围，在中国几千年的历史上，纯属凤毛麟角，难能可贵。记得当年兰州大学教授、著名历史学家赵俪生先生在我的母校杭州大学历史系讲授“中国古代土地制度”课程，当讲到宋代时，赵先生心潮澎湃，临场发挥，说，假如在中国历史上的朝代中，有可供选择的，那么他就会毫不犹豫首选两宋。赵先生的这番话，恰如其分地从一个侧面揭示了宋代社会政治生活的真实状况，其厚重宽大，让今天的人们追慕不已。

然而，历史的诡谲之处就在于宋代的崇文尚礼所导致的结果，是军事力量孱弱疲软、萎靡不振，国防形势困顿危殆、左支右绌。鲁迅先生有云，忠厚是无用的别名。套用过来，便是文明是挨打的象征。两宋的历史就是证明。它不仅不能收复当年被石敬瑭割让出去的战略要地燕云十六州，反而年复一年被契丹、女真、蒙古人欺凌打压，损兵折将，割地求和，面子里子都输得干干净净。它打不过辽，打不过金，打不过元，那也就认了，可连在小小的西夏面前，都难逞一胜，则多少有些匪夷所思了。

导致这种局面，原因是多种多样的。燕云十六州的失落，西北牧场的易手，使优良战马的来源被切断，只能用川地的矮种马来唱骑兵中的主角，是其中一个不可忽略的因素。冷兵器时代，骑兵是处于核心地位的战略兵种，它的强大与否，直接关系着军力的盛衰，尤其是面对北方民族强大的骑兵集团的进攻时，自身骑兵虚弱，未战便已输了一半。毕竟，依托城池，以步制骑只是一厢情愿的期盼。

但是，更主要的原因，还是宋朝廷推行崇文抑武、以文制武的基本国策所带来的消极影响。赵匡胤、赵光义消极汲取五代时期武人干政擅权的历史教训，一味考虑不让黄袍加身的历史重演，使得他们将巩固皇权、强化对军队的绝对控制置放在首要的位置，可谓是处心积虑，不遗余力——凡大将出征，皇上都要面授机宜,颁发阵图,何时进兵,何地行军,怎样布阵,如何接敌,规定得清清楚楚、明明白白,统兵者不可越雷池一步,其手脚被捆绑得严严实实,没有机断指挥的权力。而战场形势瞬息万变,这种情况之下,要打胜仗,岂不是比登天还困难!《孙子兵法》有云:“将能而君不御。”这是克敌制胜的重要保证,而宋代皇帝反其道而行,那只能是“乱军引胜”[①],在军事斗争中处处被动,连战皆负了。这正如《何博士备论·霍去病论》所云:“法有定论,而兵无常形。一日之内,一阵之间,离合取舍,其变无穷。一移踵,一瞬目,而兵形易矣。守一定之书,而应无穷之敌,则胜负之数戾矣。”

当然,打败仗是很没有面子的事情,宋代统治者也想改善情况。既然军权高度集中的做法不能动摇,那么,就得另辟蹊径,别出心裁。于是乎,他们就把提升军队战斗力的重点,放到强化兵学理论的学习和运用上来,用批判的武器来代替武器的批判。故有宋一代,学兵学理论、用兵家智慧,以弥补军事实力的不足,就蔚然成风、风靡一时了。

换言之,宋代的兵学缘此而兴盛发达,成为中国历史上兵学发展史上的第二个高峰。其标志为,在宋代第一次出现了兵学的大型类书《武经总要》,第一次实现了兵书的专业分类,涌现出一大批专题型的兵学著述,如讨论守城作战要义的《守城录》,总结军事制度沿革及其特征的《历代兵制》,评析军事人物韬略的《何博士备论》,研究各类战法经验的《百战奇法》等等。可谓琳琅满目,异彩纷呈!

其实,军事的实际能力薄弱,往往导致军事理论发达,乃是一种很普遍的现象,甚至可以说是一个基本规律。

先秦时期,齐国军队的战斗力是相对比较低下的,这一点,荀子已有很到位的评论:“齐之技击不可以遇魏氏之武卒,魏氏之武卒不可以遇秦之锐士。”[②]孙膑自己也承认,在三晋军队面前,齐兵素号为怯。这跟齐国重视文化建设,厚待士人应该有关。齐威王时搞了稷下学宫,豢养了一大批文人学士,让他们享受列大夫的待遇,“各著书”[3],“不治而议论”[4]。这一点与宋代的崇文之举可以前后辉映,互相媲美。可就是这个齐国,兵学理论方面的建树却令人称道,中国历史上的最著名兵书,如《孙子兵法》《孙膑兵法》《六韬》《司马法》等等,皆出自齐地,成为齐文化的重要组成部分。

李零教授曾著文,名曰《齐国兵学甲天下》(刊于《中华文史论丛》),对这一文化现象作过很全面的总结。齐国的兵学之所以能甲天下,背景就是齐国军队打仗不行,需要用兵学理论的先进,来弥补实战能力的孱弱。反之,像秦国那样的虎狼之师,却只信奉战场上刀剑定是非,拳头比高下的实力至上原则,才不会对兵书撰写和兵学理论构筑产生兴趣呢。

由此可见,宋代统治者强化兵学理论建设,所说明、所印证的,恰恰是宋代军事实力与能力低下的事实。当然,这样做比不做要好,这也是没有疑义的。于是,在这股传承与弘扬兵学理论的热潮中,《武经七书》便应运而生了!

北宋神宗赵顼统治时期,朝廷有憾于泱泱大国居然师旅不振,军威屡坠,在与辽和西夏的军事抗衡中屡遭失利、贻笑天下的困窘局面,终于痛下决心,兴办武学,培养优秀军事人才,以亡羊补牢,振衰起弊,扭转形势,赢得主动。

为了适应武学教学与训练的需要,朝廷遂于元丰三年(1080)诏命国子监司业朱服和武学博士何去非等人“校定《孙子》《吴子》《六韬》《司马法》《三略》《尉缭子》《李靖问对》等书,镂板行之”[5]。从此,以《孙子兵法》为代表的七部兵学著述,就被正式定名为兵家经典著作《武经七书》,成为中国古代第一部由官方校勘颁行的兵学理论教科书。

司马迁在《史记·孙子吴起列传》中有言："能行之者未必能言，能言之者未必能行。"在现实中，知行合一更多的是虚幻的想象；知行相悖、知行脱节才是常态。宋代人打仗已被历史证明是的确很差劲的，但宋代人的兵学理论造诣之精深，纸上谈兵的修行功夫之卓荦，却是无可争议的事实。这一点，在《武经七书》的编纂上同样也有充分的体现。

战争在中国起源很早，中国的历史很大程度上是一部战争的历史。战争中同类相残的那个暴烈残酷程度是经常突破道德底线的。"争地以战，杀人盈野；争城以战，杀人盈城"[⑥]之类的悲剧，年复一年不断上演。虽说那些读书人也常呼吁"杀人亦有限，列国自有疆，苟能制侵陵，岂在多杀伤"[⑦]，却也是言之谆谆，听之藐藐。真实的状态往往是"边庭流血成海水，武皇开边意未已"[⑧]。战争层出不穷，杀戮惨绝人寰，它一定会附带着一个自然的结果，那就是用于指导战争的中国古代兵书浩如烟海，叠床架屋。以至于在《汉书·艺文志》中兵书略成为一个独立的学科门类，与六艺略、诸子略、诗赋略等学科门类并驾齐驱，比肩而立。

如何在这么多的传世兵书中遴选出几种具有代表性意义的兵书，以武学经典的身份进入武学基本教材之列，这是非常不容易的挑战，是对《武经七书》编纂者学术眼光、兵学素养、文化识见的重大考验。它要求达到四个基本的要求：第一，有限入选的兵书能够系统、完整地反映宋代之前中国兵学发展的总体成就与基本面貌。第二，有限入选的兵书能各自具有鲜明的个性特征，具有重要的代表性，且彼此之间可以起到互为补充、互为发挥的作用。第三，有限入选的兵书在思想性、学术性、文学性等方面，都要卓尔不群，引领风骚，臻于完美，具有典范意义。第四，有限入选的兵书无论是篇幅的大小、文字的阅读、表述的方式等方面，都应该恰当适宜，符合武学的教学需要，便于人们学习与掌握。

应该说，朱服、何去非等人的确是识见不凡，目光如炬，很好地完成了对经典兵书的遴选工作，实现了朝廷编纂武学基本教材的初衷。很显然，这七部兵书均是价值巨大、个性鲜明、内涵丰富、影响深远的最佳入选对象，称得上是中国古典兵家文化的杰出代表。

其中，《孙子兵法》毫无疑问是经典中的经典，核心中的核心，是名副其实的带头大哥。明代兵书《投笔肤谈》认为："《七书》之中，惟《孙子》纯粹，书仅十三篇，而用兵之法悉备。"《孙子兵法》堪称古代军事理论的集大成者，它构筑了古典军事理论的框架，后世的军事理论建树，多是在《孙子兵法》基本精神与原则的指导下进行的。它代表了中国古典兵学的最高水平，使后世许多兵学家难以逾越，无愧于"兵经""百世谈兵之祖"的称号。

正因为《孙子兵法》一书具有巨大的军事学术价值和崇高的历史地位，后世兵家对它的肯定和赞誉史不绝书。早在三国时期，曹操即在其《注孙子序》说："吾观兵书战策多矣，孙武所著深矣。"唐太宗李世民对《孙子兵法》更是推崇备至，据《李卫公问对》记载，他曾由衷赞叹："深乎！孙子之言！""观诸兵书，无出孙武。"宋代人对《孙子兵法》予以高度评价的，更不在少数。如苏洵认为："孙武十三篇……论奇权密机，出入神鬼，自古以兵著书者罕所及……词约而意尽，天下之兵说皆归其中。"[9]陈傅良在《孙子发微序》中也说："自六经之道散而诸子作，盖各有所长，而知兵未有过孙子者。"[10]戴少望评《孙子》，有云："孙武之书十三篇，众家之说备矣。奇正、虚实、强弱、众寡、饥饱、劳逸、彼己、主客之情状，与夫山泽、水陆之阵，战守攻围之法，无不尽也。微妙深密，千变万化而不可穷。"[11]

明代茅元仪在《武备志·兵诀评序》中指出："前孙子者，孙子不遗；后孙子者，不能遗孙子。"这段话很好地概括了《孙子兵法》

在历史上的地位和意义。作为中国古代兵学宝库的一笔珍贵遗产,《孙子兵法》是不朽的,因此,将《孙子兵法》选入《武经七书》,并列为全书之首,应该说是非常恰当的。

《司马法》一书的主要价值,在于它反映了春秋中叶以前兵学思想的主体内容和基本特征。它是一部以古为主、综合古今的混合型兵书。其基本内容由三个部分组成:一、古代王者《司马兵法》,即西周时期供武官学习或遵循的法典性兵学著作,这是它的主体成分。二、春秋时期齐国著名军事家司马穰苴的兵学观点以及他对古代王者《司马兵法》的诠释内容。三、战国中期齐威王统治时的稷下大夫们在追论古者《司马兵法》之时,根据战国时期新的战争特点加入的一些兵家语言。

概括而言,它孕育于黄帝至殷商期间,创立于西周,发展于春秋,成书于战国中期,具有深厚的历史淀积层,集中反映了商周、春秋、战国前期各种军事观念、作战特点与军事制度,历史文化价值不容低估,为人们在今天全面了解、准确把握我国古代战争、军事思想发展历史的嬗递轨迹提供了必要的依据。而其中最为珍贵的是原古者《司马兵法》中所保留的西周及春秋前期的部分内容。《司马法》的重要军事学术价值体现为,它是我国现存兵书之中,反映春秋以前军事思想、作战特点、军事制度实际情况最具体最充分的兵学典籍,集中渗透着春秋中期之前的时代文化精神。

东汉大历史学家班固在《汉书·艺文志·兵书略》中有云:“下及汤、武受命,以师克乱而济百姓,动之以仁义,行之以礼让,《司马法》是其遗事也。”宋代郑友贤《孙子遗说》也指出:“《司马法》以仁为本,孙武以诈立;《司马法》以义治之,孙武以利动;《司马法》以正,不获意则权,孙武以分合为变。”这些论述都准确扼要地揭示了《司马法》一书在中国兵学发展史上的特殊地位和历史意义。

《尉缭子》的重要性表现为，它既是现存兵形势家的唯一著述，又在很大的程度上反映了法家思想对战国兵书的渗透与影响，保存了大量弥足珍贵的战国军事制度的原始资料。它所倡导的挟义而战、武表文里的战争观念，明法审令、举贤用能的治军思想，权敌审将、轻疾机动的作战指导原则，均在中国兵学发展史上留下辉煌的一笔。故自汉唐以来，《尉缭子》一书一直受到兵学界的高度重视和广泛推崇。《文献通考》引《周氏涉笔》，认为它能分本末，别宾主，理法兼尽。清代朱墉在《武经七书汇解》中也指出："七子谈兵，人人挟有识见。而引古说今，学问博洽，首推尉子。"[12]这一观点，可以说是对以《尉缭子》为代表的三晋兵学在中国兵学史上的地位与贡献，做出了恰如其分且又实至名归的界定。

《吴子》，又称《吴起兵法》，今存二卷六篇，篇名分别是《图国》《料敌》《治兵》《论将》《应变》《励士》，全书约近五千字，是吴起军事思想的主要载体，也记载了一些吴起的生平活动事迹。此书当是由吴起及其门人编缀成书，成书于战国时期。从这个意义上说，《吴子》一书是吴起兵学流派的集体性创作，但所反映的是吴起本人的军事思想。大致而言，《吴子》的兵学思想体系由三个方面组成，这就是：倡导义战的进步战争观念，以治为胜的治军理论，以及因形用权的作战指导思想。应该承认，《吴子》一书的理论特色相对单薄，但仍不失为一部有价值的兵学著作，尤其是关于战争观念、治军理论的阐述，不无独到与深刻之处。如吴起曾受业于儒家曾子门下，故其论治军时，多袭用儒家仁、义、礼、德、教等儒家学说的重要范畴。这其实是开启了后世兵儒合流的先河，是反映中国古代兵学的主流价值观的，因此，《武经七书》中有《吴子》的一席之地，绝非偶然。

战国末年成书，托名姜太公所撰的《六韬》一书的贡献，在于其是先秦兵学理论的集大成之作，集中体现了战国后期学术思潮融会贯通的趋势在当时的兵书撰著上所打下的深刻烙印。具体而言，首先，它具有军事学术体系的完备性与系统性，其所论述的范围包括政治、经济与军事的关系，全胜战略，军事战略，治军理论，作战指导原则，国防建设思想，军事后勤方针等各个方面，从而构筑起一个十分完备的兵学理论体系。其次，当时社会政治思潮对《六韬》有广泛的渗透与高度的规范，这包括黄老之学清静无为、执一统众的指导性质，儒家民本主义思想的深厚影响，以及法家、墨家学说不同程度的参与。其三，《六韬》所阐述的许多问题，具有鲜明的独创性和启迪意义。如文伐十二法的高明运用，《王翼》中早期司令部构成的具体设想等等，就是这方面的有力例证。总之，道术兼备，本末赅括，是《六韬》其书的鲜明特征。显而易见，《六韬》在《武经七书》中，也是不可替代的角色。

每一部兵书，都具有其独特的时代属性，也反映着一定的时代文化精神。秦汉时期成书的《三略》所体现的，就是显著的封建大一统兵学的特点。

秦汉时期是中国历史大一统封建帝国的确立时期，大一统的封建帝国需要为大一统服务的兵学。《三略》正是这种时代需要的必然产物。它所关注的问题，既是总结取天下的经验，更是探讨安天下、治天下的基本原则。这一时代文化精神从《三略》自我表述的理论宗旨，诸如“设礼赏，别奸雄，著成败”，“差德性，审权变”，“陈道德，察安危，明贼贤之咎”之中就有突出的反映。

正因为《三略》以如何安治天下为基本宗旨和立论的出发点，所以全书上下贯穿着维护大一统、巩固大一统的一根红线，响彻着“陈道德，察安危”的主旋律。《三略》安治天下的大一统时代文化精神，集中体现在以下两个方面：第一，《三略》的显著特点是偏重于阐述政略，这同《孙子兵法》等先秦兵书偏重于阐述兵略存在着很大的差异，而这恰恰是大一统时代精神指导规范兵学建设的客观反映和必有之义。第二，《三略》的又一个显著特点是在论述君主与将帅、君主与群臣的关系问题上花费大量笔墨，提出了一系列君主如何驭将统众的重要原则。这同样是大一统时代文化精神指导规范当时兵学理论建设的具体表现之一。从这个意义上讲，《三略》更像是一部政治学著作，它的出现和流传，表明军事从属于政治，军事学政治伦理本位化趋势的强化已成为不可逆转的事实。它能入选《武经七书》也是不足为怪的。

《唐太宗李卫公问对》一书在结合战例阐述兵学哲理并使之深化的方面，比前人取得了更大的成绩。具体地说，就是《问对》的作者继承和发展了《左传》用具体战例来阐述和探讨战略战术原则的方法，把军事学术的研究方法，从单纯的哲学推理发展到理论与实际密切结合的新境界，在认真总结战争经验的基础上丰富和深化战略战术原则，使其日益接近于科学化。这对于古典兵学理论研究来说，乃是一个显著的贡献。同时，《问对》的研究视角以及由此而形成的特色，也显示出古典兵学的重点正开始由战略的层次向战役战术的层次转移。这说明，随着战争实践的日益丰富，人们的军事理性认识也趋于多元、复杂、缜密和深化了。《四库全书总目提要》的作者曾对其主要内容及特色作过较精辟的概括，称“其书分别奇正，指画攻守，变易主客，于兵家微意，时有所得”。这一概括提纲挈领，要言不烦，基本上符合该书的思想要旨。宋人戴少望在其《将鉴论断》中称道它“兴废得失，事宜情实，兵家术法，灿然毕举，皆可垂范将来”。其军事学术价值毋庸置疑，能入选《武经七书》亦属当之无愧。

由此可见，宋代学人对兵学经典的认识与遴选，的确是独具匠心、别出心裁的。其眼光之独到，选择之精准，令人叹为观止。有宋一代，虽说在军事实践的舞台上乏善可陈，留下的只是“遗民泪尽胡尘里，南望王师又一年”[13]的绵绵遗恨，但是在兵学理论的建树方面则是独领风骚，让“楼船夜雪瓜洲渡，铁马秋风大散关”[14]的魂魄随着《武经七书》的流传而依稀残存于千秋江山。

这就是宋代的文化气象，也是后人谈及宋代时之所以百感交集、五味杂陈的缘由。

注释：

①《孙子兵法 · 谋攻篇》。

②《荀子 · 议兵》。

③《史记 · 孟子荀卿列传》。

④《史记 · 田敬仲完世家》。

⑤（南宋）李焘：《续资治通鉴长编》卷三〇三。

⑥《孟子 · 离娄上》。

⑦（唐）杜甫：《前出塞九首》之六。

⑧（唐）杜甫：《兵车行》。

⑨（宋）苏洵：《嘉祐集 · 孙武》。

⑩（宋）陈傅良：《止斋文集》卷四十。

⑪（宋）戴溪：《将鉴论断 · 孙武》。

⑫（清）朱墉：《武经七书汇解》卷五，《尉缭子汇解 · 天官》。

⑬（宋）陆游：《秋夜将晓出篱门迎凉有感》。

⑭（宋）陆游：《书愤五首》其一。

追求功利:《孙子兵法》的核心精神

一、“以利动”是孙子的兵学宗旨

春秋战国之际,随着整个战争环境发生根本性的变化,原先反映奴隶制社会军事礼乐文明的军法、军礼传统渐渐趋于式微,而代表新兴势力兵学诉求的兵法则蓬勃兴起,成为军事思想领域中的主导力量。这决定了该阶段兵学的基本特征是军事思想摆脱军礼的束缚,对过去那种鸣鼓而战的堂堂之阵战法予以了坚决的否定,确立了“兵以诈立,以利动,以分合为变”[①]的基本原则,战争靠诡诈来取得成功,根据利益的大小和有无来决定行动,靠军队的分合变化来取得主动权。这就是《孙子兵法》的一个基本的、核心的内容,更准确地体现了军事斗争的自身规律和特点。对此,东汉班固也曾有过洗练而准确的揭示:“自春秋至于战国,出奇设伏,变诈之兵并作。”[②]换言之,《孙子兵法》的时代,就是绝对战争取代可控性战争的时期。南宋郑友贤对《司马法》和《孙子兵法》两种战争形态做了很好的对比:“《司马法》以仁为本,孙武以诈立;《司马法》以义治之,孙武以利动;《司马法》以正,不获意则权,孙武以分合为变。”[③]

“利”像一条红线,贯穿于整部《孙子兵法》。《孙子兵法》开篇第一句，“兵者，国之大事，死生之地，存亡之道，不可不察也”[④]，从国家生死存亡的根本利益出发，强调了战争与国家命运休戚相关的利害关系。常言道，良好的开始只是成功的一半。算计精明，算计正确，为夺取战争的胜利创造了可能性，然而可能性毕竟不等同于现实性，要使它真正转化为现实性，就必须发挥主观能动性，运用一切有用的方法，来达到消灭敌人、保存自己的目的。因此，孙子提出，何时发动战争，如何来进行战争，取决于“利”，也就是看战争是否于己有利。他提出了“非利不动，非得不用，非危不战”，“合于利而动，不合于利而止”的用兵原则；在进行战争的过程中，强调“上兵伐谋，其次伐交，其次伐兵，其下攻城”，要“以全争于天下”，从而达到“兵不顿而利可全”的目的；强调速战速决，原因是“兵久而国利者，未之有也”；战争计划已定，“计利以听，乃为之势”，“势者，因利而制权也”；进入敌境作战则要“掠乡分众，廓地分利”。一切军事行动，都要合乎“利”的要求。同时，孙子认为，“兵以利动”的原则，不但己方必须遵循，而且敌方也是遵循这一原则行动的。因此，他主张对敌诱之以利，“趋诸侯者以利”，用利害关系来调动敌人，“致人而不致于人”，牢牢掌握住战争的主动权。这些论述，充分体现了孙子军事思想中重利的特点。

孙子要求作战指导者在军队接敌运动过程中，自始至终坚持和贯彻“兵以诈立，以利动，以分合为变”的指导原则。所谓“以利动”，即是从事战争当以利害关系为最高标准。有利则打，无利则止，一切以利益的大小为转移。这实际上反映了孙子的战争宗旨，是其新兴阶级功利主义立场在军事斗争原则上的具体体现。所谓“以分合为变”，指的是孙子制胜之道的重要手段。其中心含义是灵活用兵，巧妙自如地变换战术，或分或合，悬权而动，掌握战场主动权。它是“兵以诈立”的必然要求，体现了孙子兵学注重灵活变化，讲求出奇制胜的精神风貌。

孙子的兵以利动思想，具有重要的时代意义。它从根本上划清了同《司马法》为代表的旧军礼的界限，正确揭示了军事斗争的基本规律。应该说，周礼传统下的那种战争，是一般战争的异样形态，不应该是主流。在古代，战争的目的确实应该是像毛泽东说的那样，消灭敌人，保存自己。前一种战争，应该是暂时的、次要的形态，大家打起来都要留一手。到了《孙子兵法》的时代，又让战争回到了战争本身的、符合军事规律的形态。从这个意义上说，孙子兵学不愧为迎合“出奇设伏，变诈之兵并作”时代要求的杰出代表。

二、“利”的三个层次

《孙子兵法》“利”的思想，内涵十分丰富。概括地说，大致有以下三层含意：战略上的“胜”、政略（所谓政略，是指为达到一定军事目的而采取的政治、经济、外交、军事等方略）上的“全”和理想境界的“善”。

第一层次，战略上的“胜”。

在战争中，获取最后胜利无疑是交战双方最直接的目的。《孙子兵法》作为一部兵学圣典，主要就是讲如何克敌制胜这一核心问题。于汝波先生在《试论孙子兵法以“胜”为核心的战争理论体系》一文中提出，《孙子兵法》战争理论的核心是一个“胜”字，并提出“胜”的三个范畴：先胜、全胜和战胜。虽然在“胜”的具体内涵上，人们可能有各种各样的理解，但“胜”是《孙子兵法》的理论核心，这一点已是学界共识。

主张“兵以利动”的孙子，把“胜”作为“利”的实现途径。从词源学的角度，“胜利”一词深刻揭示了“胜”与“利”之间的因果关系。一方面，在战争中，“利”的获得必须先要战胜对手，只有取得“胜”才能安国全军、保民利主，才能“掠乡分众，廓地分利”，“利”既是战争的根本动因与目标，又是影响和制约战争进程的深层根源；另一方面，在战争中是否取胜，往往也要以是否获利为标准来判断。“胜”与“利”是战争目标中不可分割的两个方面，一般来说，没有无利之胜，也没有不胜之利。

为了达到克敌制胜的目的，孙子主张“胜兵先胜而后求战，败兵先战而后求胜”，重视战前的计划、运筹、预测和谋划，要知彼知己；要“经之以五事……一曰道，二曰天，三曰地，四曰将，五曰法”，“校之以计，而索其情”，全面考察战争的主客观因素及其相互关系；要努力形成“胜兵若以镒称铢”的有利态势。在作战指导方面，孙子提出“兵贵胜，不贵久”的速胜战思想、“以正合，以奇胜”的灵活用兵思想、“致人而不致于人”的掌握战场主动权思想以及示形动敌、把握主动、集中兵力、各个击破、巧用地形、攻守得宜、因粮于敌、取用于国等等许多重要原则。孙子提出的克敌制胜理论，成为后世兵家构筑军事学说的思想来源和理论指导，同时也因为其带有鲜明的功利主义色彩，常常受到封建卫道士们的攻讦。儒学冬烘先生群起而谩骂孙子诡诈不仁，直斥《孙子兵法》为“盗术”：“非诈不为兵，盖自孙武始。甚矣，人心之不仁也。”[⑤]“兵流于毒，始于孙武乎！武称雄于言兵，往往舍正而凿奇，背义而依诈。”[⑥]这种拿儒家“仁义”来否定兵家，谓之“诡诈”，当然是十分可笑的，但却在很长的时间里风靡一时，大有市场。

第二层次，政略上的“全”。

在“兵以利动”的战争中，克敌制胜是获取利益的前提条件，但是获得战争的胜利，并不能保证一定能够带来各方面的利益。事实上，如果处理不好的话，战争中的胜利有时还可能造成政治、经济、外交等方面的损失。

胜利的结果并非都是胜敌而益强，如果为了获取胜利而付出的代价过于昂贵，反而可能会事与愿违，胜而不利。正如墨子所揭示的那样，一旦发动战争，就要大量动员民众，“春则废民耕稼树艺，秋则废民获敛”[⑦]，人员的伤亡和物质的损失不可胜计。因此，古代封建诸侯，数量多达万国，但绝大部分都在无休无止的攻战中灭亡了。就像是一个医生治病，治好了一人，却付出治死一万人的代价。这样的医生，当然只配称作庸医。与孙子齐名的军事家吴起说：“天下战国，五胜者祸，四胜者弊，三胜者霸，二胜者王，一胜者帝。是以数胜得天下者稀，以亡者众。”[⑧]说的也是同样的意思。

孙子从正反两方面的战争实践中，认识到战争后果的两重性，并在此基础上提出了全胜的思想。孙子认为，“百战百胜”以及“战胜而天下曰善”，并非最理想的境界；因为“百战百胜”，只是沉醉于一种实力消耗式的胜利，而“战胜而天下曰善”，只是看重“胜”的外在表现与社会评价，而没有注重诸侯国之间实力对比的消长与战胜的综合效益。孙子从战争全局考虑，冷静地分析战争之利与战争之害，认识到必须“以全争于天下”，认为只有这样，才能在诸侯争霸的斗争中保全自己，不断壮大实力，最终称霸天下。

《孙子兵法》全胜思想的实质是全利，是以最小的代价换取最大的利益。“凡用兵之法，全国为上，破国次之；全军为上，破军次之；全旅为上，破旅次之；全卒为上，破卒次之；全伍为上，破伍次之。”[⑨]在孙子看来，谋求全胜的手段有多种，首先是以谋制敌，其次是外交服敌，第三是威加于敌，如果这些手段都不能奏效，就只好诉诸武力了。如果说，孙子的“胜”是战略层次上的，那么他的“全”，就是政略上的，不单指军事方面而言。孙子从“利”的角度提出了“全”的思想，把暴力的战争手段引向非暴力的政治、外交领域，确实是孙子兵学理论的高明之处。

第三层次，理想境界的“善”。

用兵求“善”是孙子独树一帜的思想。孙子从“利”的角度，提出“胜”与“全”的概念，这两者都是现实的境界，但他并不满足于此，又提出“善”的概念。

孙子所谓的“善”，是用兵的一种理想境界。善战思想，充溢于《孙子兵法》的每一章。如孙子认为百战百胜固然不错，但不战而胜才是最高境界。如果不得已诉诸武力的话，要先使自己立于不败之地。在具体的作战行动中，孙子提出了一些善战原则，如“善用兵者，役不再籍，粮不三载，取用于国，因粮于敌”，“善守者，藏于九地之下；善攻者，动于九天之上”，“善攻者，敌不知其所守；善守者，敌不知其所攻”，“善战者，求之于势，不责于人，故能择人而任势”等。孙子的这些论述，都是用兵求善思想的具体表现，即孙子提出的用兵理想境界。

孙子提出“利”的“胜、全、善”三层次说，反映了中国人传统思维方式“取法乎上，得乎其中”的特点。古人论学习有技、艺、道三种层次，进行战略谋划有上、中、下三策，《孙子兵法》中伐谋、伐交、伐兵、攻城的战略选择序列等，这些与孙子“利”的三个层次一样，反映了中国人理性务实又追求完美的思维特点。孙子提出的善战思想，既是其功利思想的内容，又超越功利，达到形而上的层次。

三、智者之虑，必杂于利害

世界上任何事物，都同时包含着利与害的两个方面，所谓“祸兮，福之所倚；福兮，祸之所伏”，战争也是如此。你要接近和驾驭战争这个事物，光想从中去追求和获得利益，而彻底远离它本身所带来的祸害，那是不现实的。就像喜欢一个人，在喜欢欣赏他的优点的同时，也要容忍和接受他的缺点。道理很简单，这个人之所以有这些优点，就因为他同时有那些缺点，缺点和优点是个整体，密不可分，没有了他的缺点，他的优点就不复存在。晚清洋务运动之所以失败（甲午战争已给它作了盖棺论定），原因便是李鸿章、张之洞等人只想学近代西方的技术工艺，而排斥近代西方的体制与观念，殊不知西方的技术工艺成就完全建立在其体制及其观念文化上。要么作为一个整体来学来接受，要么干脆什么都不学。只学其中利的那部分，而拒绝自己所认为是害的那部分，纯粹是一厢情愿而已。

孙子深刻地认识到，在战争与作战的问题上，利与害是如影随形、相生相成的。在他眼里，胜利和失败仅仅是一线之隔，胜利中往往隐藏着危机，而失败里也常常包含着制胜的因素。因此他要求战争指导者要善于保持清醒的头脑，尽可能做到全面辩证地观察问题，正确地处理战争中的利害得失，趋利避害，防患于未然，制胜于久远。

孙子认为，看似有利的事物，可能会带来危害。他在《九变篇》中提出，“途有所不由，军有所不击，城有所不攻，地有所不争，君命有所不受”。有的道路可以走却不走，有的敌人可以攻打却不打，有的城邑可以攻取却不攻，有的地方可以争夺却不争，有的君命可以执行却不执行。以这“五不”措施为基本内容的作战原则，正是孙子杂于利害思想的很好体现。孙子认为，将帅应该根据不同的地理条件灵活指挥，明确提出以“五不”为内容的随机应变处置军事行动的具体要求。“五不”原则的要义，是要求战争指导者透过现象看本质，综合比较，深入分析，权衡利弊，唯利是动。假如权衡后得出的结论有碍于实现战略目标，损害到根本利益，那就必须舍弃眼前的小利，不汲汲于一城一地的得失，暂时放过某些敌人，留待日后时机成熟后再去解决。如果国君的命令不符合实际情况，不利于军事行动的展开，那么就应该本着“进不求名，退不避罪，唯民是保，而利合于主”[10]的态度，拒绝执行。这样做表面上似乎是违背了常理，否定了成规，实际上正好相反，乃是更好地遵循了军事斗争的基本规律，有利于最大限度地争取主动，夺取战争的胜利，因此应充分加以肯定。历史上夫差强争中原酿覆亡，马援误择险道致兵败，岑彭长驱入蜀击公孙，李渊不攻河东入关中，岳飞君命不受进中原，就从正反两个方面对孙子“五不”为中心的机变思想作出了具有说服力的实战诠释。

同样，有些看似不利的事物，甚至是有害的东西，其实也包含着有利的成分。就拿孙子所坚决排斥，认为是用兵之害、用兵下策的攻城来说吧，它虽然会导致进攻的一方伤亡剧增，损失惨重，酿成灾难，可往深处想，它又何尝没有利的一面！众所周知，城池，尤其是国家的首都，作为政治、经济、文化、军事的中心，它的战略地位是无可替代的，一旦能占领控制它，对敌方抵抗意志的摧毁，对整个战局的影响，常常是起决定性作用的，远非在野战中消灭敌人一个军、一个师、一个旅所可比拟。所以，攻城成功的战略意义、战略利益之大，怎么衡量也不为过。可见，战争和世界上的其他事物一样，也存在着两重性，敌对双方往往都是利害兼而有之。利与害相辅相成、如影随形，没有无害之利，也没有无利之害，而且越是大的利与害，它相应的害与利也越多。最安全的地方往往最危险，而最危险的地方又往往最安全。

孙子提出的杂于利害思想的重要意义在于，它提醒战争指导者在进行军事行动时，一定要克服认识上的片面性，走出思维的误区，对利与害有通盘的了解，有互补的体会，有巧妙的转换。道理很简单，见利而忘害，不利的因素就有恶性发展的可能，最终影响整个战争的结局，空欢喜一场；见害而忘利，则有可能使自己丧失必胜的信心和斗志，不再去通过自己不懈的努力而有所作为，破罐子破摔，一蹶不振而成为扶不起的阿斗。所以，孙子认为要追求功利，实现自己的战略目标，前提是要解决功利的界定和衡量问题，而要解决这个问题，关键看你是否拥有杂于利害的哲学智慧，有了，便可灵活机变，牢牢掌握住战争的主动权，便可在复杂激烈的战争冲突中游刃有余，左右逢源。

《孙子兵法》特别强调趋利避害，这正是它理性实用的显著体现。在孙子看来，如何对待战争，是否进行战争，怎样驾驭战争，出发点是考察事物本身的利益大小、得失多少。因此他一再强调“合于利而动，不合于利而止”，“非利不动，非得不用，非危不战”。其根本宗旨，就是要以尽可能小的代价，换取最大的利益。

如果孙子的利害观止步于趋利避害这一点上，那么孙子的见解也就谈不上什么特别卓越了。毕竟趋利避害的意识是大多数人所共有的，不由孙子一人独享专利。孙子的高明之处在于他和老子一样，能够辩证地看待利弊得失，认识到利与害既是辩证统一的，又是互相交杂，你中有我、我中有你的，还是随时转化、变易无定的，更是层次丰富、对象有别的。

《道德经》讲：“难易相成，长短相形，高下相倾，前后相随。”[11]“祸兮，福之所倚；福兮，祸之所伏。”[12]这指的是利与害乃辩证之统一，各以对方的存在而存在，无难即无易，无利也就无所谓害，利害、高下、长短、前后、难易、祸福，均以对立统一的共生体出现。对此，孙子同样有极其深刻的认识，认为利与害处于同一事物之中，两者如影相随、不离须臾。所以，高明的战略家或战事指导者，应该将利与害作为一个统一整体来考虑对待，见利思害，见害思利。

孙子清醒地看到了利与害错综交杂在同一事物的内部，凡事有一利必有一弊，没有单纯、绝对之利，也无单纯、绝对之弊。在一个人的身上、一个事物的内部，优点与缺点、长处与短处、优势与劣势，形影不离，生死与共，乃是一个铜钱的正反两面，在去掉他缺点的同时也去掉了他的优点；同样的道理，要保留他的优点，同时也得容忍、接受他的缺点，绝对没有光得利不涉害的好事，也坏不到尽是弊害不见益处的程度。总之，在利与害关系上只能是杂于利害，而切不可一厢情愿。

这种利与害并存的哲学思维，也是我们在今天观察一切问题的正确视野，解决一切问题的有效手段。改革开放以来，我们国家的发展变化之巨大是举世瞩目的，成就有目共睹，进步显而易见，这无疑是国家之利、民族之利、百姓之利，但是用利害相杂的观点来考察，在取得大利的同时，必定也存在着一定的不利，它们是并存的。如在经济腾飞，GDP 指数猛升的同时，可以看到，我们的各种资源在急剧减少，生态环境遭污染遭破坏的情况日益严重；又如，让一部分人先富起来的政策，使得不少人迅速富裕，成为事业的成功者和生活的幸福者，然而，我们又不得不承认，这在某种程度上是以牺牲很大一部分弱势群体的利益为代价的，社会上贫富差距正变得越来越悬殊，越来越成为我们社会所面临的新问题、新挑战，酝酿着社会不够稳定的因素；再如，这些年在引入新观念、新的生活方式，改变着人们思维模式与行为方式，使之更加合乎现代社会生活节奏与潮流的过程中，我们也发现，我们民族固有的不少传统美德，像孝敬父母、友悌兄弟、和睦邻居、尊重师长等等，正越来越走向式微，有识之士无不为之而痛心疾首，嗟叹惋惜。凡此种种，均表明利与害如影随形，交杂共生。作为决策者，一定要对此予以高度的重视，在充分肯定成就（利）的同时，也要清醒地看到利之背后所蕴含的害，这样才不会让胜利冲昏头脑，从而牢牢立于不败之地。

总而言之，孙子杂于利害的主张，乃是一个带有普遍性的指导原则。它的精义在于辩证地对待利害关系，知于未萌，预作准备。顺利时能做到冷静沉着，找到差距，从而保持优势，防止意外；遭到挫折时能做到不丧失信心，正视现实，坚持不懈，从而摆脱被动，走向胜利。从这层意义上看，孙子杂于利害的思想，又是超越单纯军事领域的，而具有方法论的普遍意义。对于从事任何工作，都有着深刻的启示作用。

注释：

①《孙子兵法·军争篇》。

②《汉书·艺文志·兵书略序》。

③(宋)郑友贤：《十家注孙子遗说并序》。

④《孙子兵法·计篇》。

⑤(宋)叶适：《水心别集》卷四《兵权上》。

⑥(宋)高似孙：《子略·孙子》。

⑦《墨子·非攻中》。

⑧《吴子·图国》。

⑨《孙子兵法·谋攻篇》。

⑩《孙子兵法·地形篇》。

⑪《道德经》二章。

⑫《道德经》五十八章。

《孙子兵法》与现代社会竞争

中国古代有一种伟人崇拜的情结。武圣人和其他圣人的情况有所不同,历史上经历了四个阶段。第一阶段,先秦至两汉,尊崇蚩尤为兵祖,是对勇敢和力量崇拜的象征;第二阶段,隋唐时期,尊崇姜太公,是对兵家权谋之道崇拜的象征;第三阶段,宋至明清,尊崇关公,是对道德节义崇拜的象征;第四阶段,清末至当代,尊崇孙子,是对智慧韬略崇拜的象征。

孙子之所以受到现代人的青睐,是因为孙子学说充满了智慧和谋略的精神,这正符合我们现代社会竞争机制的需要。在竞争日趋激烈的现代社会,大家要在竞争中掌握主动,立于不败之地,成为事业的成功者,就必然会面临一些问题:如何知彼知己,预测形势,计算得失,筹划全局,避实就虚,出奇制胜等。《孙子兵法》讲究战略运筹,以谋制胜,权宜之变,全胜至上,强调致人而不致于人,牢牢掌握主动权。所有这一切不但深刻揭示了战争中的一般规律,也揭示了在社会其他活动中可借鉴的普遍意义。

孙子提出的朴素的辩证法观点,如以迂为直、杂于利害等,不仅能帮助我们辩证地看问题,还能帮助我们开拓事业,实现既定目标。正因为《孙子兵法》充满了竞争的精神、进取的灵魂,符合今天的时代精神,所以,孙子成为我们现代人也仰慕的武圣人。

历史上的武圣人有三位是山东人，这值得山东人自豪和骄傲。蚩尤是山东的，他以力取胜；姜太公是山东的，他是齐国的开创者。今天我们再来认识山东人孙子的学说，这在竞争机制的运用上同竞争谋略的借鉴上都是非常有价值的。

一、观念更新是竞争并获得成功的必要前提

对于中国古代打仗而言，《孙子兵法》是一次革命性的变革。这道理对于今天参与竞争的我们很有启发。我们要参与竞争并取得胜利，首先必须要认清我们面临的形势，及时更新和调整自己的观念，以不断适应发展变化的时局。《孙子兵法》的理论特色就是对上古以来特别是商周以来旧的军礼传统的否定，全书上下贯穿着理论创新、与时俱进的基本精神。现代社会的竞争是激烈残酷的，如果抱着过时的旧观念参与竞争，肯定大败亏输。只有像《孙子兵法》那样顺应潮流，才能胜券在握，事半功倍。孙子说："兵者，诡道也。能而示之不能，用而示之不用。"[①]这本身就是对旧观念的一种否定、一次革命和创新。如果一个人观念上没有变革，还是用计划经济时的观念去参与市场经济的竞争，结果就是还没有出招就输了。

在观念更新上应该树立三个基本意识。

第一，是树立忧患意识。不管企业做得怎么好，你个人事业如何成功，国家怎么健康发展，社会如何和谐，都不能放松警惕。因为我们当今的社会始终处于激烈的政治、军事、经济竞争环境中，竞争带来的巨大压力迫使每个国家、每个企业、每个个人只有不断变革、不断进步，才能适应新的情况，才能求得生存。忧患意识告诉我们，在顺利的时候要头脑冷静。孙子在《作战篇》中说："钝兵挫锐，则诸侯乘其弊而起，虽有智者，不能善其后也。"孟子

说："入则无法家拂士，出则无敌国外患者，国恒亡。然后知生于忧患而死于安乐也。"[②]这都是一种强烈的忧患意识。不管竞争顺利与否，树立忧患意识始终是第一位的。

第二，是树立参与意识。就是不能出局，不能使自己边缘化，即使人家的规则你不满意也要参与，等你实力强大时再改变或修改规则。比如不能因WTO或者一些世界性经济一体化组织的许多规定不利于发展中国家，特别是不利于中国，就不参与；或因为企业的规定、单位的人际关系、系统运行机制不利于你而放弃了竞争，隔岸观火，那样就永远不会有机会。我们首先要做到的是参与进去。美国学者迈尼尔从系统论角度说："系统的封闭性经常导致孤立系统的死亡，没有外部的刺激和冲突，失去了竞争的动力和环境，就不可能有内部的回应，回应就面临着系统的老化，就失去活路，失去效率。"他把这个原理比喻成微生物的寄生现象。他还举例：15世纪末16世纪初葡萄牙人第一次登陆日本时，日本正处于诸侯争霸时期，其掌握研制武器的水平超过英国、法国、荷兰；但在明治维新前夕，当美国用军舰大炮打开日本国门时，却发现日本老百姓甚至政府人员对枪械大炮很不熟悉，用的都是笨重的冷兵器。这是因为日本在政治统一后，统治者不再参与大的战争，武器研制自然停止，枪械自然消失。事实证明，不参与世界军事争斗，军事技术发展的刺激也就不存在。中国历史也证明了这一点。战国时期，秦国、楚国始终参与中原霸权争夺，发展就快。齐国处在东部沿海，认为秦国对自己的威胁不大，加上旁边是鲁、魏、宋等小国，所以没有参加过大的军事行动，有时只象征性地出兵，没有当过领导者，因此在五国灭亡后它由于没有抵抗秦国的能力而被秦消灭。不参与竞争就会失去竞争的前提，失去竞争的跳板。汉代大思想家董仲舒说："临渊羡鱼，不如退而结网。"所以，一定要树立参与意识。

第三，要树立全局意识，也就是战略意识。英国战略学家柯林斯说，大战略是在各种情况下运用国家力量的一门艺术和科学，如果单凭武力那是愚蠢的。只有政治、经济、文化、心理、外交、社会全方位地配合起来，有机结合才能赢得战争的胜利。孙子不光讲军事，他讲的是“道、天、地、将、法”的综合因素，是综合能力的一种凝聚和归纳。参与竞争不可能只强调孰轻孰重，只看一点不计其余可能会一时成功，但若长此下去，则必有后患。如讲经济要看实力，要看人员结构、交际关系、人才资源等综合性的结合体。古人云：“不谋全局者，不足以谋一域。”③ 因为全局能决定局部的成败与得失，而局部的成败与得失有时不能对全局起决定性的影响。所以必须用全局的观点来参与现代的竞争。

第四，要树立前瞻意识。古人云：“人无远虑，必有近忧。”④ 走一步要看三步，宜未雨而绸缪，毋临渴而掘井。竞争是长远的，需要具备深远的战略眼光，不能只看眼前，要预测未来，把握未来。

二、实力建设，以镒称铢，是参与竞争并得到成功的坚实基础

俗话说，没有金刚钻不揽瓷器活儿。前些时候有许多说法把《孙子兵法》与三十六计搅在了一起，其实三十六计和《孙子兵法》反映的是两种价值观。它们的不同点是：孙子特别重视实力建设，他认为只有实力强大才有资格、才有能力参与竞争，否则一切免谈。《孙子兵法》提出：“地生度，度生量，量生数，数生称，称生胜。”一定的地理位置产生一定的土地面积范围，一定的土地面积产生一定的资源，一定的资源才能建立一定数量的军队，有一定数量的军队才能与人抗衡，抗衡才能取胜。孙子又提出：“胜兵以

镒称铢，败兵以铢称镒。”[5]这也说明孙子重视实力建设。

孙子和纵横家苏秦、张仪不同。纵横家纵横捭阖，朝秦暮楚，很会说话，光靠谋略打动国君参与战事，却没有建议国君发展实力，加强军队建设和综合国力建设。而孙子特别重视自身实力建设，认为实力建设是战争取胜的基础。这一理念对后人非常有启示，历代统治者都充分运用了这一理论。凡是能完成统一大业的统治势力都是靠实力取胜的。如秦国统一六国靠的就是农战，粮食有了，国家的经济建设才能顺利进行，实力变强大才能统一六国。

汉武帝北逐匈奴也是一样的道理。当时，匈奴的土地面积很大，但人口只相当于汉朝的一个大县，战争初期，汉朝军队却打不过他。因为汉朝军队是以步兵车兵为主，机动性不强，而匈奴军队是骑兵，来无影去无踪，战斗力很强。而且匈奴人吃的是牛羊肉，从小在艰苦环境中生长起来，身强体壮，所以实力远超汉军，每战必胜。实力不足是汉军不能取胜的重要因素。汉武帝当政后，把实力建设放在第一位，首先发展骑兵。他把当时四大兵种中实力居于第三位的骑兵发展成第一位，超过步兵车兵，才取得与匈奴战争的最后胜利。

西晋、隋朝统一南方前先建水军，因南方江河多且有长江为天堑。宋朝时军事理论很发达，但军事实力不行，因当时出产良马的宁夏、甘肃、青海都被西夏占领，好马进不来，宋军的马都是小马，不能胜任征战，所以与辽、金作战常打败仗，最后被元朝吃掉。这证明实力是基础。

诸葛亮是山东人，是我们都崇拜的军事家，但他北伐为什么不成功？就是因为蜀汉面积小、财力弱且无强大的骑兵，所以虽暂时对曹魏主动进攻，但都是无功而返。不是诸葛亮军事才能不高，而是实力限制了他才能的发挥。

历史证明，强大的国力和高明的谋略两者不可偏废，谋略是手段，实力是基础。不仅国家如此，人与人的竞争也需要实力做基础，所以现代人都在提升自己的实力，文凭热、学习热都是为了提升自己的竞争实力而产生的，至少是为自己拥有竞争实力贴上标签。

三、杂于利害，兵以利动，是参与竞争并取得成功的主要宗旨

中国古代文化核心是儒家文化。儒家非常讨厌讲利，即“耻于言利”。孔子说：“君子喻于义，小人喻于利。”孟子说：“王！何必曰利？亦有仁义而已矣。”宋朝朱熹更进一步提出“存天理，灭人欲”。这是中国的传统。事实上司马迁早就提出：“天下熙熙，皆为利来；天下壤壤，皆为利往。”大家为利竞争是社会现实，所以竞争的核心就是趋利避害。到了孙子的时代，他名正言顺、堂堂正正地提出以利驱动的用兵原则：“兵以诈立，以利动，以分合为变者也。”强调非利不动，非危不战，非得不用。《孙子兵法》中有两个地方提出“合于利而动，合于利而止”，是对利的特别强调。这个观点在竞争中有借鉴价值。但孙子同时强调，在追求利的同时，要处理好几个关系。

一是辩证地对待利害关系。孙子说：“夫智者之虑，必杂于利害。杂于利，而务可信也；杂于害，而患可解也。”有时候从表面上看是利，而实际隐藏危机；从表面上看是不利，而激发后会成为后发优势，这是激励。老子说：“祸兮，福之所倚；福兮，祸之所伏。”说明福祸之间是辩证互动、相互转化的。

二是长远之利和短期之利，也就是眼前利益和长远利益的关系。孙子说：“百战百胜，非善之善者也；不战而屈人之兵，善之善

者也。”有的战争表面胜利而后患无穷，所以长远利益要和眼前利益统一起来。历史上发生过的晋楚鄢陵之战，当时的晋国完全有实力打败楚国。战前，晋国内部有争论，范文子反对攻楚，认为晋国现在很团结，上下齐心，同仇敌忾，就是因为有强敌楚国的存在；如果打败了楚国，晋国将无外患，高枕无忧，内部就会有争权夺利闹分裂的危险。但国君和中军主帅认为此仗能胜为何不打？否决了范文子的意见。结果打赢之后就出现了争功抢赏、互相残杀的局面，最后三家分晋，再无力独霸中原。这一战，范文子看的是长远利益，国君和中军主帅看的是眼前利益。

三是利与义的统一。兵法和商战是不完全相同的。三十六计用在商战上是阴损的，是损人的。兵法可借鉴，但借鉴要有限度，所谓游戏有规则，道德有底线。如果在竞争中不遵守游戏有规则、道德有底线的原则，会造成很不好的影响。利益宗旨强调我们不要像儒家那样做谦谦君子，每个人都会想到利，孔子也不是不讲利，而是主张利必须以仁义为统帅，利应服从于义。君子爱财，取之有道，不能像三十六计鼓吹的那样不择手段。

四、知彼知己，高明运筹，是参与竞争并获得成功的基本保证

孙子最重视战略运筹，提倡知彼知己和知天知地。为此，他提出一系列行之有效、为历史证明是真理的战略运筹方法。如“五事七计”以及“道、天、地、将、法”都是讲战略层次的预测运筹。古语云：“识时务者为俊杰。”中国历史上有很多这样的故事，如楚汉相争中韩信提出的《汉中对》就是高明的战略运筹，处处体现了《孙子兵法》分析、判断、决策的基本原理。诸葛亮的《隆中对》也是对当时大格局形势的分析判断。同样，我们在当代社会竞争中

也要了解全局，判断形势，作出决策。在竞争中，我们要处理好四个关系。

1. 时机与条件的关系。许多事情我们知道要按步骤来做，但不到时间，条件不成熟就应当放弃。范蠡说："时不至，不可强生；时不究，不可强成。"[⑥] 时机不到不可做，条件不成熟不可勉强。郑成功打台湾等了多少年？康熙收复台湾也等了许多年。有些事不是想做就能做到的，要等待时机和条件。

2. 遍知和早知的关系。《孙子兵法》中提出的知彼知己和知天知地就是遍知天下，都是我们在竞争中所必须遵循的重要原则。这就要求我们在具体实践中要做到总揽全局，掌握细节。另外，孙子、管子又提出早知和先知的思想。主张不但全知而且早知，不当马后炮和事后诸葛亮。凡事要有个提前量和时效性。机不可失，时不再来。

3. 万全之策和必要冒险之间的辩证关系。万全是美好的理想，打仗不可能万全。打仗有偶然性，有时也会打败仗，不可能全胜，所以必要的冒险是需要的。西晋杜预曾说，凡事情必须利害相较，十有八九或六七利就可干。现在的伐吴已是十有八九利，有一二利不成功就可以打，十全十美不可能。任何事物不可能万全，因世界是动态的，都在发展前进，就看谁发展得快，少走弯路而已。百分之百的把握是没有的，永远不会有万全。在竞争中要有胆量敢于适当冒险，但不是盲目冒险，而是有把握的冒险。这一点适用于国家、企业以及个人。在竞争中要敢为天下先，敢吃螃蟹，并且做到知彼知己，处理好万全之策和必要冒险的关系，那么，成功的可能性就大大提高了。

4. 最高目标和最低目标的关系。中国传统文化思维模式都有最高目标和最低目标。孔子主张"天下大同"，又讲小康、宪章文武，渴望回到周公时代，这是他的美好理想。孙子主张"不战而屈人之兵”，这是他的良好愿望，但他更关心“兵者，诡道也”“兵以诈立”“以利动”的战胜之策。康有为写的《大同书》和空想共产主义差不多，这是他的最高目标，但他实际做的是戊戌变法，维新改良。

我们中国共产党也有最高目标和最低目标，党的二大就提出了最高纲领和最低纲领。最高纲领是实现共产主义，而我们现在进行的是中国特色的社会主义建设。前者是旗帜，后者是实际做的。市场经济应树立远大目标，也要有具体步骤，并从最低目标做起。

一位领导曾说：“五年计划粗一点，三年计划细一点，一年计划实一点。”这也是兵学原理在社会发展活动中的反映。

五、随机应变，因敌制胜，是参与竞争并获得成功的重要条件

《孙子兵法》是兵书，是讲打仗的。用兵打仗是活的灵魂，是灵活多变，不拘一格。所谓“致人而不致于人”，就是调动敌人而不被敌人调动，“水之形避高而趋下，兵之形避实而击虚”，“能因敌变化而取胜者，谓之神”。提倡以尽可能小的代价，夺取最大的胜利；强调上兵伐谋，全胜至上，不战而屈人之兵。为了实现这一目标，他主张示形动敌、以迂为直、奇正相生。这些精辟的论述同样对现代社会中的竞争有极大的启示意义。它实际讲了几个关系：一是既要善于创造机遇，又要抓住机遇，把握机遇。他特别强调示形，就是用假象欺骗和调动敌人，使其放松警惕，我们则乘虚而入。二是正确处理先发主动与后发优势之间的关系。对中国大多数人来说，重视后发优势更重要，因为先知先觉的人毕竟是少数。“先人有夺人之心，后人有待其衰”，后者有失败的教训可

借鉴，避免走弯路，避免犯不必要的错误。中国历代成功的好多经验，都是后发优势运用高明的结果。如何在格局形成、态势明朗时，寻找突破口，转劣为优，化弱为强，攻守自如，进退随意？中国古代有很多这样应用后发优势的例子。如秦国初期并不强大，是后发优势使它统一了六国。如曹操和袁绍比，曹操是弱势，但他后发制人而取胜。朱元璋也是后发优势，他在元末起义军中并不强大，与陈友谅比是弱势，是后发制人使他获得了胜利。道家也讲以柔克刚，后来者居上，退一步进两步。所以我们在竞争中不要为暂时不利、起步较晚而懊恼，后发之势有更多的资源可利用，有更多的经验可借鉴，有更多的教训可避免。三是韬光养晦和敢为天下先的关系。当实力不强时，韬光养晦是非常必要的。但韬光养晦并不是无所作为，而是使自己的长处不断加强，短处得到弥补，必要时以敢为天下先的精神面貌出现。如果一个企业、一个人总是韬光养晦，人家就会欺辱你；当实力不强时光想敢为天下先，作秀、表演，为面子而争也会吃亏。四是处理好独立自主、以我为主和互助的关系。在竞争中如果不能独立自主、以我为主、以我为本，就会成为别人的附庸，成为跟屁虫，永远慢一拍。但是，“我”是单人力量，只有与外部结合好，搞好互助，才能使自己的实力不是算术级数增长而是几何级数增长，才能实现“1＋1＞2”。《孙子兵法》中说“不知诸侯之谋者，不能豫交；不知山林、险阻、沮泽之形者，不能行军；不用向导者，不能得地利”[7]，讲得很透彻，明确揭示了孙子以我为主和倡导联合态势的思想方法。孙子特别提倡合交、泛交，使自己的实力以几何级数增长；对敌斗争要单赢，而在社会竞争中要争取双赢、多赢的有利态势。五是处理好心理问题。孙子讲了许多利用心理活动、心理状态来激励士气的话。他提出了“四治”：治气、治心、治力、治变，其中治心和治气是第一位的。心和气都是心理问题，有些人在竞争中总是处于被动状态，有点挫折就萎靡不振，破罐子破摔，一落千丈，认为永无翻身机会，这种心理状态不适宜竞争，也不配成为事业的成功者。所以企业、个人在竞争中遇到暂时的挫折不要轻易放弃，要多想办法，置之死地而后生，投之亡地而后存，要忍受暂时的挫折，韬光养晦，等待时机。

灵活用兵主要是一个度的问题，把握一个度，既不能过头，又不能不到位。孔子讲过犹不及，是中庸之道。孙子说杂于利害，也是中庸之道。所谓“中庸”，就是要求我们把握事物的临界点，既不过头，又不能做不到；在顺境中不忘乎所以，在逆境中不灰心丧气，这就是度。中国哲学最伟大的传统就是中庸。《孙子兵法》是中庸思想的充分体现，中庸之道是中华传统文化积淀的升华，是高明的思想方法。灵活用兵就是要有分寸感，要到位。

六、明确主次，扬长避短，是参与竞争并获得成功的中心环节

这一条很重要，因为时间是有限的，空间也是有限的，个人资源和国家资源都是有限的，所以如何合理地配置资源，合理地选择方向，合理地经营突破是竞争的中心问题，把握这个中心环节，竞争就有百分之八十的希望。

尺有所短，寸有所长。任何人和事物都有所长，也有所短，万能的人是没有的，样样占优势的事物也是没有的。竞争的要旨是：以己之长击人之短，突出重点，抓住中心，扬长避短，而不是面面俱到，全面出击。孙子说：“故备前则后寡，备后则前寡；备左则右寡，备右则左寡。无所不备，则无所不寡。”[8]想在竞争中样样抓，反而样样都抓不住，眉毛胡子一把抓，将一事无成。更不能舍长取短，舍强取弱。比如，曹操的强项是骑兵，水军是他的弱项，

但赤壁之战他舍鞍马而就舟楫，这样就算没有周瑜的一把火他也要失败，因曹操的水军不是孙刘联军的对手。战国初期的魏国实力强大，但在马陵之战中，魏国的十万大军却被孙膑指挥的齐国军队全歼了，魏军主帅庞涓也自杀身亡。庞涓不是笨统帅，魏国实力也很强大，为什么战败呢？就是因为魏国军队四面出击，既要打秦国又要打楚国、韩国、赵国、齐国，纠缠在这些矛盾中，四面出击、面面树敌、多线作战，怎能不败呢？因此，我们在竞争中尽量不要四处出击，全面铺开。孙子说："并敌一向，千里杀将。此谓巧能成事者也。"[⑨]竞争中要强调避实而击虚，集中优势兵力，突破中心点，扩大战果。十个指头轮番敲打，不如握紧拳头狠命一击。一千人轮番冲锋，不如一百人一拥而上。在竞争中要扬长避短，做到人无我有，人有我优，这样就会占先机、占主动。另外，综合能力的发挥是竞争的一个重要因素。韩信的背水一战就是军事综合能力的运用，给我们很好的启示。他背水布阵的原则是投之亡地然后存，陷之死地然后生，但只有这条是远远不够的。我们知道，进攻方的人数必须多于防御方的人数三到五倍，而韩信只有三万人，却要对付赵国二十万人。韩信是如何做的呢？第一，把进攻战打成一个非常漂亮的防守战。韩信敲锣打鼓地把敌人引出来攻打自己，这样，他反而成了防守战，兵力就成了九比一的反差。即孙子所说："守则不足，攻则有余。"[⑩]第二，汉军背后是河，敌人无法从背后攻击，韩信集中兵力只防前面，由此防战变成了圆阵。孙子讲："浑浑沌沌，形圆而不可败也。"[⑪]第三，奇正相生，韩信表面上是在河边防守，同时又暗中抽调五千骑兵，趁敌营空虚而袭击敌营。以上三个战术再加上置之死地而后生，投之亡地而后存的原则，最终创造了三万军队战胜二十万军队的经典战例。背水阵充分体现了韩信的综合军事才能。这一经典战例告诉我们，在竞争中首先要充分调动自己的综合因素，有了综合因素，然后把握重点，找准主攻目标，找准突破口，集中优势兵力，突击中心环节，把握时机，这样就能无往而不殆。

当代人学《孙子兵法》，最关心的是《孙子兵法》跟企业管理经营之道的对应关系。《孙子兵法》的原则对我们确实有帮助，但它毕竟是兵书，是对敌斗争的艺术，不能生搬硬套。现在在商战中有滥用兵法的现象；有些书也很迷俗，把《孙子兵法》中高明的哲学原理庸俗化，因此，我们有必要重新厘清《孙子兵法》与当代企业管理经营的关系。

《孙子兵法》分三大块：(1)运筹预测；(2)管理治军；(3)作战指导思想。对于兵法同企业管理经营的关系，我们应从这三个方面去谈：运筹预测可为竞争中的决策做参考，管理治军与竞争中的组织管理对应，作战指导思想与市场营销、发展生产对应。

当你作决策时，可以借鉴《孙子兵法》中的运筹预测思想，如"五事七计"和《谋攻篇》中的一些论述；制定方略时，可以借鉴《计篇》《谋攻篇》；生产管理和组织协调，可以借鉴《行军篇》《地形篇》，如《行军篇》的"令之以文，齐之以武""上下一致"等组织协调的论述；在具体经营时，如扩大国内市场，打入国际市场并立于不败之地，则可以借鉴《孙子兵法》的作战指导思想。《孙子兵法》的思想方法，如因敌制胜、因敌变化，确实对我们在经营和管理企业时，如何避短扬长、发挥优势、发挥潜能有借鉴意义，但商业要讲诚信，有些方法对敌人是可以用的，对商业伙伴却绝不能用。按这个逻辑去学习《孙子兵法》，就可以一法通，万法通。

附录

问：在市场经济中，如何吸收孔子、孙子的智慧使市场管理营销取得成功？

答：德国哲学家雅斯贝尔斯讲了复兴时代的概念。两千五百年前，世界四大文明之星——古希腊、古巴比伦、古印度、中国都出现了世界级的大人物。如古希腊的亚里士多德、苏格拉底、柏拉图，他们的哲学成就不可逾越；另外，还有古巴比伦的犹太先知，古印度的释迦牟尼，中国的老子、孔子、孙子，他们的出现都有合理的土壤、合适的历史条件和展示思想的场所。两千五百年以来，每一次新的思想创造和社会实践都是对两千五百年前的回顾，并在这个基础上重新燃起火花。这说明他们的思想没有过时，并在当今的市场经济竞争中都得以体现。以中国的思想家孔子和孙子为例。中国的法家和兵家同出一源，法是法治，兵家特别讲法治，而儒家讲的是仁政德治，所以，以法治国和以德治国是互补的。在市场经济竞争中，孔子的儒家道德伦理是从事任何工作的基石和底线，一些不合时宜的地方可调整，但大原则不能逾越，这是道德的支撑点；孙子是讲功利的，特别强调法制观念，在企业组织管理，包括功利追求上不能离开孙子的兵家思想。所以功利和道德是辩证统一的。在市场经济竞争中，孔子、孙子的理论给我们提供了道德的支撑点和功利的原动力，这也是文圣武圣并重的重要原因，也是他们不会过时的基本因素。

问：《孙子兵法》为竞争取胜提出了哪些有效手段和具体办法？

答：《孙子兵法》的根本原则是竞争，竞争的特定对象是军事领域。孙子提出了许多基本原则，如全局观、运筹，根据利益取舍，根据敌情而灵活变化，依托实力充分发挥主观能动性等等。现代竞争很残酷，想要在竞争中立于不败之地，就得有有效的手段和方法。我在前文中已讲过，现在再重点讲以下几个方面：

第一，《孙子兵法》不能和现代具体的各行各业画等号。它是思想方法，是启迪，不是具体的验方。但是《孙子兵法》提出的例如多算胜、少算不胜这类思想，就是有效方法。做什么事情都要预先算计，分析利害大小，有无可能，有无后患，这是思想方法。第二，《孙子兵法》和一般兵书的最大不同是它特别重视实力建设的思想。实力建设是克敌制胜的最好方法，重视实力建设才能打好自己的基础。第三，实力使胜利有了可能性，但不等于胜利的现实性，因为只有发挥主观能动性，才能把可能性变成现实性。孙子在《形篇》中说：“胜可知，而不可为也。”告诉我们胜利可以预知，但不可强求。我们要尊重客观规律，从实际出发，做不到的不可强求。在《虚实篇》中，孙子又说：“胜可为也，敌虽众，可使无斗。”充分强调了发挥人的主观能动性，可以克服一定困难，排除各种障碍，实现战略目标。第四，适时变化。情况瞬息万变，不能守一道而不知变通，而应通权达变。这条路走不通再选一条，这个打法不行再换另一种打法。孙子还强调以我为主，任凭风浪起，稳坐钓鱼船。毛泽东最高明的军事思想是你打你的，我打我的，不让人牵着鼻子走，而是牵着别人的鼻子走。第五，集中兵力，发挥优势。任何竞争都是这样。如，要我当县委书记，我可能当得一塌糊涂，但是让我当大学教授，我就可以勉强合格。所以要认清自己的优势所在和短处所在，避免在竞争中盲目的无效劳动。《孙子兵法》是活的灵魂，我们要学他的灵魂，不能犯教条主义的错误，教条主义只能是纸上谈兵。赵括、马谡都是学习《孙子兵法》学得好的，但遇到实际情况不知变通，最后是毁了军队，自己也招来杀身之祸。所以，我们要遵循认识实践、再认识再实践的规律，丰富知识使自己更聪明，在竞争中变得更主动。

问：以《孙子兵法》为代表的东方军事文化（包括中国）和西方军事文化相比较，差异是什么？

答：这是老题目了，讨论过很多，空泛地说，许多观点在表面上都是成立的。如，西方重实力，东方重谋略；西方重局部，东方重全局；西方重战术，东方重战略；西方重细节定量分析，东方重定性分析等等。实际上都是你中有我，我中有你，不可绝对分割。你说西方提倡单独行动，如果从音乐角度来说，就不符合这种结论。中国的民乐合奏没有好听的，而琵琶曲《十面埋伏》、二胡曲《二泉映月》等就体现了个性的东西。西方的小提琴独奏不错，但能真正代表西方音乐最高成就的却是贝多芬、莫扎特、柴可夫斯基的交响乐，他们就重视并强调集体协作。但东西方军事文化是有明显差异的，这是肯定的。第一，东西方军事文化的背景不同。东方军事思想植根于农耕文明。中国当时的人口在东、西、南面相对集中，农耕民族世世代代居住在一定的地方，但是战争对他们和他们的家园以及生活破坏很大，所以他们非常讲究安土重迁。在这样的文明基础上产生和发展起来的东方兵学有和平主义倾向，所以东方慎战重战，一般不打，一打就要胜利，反对穷兵黩武，注重防御，这也是兵学的基本原则。与东方农耕民族不同，西方是游牧民族，四海为家，居无定所，他们是海洋文明。我说的西方是指古希腊、古罗马。《孙子兵法》是两千五百年前的中国兵书，那时中国的军事文化不能和现代的西方国家比，两千五百年前一个是东方奴隶社会晚期和封建社会初期，近代则是西方国家高度发达的资本主义国家，两者之间没有可比性，所以只能和古希腊、古罗马比较，才有可比性。古希腊、古罗马虽是两千五百年前的传统，但仍会影响着现代西方的发达国家，就像《孙子兵法》至今仍影响着我们一样。第二，东方军事主张谋略、智慧。《孙子兵法》中更多提到的是智谋角逐，只有很少的篇幅提到注重实力。宋代的大文学家欧阳修说："攻人以谋不以力，用兵斗智不斗多。"[12]典型地反映了中国兵学文化的特色。而西方军事文化注重的是实力建设。第三，以《孙子兵法》为代表的东方军事，提倡有限战争，有节制的战争。中国古代的征战也很多，很激烈，很残酷，但往往是达到目的后便见好就收，很少对敌方的整个民族斩尽杀绝，而是用文化融合的方法，把少数民族融合到以华夏为主体的大家庭中。西方军事在很长的一段时间(19 世纪和 20 世纪)里特别推崇绝对战争，很少运用政治手段，也不太重视战后的善后工作，多是以消灭敌人为宗旨。他们对文明程度低于自己的印第安人、非洲黑人赶尽杀绝，一点也不留情面。而对他们的同文同种进行的则是有限战争，手段也不是很残忍。

但我们也不要光说东方军事文明的好，它也有不好的。在东方军事思想中，诡诈的东西多，阴柔阴损的东西多；而西方军事文化有一种骑士精神，有阳刚之气。如宋襄公的堂堂之阵，正正之旗，被毛泽东称为蠢猪式的仁义，但在西方则被认为是骑士精神。为什么美国对日本如此仇恨？就差了一个钟头，时差没调整好，珍珠港事件日本要是提前一小时交战书，美国人就不会如此仇恨它。因为日本进行了偷袭，偷袭在战争中是最犯忌的。包括现在美国对萨达姆也是先宣布不撤兵然后再打，总是冠冕堂皇的理由来进行平等交战。我们想想看，普希金决斗，如果他事先收买几个地痞流氓晚上干掉对方就完了，决斗谁知谁胜谁负啊？西方现在打仗仍像拿破仑一样是敲着鼓的堂堂之阵，而东方诸如日本偷袭珍珠港之类偷鸡摸狗的事就多一些。东方民族之所以这样，可能是因为在当时的战争中处于弱势地位，才不择手段。

东西方军事文明的差异问题是个大问题，很有研究价值。军事是社会形态的一部分，对东西方军事文明的异同了解的话，对在东西方谈判中掌握各自不同的思维模式多少是有好处的。因思维路子不同，我们看来合理的东西，西方不一定认为合理，而西方认为天经地义的事，我们也可能会认为迂腐。所以文明要交流磨合，然后才能创造出更新的能为东西方大多数人接受并求同存异的新的文明形态。

问：请谈一下在高新技术条件下，在与军事强国竞争中，我国怎样才能占据主动地位？市场经济的发展，企业的生存越来越重视对自然资源的整合，如环境、时空条件、地缘地域、形势机制等，在《孙子兵法》中对此也都有完整的阐述。请问这些自然资源在兵战和商战中的雷同和区别是什么？

答：先回答后一个问题。雷同的方面是：军事行动是在一定空间、时间范围中进行的，商战也是在一定空间、时间范围中进行的，自然条件对军事行动的制约很明显。孟子讲：天时不如地利，地利不如人和。天时对兵战商战来说一样重要。下雨天子弹是否受潮，刀会不会生锈，当然对军事行动有影响。商战也是一样。地利在兵战商战中的意义也同样重要。我们发明了一样东西，城市用得很好，是否能适合农村？有些好东西，在此地销售可以获利，如果运到偏远的地方，要用飞机、火车运，又要用汽车、马车运，成本就上去了，就难获利了。军事上也一样，骑兵、车兵可以在平原上纵横驰骋、所向披靡，碰到河湾、湖泊就不能发挥作用，这都是雷同。但兵战和商战毕竟不同，区别是：兵战是绝对的军事行动，商战是社会互动的组成部分，互动是追求双赢。商战中互通有无、消息灵通是好的。在兵战中，消息灵通是泄密，是不好的。兵战，不管天气如何变化都要打，因为军事计划管理的原则是，不能被自然条件所打扰，不像商战，遇到恶劣天气就休整两天，损失可以通过其他途径弥补。

再来说前一个问题，如何占据主动地位：(1)承认我们的差距。不能夜郎自大，不要把我们自己孤立起来，要承认别人的先进，但不是永远承认落后，而是找出差距奋起直追。(2)不能妄自菲薄。我们的军事文化有长处，如外交方面，不会像美国那样单边主义，态度生硬，我们比较灵活，这是祖先留下的智慧。(3)技术始终是主要的。不能用半近代化的东西对付现代的新式武器，如鸦片战争，有人说之所以失败是因为没有重用林则徐，其实即使起用林则徐也要打败仗，只不过是多几个烈士而已。清朝政府在鸦片战争中失败的结局不是因为哪个战士不勇敢，而是由当时的整个社会形态、整个军事状况决定的。清政府必定要败给船坚炮利的西方军队，因为这是两个不同社会形态的军队在打仗。教训是战争要用道德支持，但不能光有道德义愤而排除技术这个战争要素。要取得战争的胜利关键是要赶上西方的技术。在赶超的过程中要突出重点，抓住中心，有所为有所不为，全面赶超不可能，因为人家也在前进，我们要在某个方面有杀手锏，使人家不能小看我们。(4)思想统一。表面一致远远不够，而应在军队体制、环境改造上适应现代战争的需要。要下决心改革，关键是运用合适的机制充分调动官兵的积极性，把他们的信心、斗志、能力全面培养起来，这样才能在与军事强国的竞争中占据主动地位。

(根据“21世纪《孙子兵法》应用国际讲坛”上的演讲编订)

注释：

①《孙子兵法·计篇》。

②《孟子·告子下》。

③(清)陈澹然:《迁都建藩议》,《寤言》卷二。

④《论语·卫灵公》。

⑤《孙子兵法·形篇》。

⑥《国语·越语下》。

⑦《孙子兵法·军争篇》。

⑧《孙子兵法·虚实篇》。

⑨《孙子兵法·九地篇》。

⑩《孙子兵法·形篇》。

⑪《孙子兵法·势篇》。

⑫(宋)欧阳修:《准诏言事上书》。

用兵真艺术，人生大智慧：读《孙子兵法》

我们知道，中国治国安邦历来是两条主线，即文武之道，一张一弛，也就是刚柔相济、恩威并用、宽严结合、双管齐下。在理论指导方面，文的，长期以来是儒家的经典，四书五经，还有十三经；武的，是以《孙子兵法》为领头的《武经七书》。《孙子兵法》作为中国文化的重要组成部分，作为一种基本元素，已经渗透到我们的思维方式当中了。无论你喜不喜欢《孙子兵法》，它已经的的确确成为我们生活中的一部分，我们的很多行为方式是跟在《孙子兵法》长期熏陶下，这种文化基因发挥作用密切相关的。

我主要讲两个问题：第一，我们必须持严肃态度，站在学术的立场上，对《孙子兵法》这本书的基本情况有所了解，也就是要知道《孙子兵法》是一本什么样的书。第二，更为重要的，是我们花这么多时间在这里分享《孙子兵法》，就要知道《孙子兵法》究竟好在哪里，如今为什么还要学习借鉴《孙子兵法》。

《孙子兵法》的特点与地位

从曹操那时候开始，古人对《孙子兵法》就有很高的评价。曹操是伟大的政治家，更是卓越的军事家，他说："吾观兵书战策多矣，孙武所著深矣。”[①]这个“深”就是深刻、深邃、高明。唐太宗李世民也是中国历史上杰出的帝王，十八岁起兵以后，唐朝的天下基本上是靠他的指挥打下来的。他对《孙子兵法》的评价也非常高：“朕观诸兵法，无出孙武。”[②]在西方，尤其在美国，《孙子兵法》不仅仅是战争的教材，更是其他的竞争领域里包括商业运作、企业管理经常被借鉴的著作。

我认为，《孙子兵法》有三个特点：

第一，《孙子兵法》是竞争之道。只要有竞争的地方，有博弈的地方，《孙子兵法》必定都能发挥作用，提供借鉴。也就是说，双方博弈的过程中一定会有一胜一负，即使双赢、多赢，也有赢的面大面小的问题，即赢所占的比例问题。只要是竞争，无论是体育竞赛、外交谈判还是商业经营，《孙子兵法》都会有用，因为它的属性就是讲竞争，讲战前的战略预测、战略规划、战略分析，讲战争实践过程中的基本手段与方法。总而言之，是要用最小的代价换取最大的利益，这是《孙子兵法》最根本的属性。

第二，《孙子兵法》是战略之道。中国兵书非常多，为什么《孙子兵法》这么深入人心，成为所有军事家、政治家和一般普通人所尊重的经典，其重要原因之一，便是它是讲战略的。战略是宏观的，是掌握全局的，是跨越时空界限的。我们好多兵书是讲具体的战术问题的，讲一些具体的战法，比如说火攻、水攻。但随着武器装备的变化、科学技术的发展或者说战法的整个提升以后，你会感觉到这些兵书已明显过时，所谓时过境迁。现在谁也不会用马拉的战车到战场上去，甚至也不会用骑兵去跟钢铁的坦克较量，所以那些关于具体的战术问题的兵书，自然而然就会被历史所淡忘，甚至在历史长河中消失，这是很正常的。

而战略的本质是超越时空的，战略的核心也就是说要解决的是一些战略筹划上最核心、最根本的问题。战略学，就是指导战争全局的方略，也就是说要解决根本性的问题。这个根本性的问题包括以下五个方面：

一是要解决这个事情做不做，即仗打不打的问题。

二是解决何时做的问题。时机过早就会被枪打出头鸟，也就会陷入两面受敌、多线作战的被动状态。但是过晚也不好，我们有句话叫“事后诸葛亮”，过了这个村就没有这个店了，蛋糕已经分割完毕，你已经出局，跟你没关系了。

三是解决何地做的问题。地理环境和战略区位非常重要，同样的事情在广东可以做，在甘肃不一定能做；在美国能做，在中国不一定能做。曹操的军队在北方地区可以纵横驰骋、所向披靡，因为他的骑兵占有非常大的优势，可是一旦到了江东地区，则无所用其长，赤壁之战被打败是非常正常的事情。因为他的骑兵在河流湖泊纵横遍布的地方，在丘陵起伏不定的地形上，优势荡然无存，这时候最需要的是水军。在这个地理环境上，水军成为制约他整个实力发挥最关键的因素。

四是要解决何人去做的问题。我们经常有这样的感觉，很好的规划、很好的思路，可是环顾自己的团队，发现没有人，或者说没有比较合适的人来担当这个任务。所以毛泽东说过“思想政治路线确定之后，干部就是决定的因素”[3]，这就是何人做的问题。同样的事交给这个人做和交给另外一个人做，可能效果是会完全不一样的。将帅是军队的大脑、军队的灵魂，兵熊熊一个，将熊熊一窝，如果将帅不胜任的话，那往往是兵败如山倒，所谓“置将不善，一败涂地”。

五是要解决怎么做的问题。战略，说白了就是在形势混沌复杂、扑朔迷离的情况下，在多种选择都存在的情况下，选择一种成本最小、效益最大，同时具有可操作性的最佳应对方略。《孙子兵法》实际上要解决的就是战略之道，无论是“知彼知己，百战不殆”，还是“上兵伐谋，其次伐交”；不论是“百战百胜，非善之善者也；不战而屈人之兵，善之善者也”的这种最佳方略的选择，还是“致人而不致于人”的那种主动权的把握问题，都是战略性的问题。解决本质性关键问题的战略之道，永远不会过时，永远是超越时间长河的，也是超越单纯的军事领域的。

第三，《孙子兵法》是将帅之道。所以，我反对将《孙子兵法》普及化。在中国古代，大家都学兵书。但汉朝做了规定，普通的军官，也就是校级军官，包括下面的尉官和普通的军士，所学习的，是《司马法》，就是一般的军人守则，什么时候该起床，怎么样站岗，怎么样出操，讲的是这些问题；只有将帅才学《孙子兵法》。这两者是要有区别的。因为《孙子兵法》里的的确确有兵者诡道、兵不厌诈的东西，要是把这些东西放到我们生活中，都来学、都来用的话，那这个社会将是一个恐怖的社会，道德就会没有底线，游戏就会失去规则，会非常可怕。

因此，不同的人应该有不同的学法，比如领导干部，学《孙子兵法》，学《老子》，这是必要的；普通的员工就学一下《弟子规》，懂得做人做事最基本的道理。普通的士兵要知道的，就是一切行动听指挥，军人以服从命令为天职；而将帅更要懂得，将在外，君命有所不受。如果大家都对君命有所不受，各行其是的话，那就乱套了，没有规矩就不成方圆。所以，《孙子兵法》是将帅之道，是大将的一种运用手段，运用之妙、存乎一心的东西。

《孙子兵法》是一本什么书

首先是资格老，我们现在能够看到的最早的完整系统的兵书，现存的就是《孙子兵法》。

其次，光是早和资格老还不够，更重要的还是好。《孙子兵法》代表着中国兵学的最高成就。在中国历史上,战争发生的次数之多、频率之高,是全世界首屈一指的。据学者一些不完全的统计,在中国有明确年份记载的近三千年历史上(公元前 841 年起),就爆发过三千多次战争,平均一年一次以上,兵书多就是因为战争多而产生出来的。在这么多兵书里,《孙子兵法》是最好的,这个道理不用多讲。

其三,《孙子兵法》是具有世界意义和影响的一本书,是中国文化的一张名片。外国人对中国文化最重视的是三本书:《易经》《老子》《孙子兵法》,《论语》还不算在里面。从某种意义上说,《孙子兵法》是墙内开花墙外香,国外对它的重视程度甚至超过我们自己。西方的重要军事学校有两部书是一定要学的,一本是《孙子兵法》,一本是普鲁士杰出军事学家克劳塞维茨的《战争论》,这是基本的教材。他们在战争行动中,也经常借鉴《孙子兵法》。把《孙子兵法》用于企业管理,也不是中国人先搞起来的,是日本的大桥武夫。当然,这跟当时日本的环境有关系。二战结束以后,大量的日本军人复员了,重新进入社会,投入到经济复苏的创业洪流中,这些军人对兵法最熟悉,所以用兵法的原则指导企业管理和生产经营,然后被我们出口转内销。

最后说它是一本好书,是可以超越军事领域的一本书。就是说《孙子兵法》讲战略思维,它对我们其他各个领域做任何工作,都会起到作用。不说其他的,只说一条。《孙子兵法》里有一条原则,说军队在兵力的投入和使用过程中要避免犯一个错误,就是"无所不备,则无所不寡",意思是到处都要防备,兵力就永远不够。可见,孙子是观照全局的,更重要的是强调突出重点。如果不分主次轻重,眉毛胡子一把抓,西瓜芝麻随地捡,那肯定完蛋。历史上有一个政治家,大家都对他非常推崇,但是我认为他是失败的政治家,这个人就是诸葛亮。他最大的问题是事无巨细,亲力亲为，大包大揽，一竿子插到底，连一个士兵犯错误打军棍，打五十军棍还是打一百军棍还得自己过问。原本这应该是连长、营长做的事情，最多到团长这一级做的事情，却都得这个总司令、丞相亲力亲为。怪不得他五十四岁就死了。“出师未捷身先死，长使英雄泪满襟”，这是他自己找的，累死的。

当丞相要向谁学习？必须向陈平学习。陈平是汉惠帝的丞相，当了丞相以后整天游手好闲、无所事事。皇帝看了很不爽，就责备他什么事情都不干。他说，我什么也不干，等于什么都在干，无为才能无不为；我这个丞相就是有两件事情要做，一是辅佐陛下，调理阴阳；二是教化万民，也就是说建国君民，教化为先。按他的说法，丞相干得最多的事情也就是把司局级干部、部级干部召集起来，两个月做一次辅导报告，再讲讲形势，讲讲天上地下就可以了。不管就是最大的管。为什么有的人当领导很潇洒，有的领导当得疲于奔命，捉襟见肘，顾此失彼，这就是工作思路的问题。所以，孙子说“无所不备，则无所不寡”，就是在工作中要抓大放小，突出重点。

如何读《孙子兵法》

《孙子兵法》有五千九百多个字，十三篇，相当于我们今天的十三章。应该怎么读？书有两种读法，一种读法是读厚，还有一种方法是把书读薄。《孙子兵法》五千九百多字，我可以全背下来，但大家没有必要去背，能记住两个字就可以了。第一个字就是“算”。《孙子兵法》是指导战争的，战争就是两个过程，一是准备战争，二是实施战争。《孙子兵法》第一个字讲的是开打之前的“算”，也就是战略规划、战略分析、战略预测、战略运筹之类的东西。别小看这个“算”字，《孙子兵法》第一篇就是《计篇》，战争的一切事物逻辑起点就是“算”，这个“算”有很多具体的基本要求。首先要求“算”的要素要综合化，也就是说，你是系统地来算，不要光算其中某一个方面。孙子讲的系统包括五个基本要素：

一是政治。从古到今，政治总是被放在第一位的。要做到政治清明，就是上下同心协力。但是孙子强调的是“令民与上同意也”，就是让老百姓认同、拥护、支持、配合领导人的决策，而不是“令上与民同意也”。“令上与民同意也”，有时候不好做，老百姓每个人的想法不一样，你照顾了这边，那边人不高兴。在领导和被领导的关系中，领导是起主导作用的，是引领方向的，而不是去附和、跟从被领导者。讲亲民不是无原则亲民，必须要有主见和定见。认为是好的东西，设计好以后，用各种政策，用物质利益、精神激励，来调动大家的积极性，甚至用法纪法规来规范大家的行为，让普通民众按照领导者的意思来办，而不是行姑息之政。如果会哭的孩子就有奶吃，那就什么事情都做不了。

二是天时。天时首先是指自然气候，因为气候条件和战争直接相关。古代南方地区要北伐，大多是选择初夏或者暮春，因为这时候河流解冻，水位最高，运兵运粮最方便——打仗就是打后勤，兵马未动，粮草先行。而北方地区攻打南方，恐怕通常会选择初冬或者深秋，因为经过一年的休养生息，秋高马肥，战斗力最旺盛。这就是天时。但在孙子那里，天时讲得更多的是战争时机问题，不要过早也不要过晚。

三是地利。“地”就是地理环境。古代战争中，有十万人的军队最后被一万人的军队打败的战例。如果你看到作战的战场以后，就会知道这个仗打败是很正常的。因为这个战场的容积量最多也就只能装两万人，十万人去了没用。人多了，无论是水源、马的草料都难以保证，其他人去了作壁上观，所以最后变成一万人对一万人打，人家当然有可能把你打败。所以“地”谈的是占的容积量，占的地位和区位。

四是“将”。有了天时、地利，事是要人做的，就要讲队伍。孙子讲得很明确，兵不用管，树起招兵旗，自有吃粮人，关键在于将，将才是主要的。

五是“法”。人要做事，必须按规章制度来做，没有规矩不成方圆。但是孙子把“法”放在第五位，也是有考虑的，法不能不讲，但法又不能太讲，所以只能排第五。因为法，尤其在军事斗争中，是经常滞后的，有一个时空上的落差。战场上形势瞬息万变，那些规章制度经常会拖后腿。就像我们现在经常看到的，有些惩罚无法让你心惊肉跳，奖励又无法令你心花怒放，那就不起作用了。所以孙子讲“施无法之赏，悬无政之令”。

孙子讲的“算”，第二必须要有前瞻性。《孙子兵法》讲“知彼知己”，要全面地了解情况，但是更强调要提前了解情况，宜未雨而绸缪，毋临渴而掘井，做到先知、早知。很多情况下，是知而不早，不如不知。

第三，战略选择要有多样性。一定要有上中下三策，不能一条路上走到黑，即我们经常说的不能把鸡蛋放在一个篮子里。所以孙子讲到“上兵伐谋”，最好的战略应该追求最佳的效果，用谋略把敌人给摆平，兵不血刃是最好的。但是这种天上掉馅饼的事情不是太多的，这样，就只好退而求其次——“其次伐交”。这个“交”以前都说是外交，我自己考证的结果认为不是外交。古代打仗是约好地点、时间，摆好阵势以后再打的，“交”就是两军摆好阵势，引而不发，准备打仗。我们经常说的“交锋”一词，反映的是作战的两个过程，交是先立阵，锋是真开打。“其次伐交”就是向对方展示实力，让对方一看便不用打了：人家又是飞机，又是坦克，又是大炮，我这里只有步枪、手榴弹，不用打了，我们屈服吧，我们妥协吧，我们投降吧。但是伐交的成本就要高于伐谋了，因为军队一动，地动山摇，人要吃饭，马要吃草，车辆要有损耗。

如果已经到了战场，却没有把敌人吓住，就只好“伐兵”。这是野战，打起来了。这个成本就更大了，杀敌一千，自损八百。但是这还不是最糟糕的，最糟糕的是在野战当中没有全部歼灭敌人，有一部分敌人成了漏网之鱼，跑到城里面去了，拉起吊桥，负隅顽抗。可这座城池必须打下来，于是只有选择最糟糕的手段——“其下攻城”。攻城在冷兵器时代，成本是最高的。人家居高临下，你得用云梯爬上去。人家用开水滚油浇下来，用石头砸下来，用箭射下来，你死伤惨重，效果是最差的。虽说是效果最差的，但毕竟也是一种选择。

最后，战略运作要有可操作性。最完美的战略往往是虚假的，不能实现的。所以最好的战略不是最完美的战略，而是有残缺、可以实行的战略。

第二个字，“诈”。一旦打起来，孙子认为所有的军事原则都围绕一个中心，“兵以诈立”。在孙子看来，打仗就是双方之间比试骗术高下的博弈过程。会骗的打败不会骗的，大骗子打败小骗子，全能冠军骗子打败单项冠军骗子。所以他讲了“诡道十二法”：“故能而示之不能，用而示之不用，近而示之远，远而示之近。利而诱之，乱而取之，实而备之，强而避之，怒而挠之，卑而骄之，佚而劳之，亲而离之，攻其无备，出其不意。”[4]当然，孙子心目中，最高明的骗术是水乳交融、没有痕迹的，“此兵家之胜，不可先传也”。所谓“形兵之极，至于无形”，骗不言骗，羚羊挂角，无迹可求，这与武侠小说中所追求的最高境界“无招胜有招”是一个道理。

《孙子兵法》的八大启迪

最后讲讲《孙子兵法》的八大启迪。

第一个启迪是全局意识。中国古代有一句话，叫作“不谋全局者，不足以谋一域”。而《孙子兵法》讲的就是全局性，就是说《孙子兵法》所有考虑问题的角度都出于系统性和全局性。

比如孙子主张在治军的具体管理方法上要做到令文齐武。就是通过思想教育、精神激励、物质奖励，来调动大家的积极性，促进内部团结，提升大家的斗争意志，这在战争中是必不可少的。但是光靠这个还不够，战争是要死人的，而人都是爱惜生命的，所以要让士兵奋勇作战必须用武的另一手，通过军纪军法、规章制度去强化这些，两者不可偏废。在作战方法上，正规手段和非正规手段、特殊手段要结合运用。在理念上，要关心爱护士卒，同时也要兵不厌诈，这些也是互补的。

孙子认为，一个将帅，作为一个领导，应该具备五种素质，这就是一个全局性问题。

第二个启迪是重点意识。我们前面讲过了，重点意识是指不能面面俱到。孙子强调，看问题必须观照全局，但是做事情必须找到合适的切入点，抓重点，抓关键，然后从中心突破，以点带面。比如说“无所不备，则无所不寡”，这就是重点意识。蒋介石为什么这么快被打败，有几个重要原因，其中之一就是他一开始的战略就是错误的。他是全面进攻，全面进攻就意味着要打华中、东北、西北等等，这种全面进攻战略在毛泽东高明的战略指导面前会很被动。等到蒋介石发现全面进攻失效的时候，变成了重点进攻，进攻陕北和山东，但这时候最佳的战略时机已经过去了。求全责备，在战略上是最大的忌讳。在观念上，可以理想化追求全，但是在操作上绝对不能求全。因为求全意味着考虑问题的时候一定会瞻前顾后，患得患失，处理问题时必定会投鼠忌器，优柔寡断，而战略时机往往是稍纵即逝的，一去不再复返，要委曲求全，就永远都跟不上时机。

第三个启迪是创新意识。《孙子兵法》最大的特点，就是它是对原来兵法的一种革命。宋襄公打仗的时候，他要成列而鼓，不鼓不成列，君子不重伤，不禽二毛，不以阻隘等。但孙子说“兵以诈立”“兵者诡道”，没有半点虚伪客套的东西。孙子是创新的，对于原来陈规的战法来说，他敢于突破，推陈出新。

第四个启迪是机遇意识。孙子强调不能守株待兔，蹉跎岁月，而要善于抓机遇，没有条件要创造条件。所以我们可以看到，他强调隐瞒真相，伪装假象，引诱敌人来上当，“静如处女，敌人开阖；动如脱兔，敌不及拒”。我觉得这些都是他对机遇意识的强调。

第五个启迪是主动意识。兵无常势，水无常形，没有规则，就是最高的规则，就是唯一的规则。所以毛泽东说了，一上战场，枪声一响，什么兵法都忘了。《孙子兵法》希望人们懂兵法，要求大家学兵法，但是，孙子的最大愿望，是大家学了兵法后，最终“忘掉”兵法。这才是出神入化、炉火纯青，即所谓“能因敌变化而取胜者，谓之神”。

第六个启迪是优势意识。优势意识也就是实力至上意识。胜可知，而不可为，讲的就是这层道理。要立于不败之地，方能不失敌之败也。要战胜敌人，前提是做大、做强自己。所谓“胜兵先胜而后求战，败兵先战而后求胜”，“胜兵若以镒称铢，败兵若以铢称镒”。这样，方可致人而不致于人，牢牢把握战争中的主动权。

最后两个启迪我觉得比较重要，就是偏锋意识和忧患意识。

先说偏锋意识，就是反向意识。我觉得反向思维非常重要，一个战略家成熟不成熟往往是通过有无偏锋意识而体现出来的。

比如孙子认为，一个将帅最容易犯的错误有五种，都是致命的，叫作“将有五危”。哪五种危险呢？第一就是将帅不怕死，第二是将帅在战争当中善于保全自己，第三是将帅打仗富有激情，第四是将帅廉洁奉公，第五是将帅爱民如子。

谈到这个问题，道家和儒家的确不一样。在儒家看来，仁义道德是正面的，是需要肯定的；但道家却认为，大道废，有仁义，慧智出，有大伪，这是道家看问题的方法。老子说了，法令规章制度越来越细的话，下面的人一定是上有政策下有对策的，一定会钻法律的漏洞，打擦边球会越来越多，这就是所谓的“法令滋章，盗贼多有”[5]。

孙子看问题也是这样的。他认为“五危”都是好的品德，既然是好的品德大家就都会去效仿，都会去学习，最后把它推到极端，就走向反面了。

最后一个启迪是忧患意识。忧患意识太重要了，《孙子兵法》一直强调，任何事物都是利中有害、害中有利的，有一利必有一害。有利的情况下要看到不利的因素，这样才能防患于未然；在不利的情况下看到有利的因素，你就可以坚定信心，咬牙坚持下去，最后实现战略目标。

在有利的情况下，在顺境的情况下，在主动的情况下，一定要考虑到可能不利的因素。这样才能避免忘乎所以，趾高气扬，得意忘形，在阴沟里翻船。我觉得这一条对我们国家现阶段发展来说太重要了。一个人的失败，一个团体的挫折，一个政党的危机，通常不在于逆境中，而往往在于顺境中。我们读过周敦颐《爱莲说》里面的一句话，叫作“予独爱莲之出淤泥而不染”，能做到这一点，还是可以的。但是要做到后面这一句，“濯清涟而不妖”，在顺境的情况下能保持清醒的头脑，不至于忘乎所以，这更为困难。所以我觉得我们千万不要被“盛世”这个词给迷惑了。我专门写过一篇文章，叫作《治世与盛世》，亦收于本书。在文章中，我说治世才是真正好的，而历史上的盛世一定会出问题。文景之治是好的，但到汉武帝的盛世时就出问题了，无休无止地与匈奴征战，结果是“海内虚耗，户口减半”。贞观之治的时候，国家还是很穷，有研究者认为，当时整个国力还只是隋朝的三分之一，但是老百姓心情愉快，精神振奋，上下一心；到了唐玄宗开元天宝那个盛世，“云鬓花颜金步摇，芙蓉帐暖度春宵。春宵苦短日高起，从此君王不早朝”，结果是“渔阳鼙鼓动地来，惊破霓裳羽衣曲”。[6]安史之乱接踵而至，整个唐朝从此走向中衰，乃至灭亡。清朝真正的盛世不是康熙的时候，康熙当政时还有很多问题，台湾问题，云南、贵州的问题，真正的盛世是乾隆，那才是最棒的，但是乾隆一旦寿终正寝了以后，整个清朝历史就拐弯了。所以孙子千方百计提醒我们，最重要的意识就是忧患意识。

孙子的八大启迪，这里没有特别展开，但是通过学习《孙子兵法》能让我们从哲学的高度认识到，怎么把握一个度，怎么辩证地看待问题。这样才能真正把《孙子兵法》从军事学的著作升华为哲学的著作，给我们的工作、人生增加一点助力。这才是《孙子兵法》的真正价值之所在。

（根据“浙江人文大讲堂”、深圳“市民文化大讲堂”的演讲编订）

注释：

①曹操：《注孙子序》。

②《唐太宗李卫公问对》卷中。

③《毛泽东选集》第二卷，人民出版社，1991年版，第526页。

④《孙子兵法·计篇》。

⑤《老子》五十七章。

⑥（唐）白居易：《长恨歌》。

汉简《孙子兵法》佚文的学术价值

一

与郭店楚简、睡虎地秦简、张家山汉简，乃至上博简、清华简研究领域所呈现的场面热闹、成绩斐然情景截然不同，海内外学术界对1972年出土发现的银雀山汉简的关注程度明显要逊色得多，其相关的研究，亦一直处于一种相对沉寂、鲜乏进展的状态。用宋代大诗人陆务观的《卜算子·咏梅》一词来形容，就是“驿外断桥边，寂寞开无主，已是黄昏独自愁，更著风和雨”。

这其实并不奇怪。较之于在制度文化层面唱主角的古代法律，较之于在思想文化领域挑大梁的儒家、道家思想，兵家学说的研究，在整个学术版图上乃是微不足道的配角，被边缘化当属自然。用一个例子就足以说明兵学在整个中国传统学术体系中的“尴尬”：兵家著述在《汉书·艺文志》中尚有自己独立的门类——兵书略，其所著录的兵书类图书达到“五十三家，七百九十篇，图四十三卷”，可谓蔚为大观，然而，将近两千年过去，天下图书的品类与数量不知增加了几十倍、几百倍，到了清代乾隆年间编纂《四库全书》，兵家却不仅沦落为“子部”中的附庸，地位毫不起眼（这在晋代荀勗编撰《晋中经簿》、南朝萧梁阮孝绪编著《七录》时即已肇始，到唐代编撰《隋书·经籍志》更完全成型，“四库”馆臣只是承其统绪而已），而且入选的书目也少得可怜，只有区区20种而已，像《鹖冠子》《历代兵制》《武备志》《翠微先生北征录》《车营扣答合编》《投笔肤谈》《筹海图编》《百战奇法》《火攻挈要》《治平胜算全书》等重要兵书都被摈弃不录。由此可见，在一般人的心目中，在梳理与考察中国传统文化过程中，兵学乃是可有可无的角色，几可忽略不计了。银雀山汉墓竹简的主体成分既然是《孙子兵法》《孙膑兵法》等古代兵家文化，其遭受主流学术界的冷遇应该是毫不奇怪的，而其研究与总结缺乏热度、相对滞后也完全是势所必然、理有固宜了。

但是，我个人认为，1972年山东临沂银雀山西汉古墓出土的兵书竹简之学术价值是不容低估的。仅仅就汉简本《孙子兵法》的发现而言，它对于破解历史上两孙子之谜、判断《孙子兵法》成书的大致时代、釐定《孙子兵法》十三篇的篇章次序、对勘《孙子兵法》传世本的文字内容、释读《孙子兵法》的某些疑难章句、阐明《孙子兵法》的相关军事原则、深化有关孙子所处时代社会变革性质的认识、梳理《孙子兵法》与“古司马兵法”之间的渊源关系、佐证传世古籍的流传规律、恢复或接近《孙子兵法》的原典状态，都具有重大的文献学术价值。至于《孙膑兵法》的重见天日，《六韬》佚文、《尉缭子》佚文以及众多佚名古书的大量面世，更是为兵学文化的研究进一步深化注入了强大的活力。其意义值得高度重视，而相关研究予以加强和深入也是应有之义，毋庸置疑。

在诸多银雀山汉墓出土的竹简中，《孙子兵法》佚文五篇是重要的组成部分。它不仅具有文献学的价值，更不乏历史学的意义。然而，学者对此多不措意，这应该讲是一个遗憾。今不揣谫陋，略为之说，抛砖引玉，希望对开展《孙子兵法》一书以及先秦两汉兵学的研究有所裨益。

二

临沂银雀山汉墓竹简《孙子兵法》佚文，根据竹简整理小组的考定，比较明确的共有五篇，分别为《吴问》《见吴王》《黄帝伐赤帝》《四变》以及《地形二》。通过对其内容的考察，我们认为从性质上，它可以分为三个类型。一是有关孙子本人生平事迹的记载，如《吴问》记叙孙子与阖闾讨论、预测晋国政治发展大势，深刻揭示了孙武的政治见解和进步倾向，表明孙子不但是卓越的军事家，同时也是很有头脑的政治家。《见吴王》追叙孙子与阖闾的君臣际会，重现孙子吴宫教战的戏剧性一幕，内容较司马迁《史记》所叙更为翔实。它们在某种程度上可以补充《史记》本传叙述孙子行事上不足、单薄之缺憾。二是对《孙子兵法》本文中有关原则或提法的补充性阐释与说明，如《四变》即为对《孙子兵法・九变篇》中“途有所不由，地有所不争，城有所不攻，军有所不击”之缘由的具体解释。如它说明“城之所不攻者”：“曰：计吾力足以拔之。拔之而不及利于前，得之而后弗能守。若力(不)足，城必不取。及于前，利得而城自降，利不得而不为害于后。若此者，城唯(虽)可攻，弗攻也。”[①]将“城有所不攻”的道理，说明得一清二楚。《黄帝伐赤帝》，则显然是就《孙子兵法・行军篇》中“黄帝之所以胜四帝”一语做出明确的说明，叙述历史事迹，从中阐明战争制胜的基本条件为“休民，孰(熟)毂，赦罪”。三是不见于存世本《孙子兵法》的兵学论述，如《地形二》。

认真通读和分析汉简《孙子兵法》佚文，我们不得不承认，其学术意义不言而喻，这首先体现在它具有重大的文献学价值。对于帮助我们深化有关《孙子兵法》成书年代、《孙子兵法》篇目及内容之增益、孙子人物史实的研究，价值显而易见。

《孙子兵法》一书究竟有多少篇？字数大致为几何？这在历史上是存有疑问的。一般通行的观点，认为《孙子兵法》的本文为十三篇，字数在五千字左右。应该说这是比较靠谱的看法，也得到文献史料的支撑。像篇数问题，《史记》本传就明确说明“子之十三篇，吾尽观之矣”，又称：“世俗所称师旅，皆道《孙子》十三篇，《吴起兵法》，世多有。”而字数问题，东汉高诱注释《吕氏春秋·上德》“阖庐之教，孙、吴之兵，不能当也”曾有言：“孙、吴，吴起、孙武也。吴王阖闾之将也，《兵法》五千言是也。”

但是，问题是在东汉班固的《汉书·艺文志·兵书略》相关著录中，《孙子兵法》的篇数有了急剧的增益与膨胀，居然多达八十二篇：“《吴孙子》八十二篇，图九卷”。众所周知，《汉书·艺文志》所据之本为刘歆的《七略》，而刘歆《七略》又渊源于其父刘向之《叙录》，这表明，早在西汉时期，《孙子兵法》的篇数卷目就有了八十二篇的另一类统计之说法。而据与司马迁同时代人东方朔的叙述，《孙子兵法》的文字亦远远超过了“五千言”之数：“年十三学书，三冬文史足用。十五学击剑，十六学诗书，诵二十二万言，十九学孙吴兵法，战阵之具，钲鼓之教，亦诵二十二万言。凡臣朔固已诵四十四万言。”[②]这“二十二万言”之中，当然不仅仅是《孙子兵法》，还包括了《吴子》等其他兵书，但《孙子兵法》不止“五千言”，当是殆无疑义的，我们认为，东方朔所言《孙子兵法》文字数的依据，应该是八十二篇而非十三篇。

正因为同在西汉时期就存在着《孙子兵法》在篇数、文字方面统计上的差异与分歧，所以，唐代张守节在《史记正义》中就认为《七录》将《孙子兵法》分列为上、中、下三卷是正确的，“《七录》云《孙子兵法》三卷，案：十三篇为上卷，又有中、下二卷”，即认为上卷为《孙子兵法》原始本文，即十三篇，而中卷与下卷则为孙子后学所撰，附益于孙子名下而流传。而东汉末年大军事家曹操则对这些依托于孙子的增益内容很不满意，认为“而后世人未之深亮训说，况文烦富，行于世者失其旨要”，遂汲汲致力于恢复《孙子兵法》之原貌，“故撰为《略解》焉”，仅仅就十三篇作注（见《孙子序》）。这样，便构成了孙子兵学发展史上的一则公案。

从这个意义上讲，《孙子兵法》其书可以分为“内篇”与“外篇”，“内篇”就是司马迁所称的“十三篇”，其主要内容当出自孙子本人之手（当然也不排除后人的一些附益，如“其下攻城”之后的“攻城之法，为不得已……”一大段文字，就很有可能是后人解释为何攻城为下策的增益内容）。而“外篇”则为除十三篇之外的八十二篇之文字，当出自孙子的后学或认同、依从孙子兵学理论的佚名兵学家之笔下。问题是，在汉简《孙子》佚文出土之前，我们对所谓《孙子兵法》“外篇”的情况并不了解，而现在通过这五篇佚文，我们就能对所谓的“外篇”有一个具体而形象的认知，可以直观地就“外篇”的主旨、内容、特色展开全面深入的讨论，从而在此基础上进一步梳理和分析十三篇与八十二篇之间的衍生关系，为解决《史记》与《汉书·艺文志》有关《孙子兵法》一书著录上分歧的疑案创造有益的条件，这显然是值得庆幸的。

三

关于《孙子兵法》的作者与成书年代，长期以来，学术界也是众说纷纭，莫衷一是。在疑古思潮的影响下，不少学者不承认孙子拥有《孙子兵法》一书的著作权，也否定《孙子兵法》的主体内容形成于春秋后期。这些怀疑意见总括起来，大抵不外乎以下几种：

第一，论说历史上本无孙子其人，《孙子兵法》十三篇系战国时人所伪托。主张这一说法的人主要有南宋的叶适、陈振孙，清代的全祖望、姚际恒和现代学者钱穆、齐思和等。他们的怀疑依据主要是两点:《左传》等史籍未载孙武的事迹,“孙武为大将,乃不为命卿,而左氏无传焉”;《孙子兵法》所反映的是战国时代社会状况和战争特色,时代特征明显晚于春秋。由于这一派既怀疑《孙子兵法》其书,又怀疑孙武其人,态度最为坚决,故可以称为彻底怀疑论者。

第二,历史上虽有孙武其人,但《孙子兵法》一书则断非其人所著。持这一观点的代表人物有北宋的梅尧臣,清代的姚鼐,现代的梁启超、黄云眉等人。这派学者怀疑、否定《孙子兵法》为孙武所著的主要依据,不外乎一条,即孙武是春秋时人,而《孙子兵法》“所言皆战国事耳”,“书中所言战事规模及战术,虑皆非春秋时所能有也”,因此书的作者不可能是孙武本人。由此可见,这一派在孙武其人其书问题上,实际上是采取了“存其人而疑其书”的态度。

第三,《孙子兵法》与《孙膑兵法》实为一书,其真正的作者是战国中期的孙膑,即使退一万步讲,其书也是导源于孙武,而完成于孙膑。持这一观点的有钱穆、陈启天等现代学者以及日本学者斋藤拙堂、武内义雄等人,可见,关于孙武其人其书其伪性这场笔墨官司,已越出国界而打到海外去了。这一派的观点之所以提出,当缘于历史上《孙膑兵法》久已亡佚,而今本《孙子兵法》而又多呈战国时代特征,故很自然地将孙武与孙膑混为一谈,将两部不同时代的兵书视为一体。从这个意义上讲,这一派的意见可以命名为张冠李戴。

除上述三种主要怀疑论调外,还有一些影响稍逊的否定观点。如清代牟庭关于孙武就是伍子胥,二者实为一人的说法。由于其说过于离谱,因此很少有人信从。

而汉简《孙子兵法》佚文的发现,则为解决《孙子兵法》作者与成书年代提供了比较确凿的证据。0233号竹简上书“吴王问孙子曰……”(《吴问》)0108号汉简上书“齐威王问用兵孙子曰……”,这充分证实孙武仕于吴,孙膑仕于齐,历史上各有其人,各有兵法传世,且与《史记》和《汉书》关于两个孙子的事迹和著作的记载相吻合。这不仅使失传千余年的孙膑著作得以重见天日,而且也使怀疑孙武其人的有无和《孙子》是否孙武所著的疑案得以澄清,真可谓是千年聚讼,一朝涣然冰释。

尤为重要的是,《吴问》中孙子关于晋国政治走向的天才预测,非常有说服力地证实了《孙子兵法》一书应该是成书于春秋晚期。

《吴问》篇的晋国政治发展趋势预测,是“六卿”政治格局的重新洗牌,在所难免,赵氏一族将在残酷的政治搏杀中笑到最后,成为终极胜利者:“至於赵氏家族的情况,则与上述五家大不一样。六卿之中,赵氏的亩制最大,以一百二十步为畹,二百四十步为亩。不仅如此,其征收租赋向来不过分。亩大,税轻,公家取民有度,官兵数量寡少,在上者不致过分骄奢,在下者尚可温饱生存。苛政丧民,宽政得众,赵氏必然兴旺发达,晋国的政权最终要落入赵氏之手。”

在《吴问》篇中,孙子准确地预测到晋国大致的政治演变格局与趋势,即六卿专权局面无法长期维系,一定会按照政治发展变化的内在逻辑打破相对平衡、逐步决出胜负的。而按孙子自己的认知,六卿出局的顺序,就应该先是范氏、中行氏,接着是智氏,再就是韩氏、魏氏,最后由赵氏取得晋国政权,完成类似田氏取代姜齐的历史性一幕。

从预测的历史进程绝大部分具有准确性质的层面加以考察,《吴问》的史实可靠性毋庸置疑,这场君臣对话当实有其事,时间当在范氏、中行氏尚未败亡之前,下限不可能早于攻灭智氏的前

453年晋阳之战。但是，孙子的预测中，又未能预见到“三家分晋”的结果，而错误地判断韩氏、魏氏将步智氏的后尘，会被赵氏所翦灭，这显然是个严重的缺漏。但正是这种误判的存在，恰好证实《吴问》作为史料的原始性与确切性，而绝非后人所伪托。因为如果是后人所比附依托，则应该是避免犯与“三家分晋”史实相扞格的常识性乖误，方枘圆凿，留下破绽，而一定是环环相扣，自圆其说。

显而易见，《吴问》的发现，对我们认定《孙子兵法》一书的成书年代的确大有裨益。既然，作为“外篇”的《吴问》其成文时代尚且可以判断为在春秋后期的晋国“六卿专权”期间，那么，作为《孙子兵法》核心主体“内篇”之十三篇，其成文的年代，亦应该是与此同时甚至于更早。

四

对司马迁《史记·孙子列传》所载内容的印证与补充，也是汉简《孙子兵法》佚文的历史文献学价值的具体体现。司马迁写作《史记》的态度是认真和严肃的，在史料搜集与鉴别方面可谓是竭泽而渔、旁征博引而又审慎考究、提玄钩要，其《太史公自序》对此曾有生动的描绘：“悉论先人所次旧闻，弗敢阙”，“紬史记石室金匮之书”。然而由于种种原因，《史记》中有关史实的记载与考定，也并非无懈可击，自相矛盾者有之，如《晋世家》与《赵世家》关于“下宫之难”记载上的歧异③，又如，晋、吴“黄池之会”上由谁主盟，率先歃血？《秦本纪》《晋世家》《赵世家》均称吴王夫差为盟主，而《吴太伯世家》则谓晋定公为盟主。意气用事、情大于理者亦有之，如《李将军列传》中对李广的一往情深、多所回护，并没有百分之百做到“不虚美，不隐恶”这一点。

当然，更明显的问题是，局囿于史料的限制，有些传主的生平事迹记载内涵上比较单薄、苍白，像《孙子吴起列传》中有关孙子生平事迹的描述，基本上只是写了一则“吴宫教战”的故事，除此之外，只有概括性的抽象提炼，“西破强楚，入郢，北威齐、晋，孙子与有力焉”。《吴问》中孙子与吴王阖闾的精彩对答没有写入，而其劝阻阖闾在条件不成熟情况下大举伐楚的言论，“民劳，未可，待之”等等，也散见于《吴太伯世家》，不见本传载录。正是因为无太多实质性内容可记载，司马迁也只好以“能言之而不必能行之，能行之而不必能言之”这种话来施行“障眼法”，予以自我解嘲。这不能不说是一种缺憾。

即使是“吴宫教战”一事，《史记·孙子列传》的相关记载也显得比较突兀，人们在其中所看到的只是一个相当奇谲、不尽合理的故事。暂且不论其字数偏少，仅仅 350 余字而已，更是由于孙子勒兵杀姬的描述过于剑走偏锋了。它虽然说明了“慈不掌兵”的道理，使得孙子执法严明、令行禁止的治军原则与能力之风貌跃然纸上、凛凛生威，但毕竟给人以冷血残忍、视生命如草芥的负面印象。毋怪乎，宋代叶适对此生发其事过于“奇险而不足信”的感慨，并进而怀疑孙子其人其事的历史真实性。

但是，汉简《孙子兵法》佚文《见吴王》的出土，则帮助我们看到了或许当年司马迁所未曾见过的“吴宫教战”另一个版本，它除了证明，像“司马穰苴辕门立表斩庄贾”一样，“吴宫教战”当时也普遍流行于社会上，成为民间认知“严格治军”原则与做法的一个形象生动之典范案例之外，更丰富了故事本身的内涵，进一步建构并完善了故事的内在逻辑，更合乎情理，而可以洗刷掉叶适给孙子扣上的“奇险而不足信”的帽子。

《见吴王》现存简文为 500 余字，但据该篇简文结尾处所附识的数字判断，全文原有字数当多达 1000 余字[④]。从文字篇幅上，几为《史记·孙子列传》文字数的3倍。尤为重要的，是《见吴王》所记叙的“吴宫教战”情节，无论是完整程度，还是生动程度抑或曲折程度，均远超《史记》本传的相应叙述。在《见吴王》中，孙子开门见山地表述了自己的战争观理念，对吴王阖闾“好兵”的主张加以批评：“兵，利也，非好也；兵口[也]，非戏也。”这是与传世本《孙子兵法》所倡导的“慎战”思想相呼应、相吻合的；“兵者，国之大事，死生之地，存亡之道，不可不察也”，“合于利则动，不合于利则止”，“主不可以以怒而兴师，将不可以愠而致战”。这样卓荦不凡的见识，树立起孙子高大的形象，令人对其钦佩有加。而有关让宫女操练的描述，《见吴王》中孙子的行为，则更是合乎情理与逻辑。面对吴王所提的“小试勒兵”的要求，孙子曾经就具体对象提供了诸如贱者、贵者等多个选项，这中间当然也包括了宫女，这本来是孙子的诙谐，不无调侃的成分，谁知吴王顺坡下驴，趁机和孙子较起真来：就依先生所言，用宫女来“小试勒兵”。孙子见弄假成真，赶紧婉拒，以“妇人多不忍”为借口，请求吴王收回成命，更换“勒兵”训练之对象。这么一来，反而平添了吴王的疑虑，觉得孙子是大言炎炎，是玩假的。所以，斩钉截铁加以拒绝，看孙子怎样来收场。在这样的情势下，孙子只能遵命行事，让宫女来作“勒兵”的对象，于是才有接下来的斩吴王宠姬以立威的故事发生。

由此可见，按《见吴王》简文的记载，孙子以宫女教战，是被动的应对，属于形格势禁、迫不得已之举。他并非视生命为草芥，而是一位具有浓厚人情味的帅才。这样一波三折、柳暗花明的记载，自然要比《史记》本传同一事件记载上的生硬、突兀来得合理，使孙子的历史形象显得更为饱满和人性化。

但是，与此同时，《见吴王》的出土，也可以起到与《史记·孙子列传》进行互证的重要作用，它从一个侧面证实了《史记》有关

"吴宫教战"的记载并非无本之木、无源之水，属于空穴来风、为"小说家言"，而是有实实在在的文献做依据，做支撑的，不是"孤证"，而为"铁证"。《见吴王》只是丰富和细化了"吴宫教战"的具体内容，使之更富有生动性、形象性。它与《史记》本传的相关内容，起到了互为印证、相形益彰的作用。

五

汉简《孙子兵法》佚文的又一个重要价值，在于它蕴涵有大量的历史文化信息，反映出鲜明的时代文化精神，通过对它的解读，有助于我们更好地了解先秦时期列国政治格局的演变，认识当时大国间战略互动关系的特征，值得深沉玩味，细细斟酌。

在汉简《孙子兵法》的五篇佚文中，《吴问》或许是相对比较重要的一篇。此篇记叙了吴王阖闾与孙子之间就有关晋国政局走向问题所作的详尽分析与精辟预测。吴王向孙子提出了"六将军专守晋国之地，孰先亡孰后存"的询问，而孙子则根据自己对春秋大势的观察和对历史经验的分析研究，就晋国未来的政局变迁作出了高明切实的战略预测判断。可谓胸有成竹，运筹帷幄。

但是，在今天，我们可以进一步深究，为什么吴王所关心的对象是晋国，而不是楚国、秦国、宋国、郑国、鲁国、越国，或孙子的故国齐国呢？当时还不曾开打柏举之战，争霸中原对吴国来讲，还是十分遥远的愿景，关心与自己遥不相及的晋国政治动态，与吴国又有何相干？这里面到底又有什么蹊跷？不过，如果考察春秋时期的国际战略格局演变、大国关系的互动，我们便能认识到，吴王阖闾与孙子关心晋国政治生态，将了解与掌握晋国政局走向置于优先考虑的位置，乃是势所必然、理有固宜的做法。

春秋大国争霸的主线是晋、楚相争。在这个过程中，远交近攻，从侧翼制衡与打击对手，是大国在争霸中原时最热衷于玩的一手，这方面晋国做得尤为老练，几乎达到了炉火纯青、出神入化的境界。这中间，联吴制楚，是晋国军事外交上的重要一环。

晋国出于同楚国争霸争斗的需要，采纳楚亡臣申公巫臣联吴制楚的建议，主动与吴国缔结战略同盟，让吴国从侧面打击楚国，以牵制楚国势力的北上。吴王寿梦二年（前 584），晋景公派遣申公巫臣出使吴国，随行的有一定数量的兵车和步卒，“以两之一卒适吴，舍偏两之一焉”。让他带着特殊的使命，一步步地实现晋国扶植吴国、借吴制楚的战略目标，“与其射御，教吴乘车，教之战阵，教之叛楚”⑤。

日渐强大起来的吴国，正需要寻找大国作自己的后台，以增加自己在列国角逐中的筹码。现在晋国主动找上门来，何乐而不为，于是欣然接受晋国的主张，坚决摆脱了对楚国的臣属关系，并积极动用武力，同楚国争夺淮河流域，使楚国陷入两面作战而疲于奔命之境，逐渐成为楚国的强劲对手、心腹之患。

巫臣通使吴国，还给吴国带来了中原地区先进的军事文化和战术，促成吴国军事实力的增强。原来吴国地处南方水网地带，军事上以水战为主，陆战只有少量的步兵。巫臣给吴国带去兵车，并“教吴乘车，教之战阵”。这样一来，吴国开始拥有自己的车战兵团，兵种配置更加齐全，能够适应各种复杂的战场情况，从而逐渐抵消了楚国在兵种和战法上的固有优势。

由此可见，吴国与晋国之间，具有一种十分牢固的战略同盟关系。这种战略同盟合作关系，自吴王寿梦开始到吴王阖闾主政阶段，已长达 70 年有余。吴国要谋求进一步的发展，自然要优先洞察和把握主要同盟者的政治动向，这样，才能赢得战略上的主动，不至于在押宝上押错对象。这完全符合《孙子兵法·九地篇》所倡导的“不知诸侯之谋者，不可预交”之原则。所以，吴王与孙子才会这么关心晋国的政治生态变化，这叫作“未雨绸缪”“谋定而后动”，恰恰是孙子兵学“先计而后战”思想在军事外交决策方面的生动体现。换言之，孙子的“不知诸侯之谋者，不能预交”基本原则，通过《吴问》篇的内容而得到了形象化的诠释，而春秋时期晋、吴战略同盟关系的重要性与有效性，也凭借《吴问》篇的主旨乃从一个侧面获得了必要的佐证。汉简《孙子兵法》佚文的历史学意义与价值于此可见一斑。

注释：

①《银雀山汉墓竹简》(壹)，文物出版社，1985 年版，下同。

②《汉书》卷六十五，《东方朔传》。

③黄朴民：《真相难觅，赵氏孤儿的历史重构》，《中华读书报》，2015 年 1 月 23 日。

④熊剑平、黄朴民：《简文〈见吴王〉与〈史记·孙子列传〉关系考论》，《中国人民大学学报》，2012 年第 6 期。

⑤《左传·成公七年》。

兵儒异同与思想融汇

看到这个标题，大家会感到很奇怪，兵家跟儒家怎么搅和在一起了呢？儒家讲的是三纲五常，有关于仁、义、礼、智、信的东西，讲以德治国，讲仁政。兵家是什么？兵家好像口碑不是太好，尤其是三十六计，你看它的计名就知道不是好东西，什么瞒天过海、借刀杀人、顺手牵羊、上屋抽梯、浑水摸鱼、趁火打劫、美人计、反间计、走为上等等，怎么阴损就怎么来。这两个东西怎么可能放在一起呢？但我相信中国的思想文化是一个整体，都是你中有我、我中有你的，它们有共性，当然也有差异。我们可以看到它们的共性，为什么它们会有这些共性，因为它们有相通的地方；为什么又有差异，因为没有这种差异，那只要一种学说就可以了，比如废黜百家，独尊儒术。兵家跟儒家二者不可偏废。这实际上讲的是哲学上普遍性和特殊性的问题。

兵儒共通之处

第一个共通之处——都是一门学问。

大家一定不要把兵家简单地等同于三十六计。三十六计是兵家发展到后期的一个变种，是一种异化的产物。因为三十六计出现得很晚，是个地摊文学，是 20 世纪 40 年代在成都的小书摊上突然冒出来的手抄本，它来历不明，形迹可疑，不是什么光明正大的东西。三十六计无非就是把兵家文化里面阴谋诡计的东西集为大成。

我认为兵家不完全是这么一个东西，它是一个非常重要，也是非常有价值的文化学派。《汉书·艺文志》把当时中国的学术，分为六个大类。这六个大类就相当于我们今天的学科门类，或者说是一级学科。六个门类里面，第一类是六艺略，六艺略是儒家的经典，就是我们今天所谓的国家的指导思想。第二类，是诸子略，是诸子百家包括儒家的著作，法家、墨家、道家，都属于诸子略，相当于我们今天的学术思想。第三类，是诗赋略，就是我们今天所说的文艺创作，文学类。第四类是什么？就是我们的兵书略。军事学在当时是一个独立的学科，所以说我们的兵学厉害着呢，比法家、道家都要厉害，法家、道家是二级学科，兵学是一级学科。中国文化非常重要的一个方面，讲究文武并用、刚柔相济，武的就是兵学的经典，所以它是一大门类。第五类，是数术略，相当于今天的理科，自然科学。第六类，相当于今天的工程科学，工程技术，叫作方技略。《汉书·艺文志》的学科分类是非常合理的，相当接近于我们近现代的学术分类，而后来的《隋书·经籍志》把中国的学术分为经史子集，反而把我们的学术简单化、狭隘化了。所以我们学习和研究国学，先要搞通它的源流，汉代的国学跟隋唐国学、明清国学不是一回事，在学科分类上就不一样。

从兵书在中国学术中所占的重要地位来看，它一定不是三十六计讲的那些阴谋诡计的东西，而是一门坦坦荡荡、堂堂正正的学问，是全方位的，有学术底蕴的。儒家强调民为本，强调德治的重要性，强调仁、义、礼、智、信，强调道德伦理观念，而这些兵家同样强调。比如《孙子兵法》就强调，将帅应该做到“进不求名，退不避罪，唯人是保，而利合于主”[1]。这一点，我想，到现在，对于每个领导干部来说，都应该是做人的重要原则。追求成功不是为了个人的名誉地位。眼看打不赢的仗，即使上级命令我打，我也可以不执行命令。君命有所不受，虽然这种做法是要受到上级的惩罚的，但一切以保护老百姓为出发点，只对人民负责，不对个别人负责，所以我“退不避罪，唯人是保，而利合于主”，这个选择最终是符合国家的根本利益的。这就是一种境界很高的思想。

再比如说，孙子讲，“百战百胜，非善之善者也；不战而屈人之兵，善之善者也”。这里强调的是用非战争的手段，摆平对手，尽可能减少双方的伤亡，用最小的代价来达到最大的战略目的。这也包含着反对穷兵黩武，反对暴力至上的倾向，与儒家所讲的有关战争的理念也非常接近。

大家要知道，真正的军人，真正的将军，是最热爱和平的人。我说这样的话，是有一定的底气的，因为本人于1988年拿到博士学位以后，就到了军队工作，从少校干到了大校，从营职干部干到师职干部，所以我知道那些高级军官对待战争是很谨慎的。他们不回避战争，但也不穷兵黩武。真正的军人是以苍生为念的，他们懂得一将功成万骨枯的道理。

我举个例子，曾在美国老布什政府里担任参谋长联席会议主席的四星上将鲍威尔将军，也曾在小布什政府里当了一届国务卿。小布什政府要打伊拉克的时候，鲍威尔将军是政府里的鸽派，从他个人的立场讲，很不希望打伊拉克。因为他懂得战争不是一个好玩的事情，战争对人员的伤亡，对财产的毁坏，这个代价十分沉重，所以他对战争持有保留的态度。但是作为下级，他不得不服从总统的命令。相反，小布什就不同。小布什没有正儿八经当过兵，他参加的是国民警卫队，相当于我们中国内地的城管，所以动不动就要猛打。再去看看以色列，凡是跟巴勒斯坦、埃及签署和平协议的人，都是当年在中东战争中叱咤风云的英雄、常胜将军，像沙龙、拉宾、巴拉克，都是这样的人。这才是真正的军人。所以研究兵家的重心不要放在研究战争上，要研究他的立场。兵家的出发点跟儒家有相似之处，不到万不得已不会轻易地动用战争这个手段。而儒家也不是说对所有的战争都是否定的，它推崇的是义战。孔子讲得很清楚，“有文事者必有武备，有武事者必有文备”[②]，执干戈以卫社稷，这是一个国人最大的职责和无上的光荣，道理也是一样的。所以兵家和儒家有共同的地方，它们的基本立场以及对民众的利益有共性关怀之处。

第二个共通之处——德。

兵家和儒家在对领导人的素质要求方面，有非常一致之处。我们知道，儒家所认为的人才是德才兼备的。当然，儒家对德、才的理解，是非常有深度的。我特别佩服孟子的一段话，即对待人才不要一概而论。人才有两个类型，有一种叫作贤者，贤惠的贤，贤者往往是口碑好、形象好，道德楷模，但是办事能力一般是比较弱的；还有一种叫作能者，能办事，但是他有很多小毛病，喜欢洗头洗脚，喜欢喝酒喝茶，玩玩牌。所以孟子提出来，尊贤，对那些贤者，即道德楷模，要尊重，要把他尊敬起来；使能，对那些能者，你要当工具一样使唤他，让他发挥特定的作用，让中纪委什么的管着他就行了，犯了错误，或撤销他职务，或把他送到牢里去就完了。这就叫作贤者在位，能者在职。位跟职是不一样的，位只相当于进了政协进了人大常委会，享受正处级正局级的待遇而已，职是实实在在的职务，天天要办事的。所以，不要以为儒家很迂腐，其实他们很清醒，比我们现在很多组织部门的干部还要清醒。

儒家讲的德，体现在多个方面。比如对人来说，“五常”就是德，仁、义、礼、智、信就是德。兵家讲不讲德？兵家对将帅领导人的素质，同样非常重视和强调。它也讲武德。比如《孙子兵法》——我最熟悉《孙子兵法》，最喜欢用它举例——说到将帅的武德，也是五条，但是顺序却跟儒家说的不同了。

《孙子兵法》里说将帅必须具备的第一个品格不是仁义，即仁义不是最要紧的，而最要紧的第一项，就是智慧的“智”，睿智。打仗跟治国不一样，治国是可以走弯路的，可以改弦更张，另起炉灶，重新来过。“文化大革命”结束时，我国的国民经济实际已经到了崩溃的边缘了，小平同志出来主持工作以后，搞改革开放，我们国家的经济很快就发展起来了。治国就像这样可以有机会重新来过。但打仗是一锤子买卖，要是输了，要东山再起太困难了。项羽在垓下之战中，陷入十面埋伏，四面楚歌，到了此时，他只有死路一条，最后也只能是霸王别姬，自刎乌江了。至于江东子弟、才俊能否卷土重来，未可知，这也只是后来像杜牧这样的文人墨客一厢情愿的祝福而已，实际上是不可能了。即使是西方的拿破仑，在输了滑铁卢以后，他也只好被流放圣赫勒岛了。所以孙子很清醒，仁义不是第一位的，第一位的必须是智慧。有睿智的大脑，才能正确地分析形势，才能正确地评估利弊，才能正确地选择方向，才能正确地使用力量，这是第一条。当领导的也是一样，首先脑瓜要好使，要能够做到洞察先机，触类旁通，举一反三，所以智是第一。

第二个是“信”。在儒家的“五常”里，仁、义、礼、智、信，信是放在第五位。而《孙子兵法》在对领导的素质要求里，把信放在第二位。你去看《左传》的话，就会感觉到，在春秋时期，这个信的地位是高于其他道德范畴的。信非常重要，人而无信，不知其可，做事成功的关键在于言必信，行必果。有一个词语大家注意没有？威信，它非常有意思。这个人有威信，为什么有威信有威望呢？他之所以能够众望所归，就是因为他讲信用、守诺言，这一条非常重要。如果你作为一个领导，悬赏说谁打下遵义城谁就是这个城的市长，那重赏之下必有勇夫，大家杀红了眼，把这座城打下来了。这时候你却说，老张啊，原来应该是你当市长的，但是你看老周比你大两岁，让人家先过渡一下吧，或者说小陈的功劳虽然没有你大，但是他舅舅是特别大的人物，咱们要考虑他舅舅的感受，让小陈同志先当吧。如果是这样，以后你再讲话就跟放屁一样，没有人再理你了。

企业也一样，假如说你为了打开杭州市场，答应给员工年终奖二百万，人家为了拿奖金买房子，坐“红眼”班机，风里来雨里去。到了年终的时候，杭州市场打开了，你却又赖账了，说：哎呀，本来应该奖励你二百万，可是现在公司财务状况不是很好，先奖励你两万，还有一百九十八万先挂着账吧。你说说，如果这样的话，还有什么诚信可言？有诚信，你在部队里就有感召力，就能让大家一呼百应。中国文化本来是最讲诚信的，现在最缺乏的恰恰就是信用。功利主义至上，缺乏诚信成了我们整个社会的一个痼疾。没有信用以后，我们就少了三个心：是非之心、感恩之心和敬畏之心。所以整个社会现在的风气不怎么理想，这跟诚信的丧失是直接有关的。

第三个共通之处——仁。

以孙子为代表的兵家，跟儒家一样，都讲“仁”。这个仁，在兵家和儒家里都是分对象来讲的，是分层次的。我们现在说的“仁者爱人，仁者人也”，是低层次的仁。“仁者爱人”这句话，在《论语》中出现过很多次，是孔子对学生樊迟说的。樊迟这个学生，脑瓜不太好使，一天到晚问孔子怎么种菜，怎么种粮食。孔子烦都烦死了，便告诉他只要爱人，关心人家，帮助人家就可以了。这是对智商比较低的人，情商比较低的人，用这种话对付一下。实际上儒家的仁是一种包容性。站在积极的立场说，就是“己欲立而立人，己欲达而达人”；从消极的角度来说，叫“己所不欲，勿施于人”,这才是仁。

兵家也一样,《孙子兵法》讲的仁,也是两层含义。浅层次的、表面上的仁,指的是关心部属,爱护民众。高层次的仁,则是要求一个作为统帅、作为领导的人,要有一种胸襟、一种肚量、一种气度,海纳百川,有容乃大。你能开诚布公,集思广益,你能听取不同的意见,你能任用不同的人才,你就有了江河湖海的包容性。孙子跟儒家,都是这么认为的。一个领导最重要的就是气度,用人的气度和胸襟,对不同意见的集思广益,要的是这种虚怀若谷的人格魅力。但从某种意义上来说,许多领导人却很难做到这一点。

我们可以在历史上找到很多例子。从某种层面上,我们可以这么说,优秀的人要向坏人学习。大家想一想,在历史上经常出现一种情况,就是贵族斗不过无赖,君子斗不过小人,好人往往也斗不过坏人。

这中间的原因有很多种,其中有一条,这种坏人、无赖,他们在包容性方面,比君子要强得多。君子往往是单向性思维,眼睛里面容不得沙子,对其他人是求全责备的,要求人家跟自己做得一样好。这样的话,他就会发现无人可用,自己就成了孤胆英雄,所谓“水至清则无鱼,人至察则无徒”。

而小人、无赖的包容性则比较强。咱们去看电视中的黑社会老大,他出来的时候,总是前呼后拥,有一批人为他冲杀,因为他能用人。如果我去投靠他的话,他问我,你是哪里人。我说我是绍兴人。他就会讲,绍兴这个地方出师爷,那你当我的狗头军师,帮我出主意就行了。而且他把你的后顾之忧都解决了。你尽管替我去打,万一出了事,我都替你兜着。你如果受了伤,甚至死了,我会替你培养你的孩子,我会替你为父母养老送终。这样一来,你就没有任何的顾虑,会豁出去替他去卖命了。如果是君子的话，就很难做到这样，在仁的方面就要差一点了。

再来看大家都非常熟悉的一段历史。楚汉战争中，项羽被刘邦打败了。项羽可是贵族啊，刘邦只是一个无赖，而无赖却能战胜贵族，这就是中国历史发展规律中的一个特征。为什么？项羽是一个贵族，所以他对手下人要求特别高，一般人就用不起来。后来帮助刘邦打江山的那些最主要的成员原先都是项羽的手下。韩信是他手下的吧？作为一个军事家，他应该知道韩信是能打仗的，但是他不欣赏韩信，对韩信很不感冒，因为韩信年轻的时候，是在大庭广众之下钻过人家裤裆的。有这个胯下之辱，项羽就摇头了：男子汉大丈夫，宁可站着死也不能跪着生，一点骨气都没有，这个人就不能用。

陈平也是项羽的手下，陈平的办事能力他还不知道吗？但是他也不喜欢陈平。因为陈平虽然有很多优点，但是却有一个很重要的缺点，就是生活作风不好。陈平是美男子，身高一米八五。陈平的哥哥老出差，于是陈平就趁机把嫂子勾引到手了。这样一来，项羽就摇头了：陈平啊陈平，人家说兔子不吃窝边草，你却专门吃窝边草，可见不是个好兔子。所以项羽也不用了。可当时是楚汉相争啊，此处不留爷，自有留爷处，他们就跑到刘邦那里去了。刘邦是无赖，无赖对无赖，往往会有同情之理解的。刘邦当然也想要德才兼备的人才，旁边有人就说了，大王你用他是出于什么考虑？是为了树道德楷模，还是为了打败项羽？树道德楷模，你可以不用他。我们汉军里面树两百个也轮不到陈平。但是要打败项羽的话，则非用他不可。刘邦的脑子转得很快，对啊，天下都没有打下来，树什么道德楷模？这是以后的事情，现在可不需要！于是就把陈平用起来了。从以上例子我们可以看到，兵家讲的仁，跟儒家讲的仁，既有区别之处，也有共通的地方。包容，就是共通的地方。

第四个共通之处——勇。

兵家讲的将帅和领导人所要具备的品德还有什么？是勇敢的勇。这个勇也有两个层面。表面上的勇是什么？一不怕死二不怕苦，奋不顾身，出生入死，以身作则，身先士卒。能打仗，这是勇。但这是浅层次的。真正的勇是什么？是一个领导人作为领袖要有一种担当的精神，敢于负责敢于承受，不把责任推卸给部下。那些让人看不起的领导，往往是这样的领导：有了成绩就都是在他的英明领导下取得的，但是一有问题他就要找替罪羊，把责任推卸掉。比如一个人进得不对，他就把人事科长召来骂一顿：你这个人事科是怎么把关的？这样的人怎么进来的？人事科长官职比他小，只好忍着，听他骂，但是心里是很不服气的：最后签字不是你签的吗？怎么最后都是我一个人的事，都是人事科的事？所以，一个好的领导就必须要具备勇的品质，就是面对问题的时候，敢于挺身而出，敢于负责，敢于担当。如果没有这种担当，那你就不要当官。

第五个共通之处——严。

兵家强调的第五个品德，就是严，严格治军。中国古代用兵打仗有一条重要的原则，叫作“慈不掌兵”。说白了，将帅就是个冷血动物，如果没有这种冷血心肠，那么你不可能成就大事。在这个问题上，兵家跟儒家稍有点差异，但是从某种意义上来说，还是有共通之处的。

秦国军队之所以能打仗，大家一定想到了一个得到普遍公认的说法：凡是山东人一定是打不过河南人的，而河南人一定打不过陕西人。这是荀子讲的，很明确。为什么？因为秦国对军队管理的严格性，是超乎我们现代人想象的。

我们知道，《武经七书》里有一本书叫作《尉缭子》，就是秦国的兵书。书里明确规定，凡是去打仗，班长死了战士没有死的话，就砍战士的头；如果排长死了，就杀班长；连长死了，就杀排长。正是因为这样规定明确了，所以秦国的军队成了虎狼之师。并不是说秦军吃得特别好，而是因为他是有进无退的：反正逃得回去也是被杀；前进当然也有可能牺牲，但是万一打赢了的话，那么美女也有了，名誉也有了，豪宅也有了，宝马豪车也都有了，那就打吧，那就冲吧。所以秦国的军队所向无敌。这就是严。

兵儒相异之处

我觉得兵家和儒家在思想方法论上是特别值得我们重视的，有同的地方，当然也有异的地方。比如同的地方，儒家有一个重要原则，是一个我们非常推崇的原则，也是具有方法论普遍意义的一个观点，就是中庸之道，极中庸而道高明。孔子讲了："中庸之为德也，其至矣乎！民鲜之久矣。"[3]中庸作为道德的范畴，那是至高无上的，一般人是做不到的。

我对儒学研究有限，所以我对中庸最大的认识，就是认为它是个度的问题，过犹不及，无过无不及。因此，我现在看任何问题，都拿着中庸的态度去对待。

毛泽东曾说，对敌斗争要采取三个原则，第一要有理，有道理。你跟人家吵架的时候，一定要把理掌握在自己的手上，不管真理还是歪理，要站在道德的制高点和政治的制高点劈头盖脸地把人家臭骂一顿，弄得他完全没反应过来的时候，你已经高奏凯歌了，这是最好的。第二要有利，要有利可图，打仗不做赔本买卖。第三，也是更重要的，要有节。节是什么？就是度的问题。你想，最重要的智慧就是能够善于妥协，能够做到漫天要价就地还钱，能够收放自如，见好就收，把握分寸，恰到好处，这才是大智慧。兵家是特别强调这一点的。

《孙子兵法》就充满着这种哲学智慧，跟儒家的中庸之道是非常贴切的。《孙子兵法》里有一条原则，叫作"君命有所不受"。这在现在看来，是不符合我们的组织纪律性的。我们现在强调的是个人服从组织、下级服从上级、全党服从中央。军队最重要的规则就是《三大纪律八项注意》里面唱的第一句：一切行动听指挥。军人以服从命令为天职嘛，这是对的。但是光强调"服从"也是有问题的，最典型的是宋朝。

宋朝是个最窝囊的朝代，谁也打不过。萧太后的辽国它打不过，完颜宗弼的金国它也打不过，蒙古它就更打不过了，这也就算了。可是连小小的西夏，它也打不过、摆不平，这就有些夸张了。宋朝为什么会沦落到这样的地步呢？是因为宋朝军队的管理太死板了，军队大将出征都要带阵图，规定什么时候开饭什么时候休息，规定得死死的。可是战场形势瞬息万变，如果都按上面的章程来办事，那么军队在战场上完全被束缚住手脚，这仗就没办法打了。这个度就过了。

孙子的"君命有所不受"，后人觉得光是这么说，没有一个限制，好像不太好，于是又加了三个字，变成"将在外，君命有所不受"。这就是个度的把握。

孙子有的思想的深刻性，比儒家高明得多。儒家看问题往往是正面的，它的仁、义、礼、智、信都是好的，都应该肯定。孙子不一样，兵家更有辩证思维，更有一种深刻的哲学思考。孙子的兵法说，一个将帅最容易犯的错误有五种，这五种错误不是一般的小错误，而是致命的大错误，叫将有"五危"，即五种危险。这五种危险是会导致将帅自己身败名裂，导致一个国家覆灭、一支军队灭亡的根本性错误、颠覆性灾难。哪五种呢？看了以后你会感到困惑不解，他说：第一，将帅打仗不怕死；第二，将帅在战场上不做无谓牺牲，善于保全；第三，将帅打仗的时候有激情；第四，将帅廉洁奉公；第五，将帅爱民如子。

可这都是正面的啊，且不要说后面两种，前面三种难道不对吗？上了战场以身许国，一不怕苦，二不怕死，这是应该肯定的啊。当然，战场上不应该做无谓的牺牲，善于保全，也是正确的啊。毛泽东说，战争的目的是什么？是消灭敌人，保全自己啊。第三个，将帅打仗当然要有激情，同仇敌忾，士气可鼓而不可泄啊。兵败如山倒，就是士气低落、萎靡不振的结果。都是对的，孙子为什么认为有问题呢？

孙子思考问题一切以打赢战争为出发点，所以他要从根本上去找问题。正因为这是五种好的品德，所以大家都会强调，都会学习，都会效仿，都会推崇。推崇到极端，事物就会走向反面，所谓真理过了一步就成了谬误。用德国诗人海涅的话来说，他播下的是龙种，收获的却是跳蚤。这就是问题之所在。

我们知道，任何一种品德、任何一种做法都是利弊相杂的，有一利必有一弊，利弊如影随形、须臾不离。塞翁失马，焉知非福。兵家也一样，杂于利和杂于害，两者都要兼顾到。任何事物都一样，你要得到他的好处的同时，就要容忍他的缺陷。比如说，很多人说黄老师你这个人比较厚道，比较随和，我说你这是骂我，说明我没有水平——庸才，你才随和啊。有水平的教授都是有棱角的，有个性的，有脾气的，都是头上长角身上长刺的。你到底用谁？人才，你用了他的才能，就要容忍他的那种孤傲自闭、桀骜不驯的缺点；庸才，让你很舒服，但是办不成事。所以乾隆皇帝很聪明。我们看过电视剧《宰相刘罗锅》，没有刘罗锅，乾隆办不成事。总要有人做事的啊。但是光有刘罗锅，一天到晚挖苦他讽刺他，让他下不了台，乾隆当皇帝没有味道。所以皇帝需要有和珅让他开心，是吧。所以刘罗锅、和珅两个都要有。但我们不是皇帝，不可能两个都有，所以只能选一个，看你到底选哪一个。

我们男同胞找对象也是这样的，有三个原则。我想这个也是一样的道理，第一，女孩子漂亮。这个可以理解，是人的生物性动物性决定的。爱美之心人皆有之。但是后面两条经常是有矛盾的：第二，你希望她能干；第三，你又希望她温柔。可是一般情况下，能干的往往比较强势，就不太温柔；温柔的就不太能干。她要是能干，你在家里就是老三了，再养条狗或养只猫，你就成了老四了，但是让你过得很舒服；你娶了她的温柔，她小鸟依人了，但是她真的不能干，连家长会都不去开，那么你就有事干了，又当爹又当妈，里里外外一把抓。

所以我们说，即使廉洁奉公、爱民如子这些优秀的品德，也是有软肋的，也是有弱点的。廉洁之人最大的弱点是什么？最大的弱点就是在乎外界的评价，看重自己的名声，爱惜自己的羽毛。你怕什么，你的敌人就用什么来整你。你作风很正派，他就给你造谣，说你是假的、装出来的，你和谁谁就有一腿，或者说别人送你的月饼里面都是钱。要是个不廉洁的人听了，哈哈一笑，我风流你没有，你一边晾着去吧，就过去了。可换了一个廉洁之人就不一样了，他心情就会很恶劣，整天生活在负面情绪里，坐立不安，寝食不宁，而且是百口莫辩，你越辩护，就越抹越黑。所以，孙子认为，这种人处在决策的位置上，就很容易在错误的时间、错误的地点做出错误的决策。敌人就等着他犯错，他一旦犯错，敌人就会乘虚而入给他致命的打击。这时候，廉洁就不是给他正面的帮助，而是负面的资产了。因此在孙子看来，廉洁奉公这是个致命的弱点，它经常会造成那些决策者为了图虚名而处实祸。

这是个事实，我们经常做这种傻事。2000 年，香港佳士得拍卖行拍卖圆明园的三个兽头，十二生肖的青铜龙头，喷泉的龙头。从文物角度来说，它是乾隆年间的，没多少年，做料也不是金的、银的，也就是说，是一般的文物。开价，也就十万港币，三个，也就三十万。但是外国人是非常会利用中国人的心理的，他们经常会唱双簧。在拍卖这个事情上，他们也互相串通，为什么？他们知道只要与圆明园有关，中国人民的爱国主义情绪就上来了，热血沸腾啊，多少钱都会去买下来的，所以他开价拍卖三千万。果然，是我们的保利集团去把它竞买回来了。从面上来看，是满足了我们的爱国主义情怀，使国宝没有外流。但是你仔细想一想，它的后遗症是非常严重的。第一，它给我们国家以后合理合法地，用正常的法律程序去追讨被人家抢走的文物，设置了法律上的障碍。因为过去我们一直不承认帝国主义从我们国家抢走的文物是合法占有，我们保留追讨权。但现在成了商品来拍卖了，我们自己参与去竞买了，我们自己认可了。尤其是英美的法律是案例判决法，以后拿出这个案例来就会给我们打赢此类诉讼官司，设置了很严重的障碍。第二个更要命的，是刺激、加快了中国文物被盗掘贩卖和流失的过程。人就是逐利的动物嘛，有十倍的利益就会疯狂地去干，有百倍的利益就舍得脑袋都会去干，不然的话你就很难理解，为什么贩卖海洛因多少克就会被枪毙的，但还是会有人铤而走险。现在卖文物的利润空间这么大，一百倍。三十万元的文物可以卖到三千万元。那好啦，盗墓贼就纷纷行动起来了。我有个同事写了一本书，他是研究考古学的教授，这本书原来没有多少人看的，是专业书，专家之学，题目叫作《中国盗墓史》，告诉你们哪些墓被盗过了、哪些墓还没被盗过、哪些墓里有可能藏了什么宝贝，盗墓一般使用什么工具、怎么操作、怎么配合，结果盗墓贼人手一册当教科书学了，它现在成畅销书了。这就是图虚名而处实祸带来的后果。

爱民如子当然是好的，但是你不分场合、不分时机、不分地点地爱民的话，那是姑息之政，是不负责任，是民粹主义，不是真正的爱民，有时候甚至是害民的。我们都知道，这方面做得最糟糕的是刘备。

刘备是帮刘表守荆州的门户的，荆州北边的门户就是新野，今天河南的新县。曹操大军南下了，刘表就死掉了。刘表的儿子刘琮投降了，刘备守不住新野，只好撤退。往哪里撤退？江陵。江陵是战略要地，兵家必争之地。那里有土地，有人口，有资源，有仓库，有粮食，他想把那里作为一个据点。老百姓听说刘备撤退了，大家就呼啦一声跟着刘备，刘使君啊，你不能抛下我们自己走啊，你得带着我们一起走，你不是爱民如子的嘛，我们可不愿意受曹操的统治，我们愿意跟你一起走。刘备就是个混混，到处钻营，吃软饭的。他想，我现在就剩这么点好名声了，如果连这点名声都丢掉了，那我就更无法立身于天地之间了。于是只好带着老百姓一起走。

老百姓跟军队一起走，那就乱套了。左手一只鸡，右手一只羊，胸前抱着一个大娃娃，走五里路就要休息，一天只走二十里路。曹操听说刘备往江陵撤退了，心想，那个地方不能让刘备拿走，他就带着骑兵昼夜兼程，一天一夜走二百里路，最后在当阳长坂坡把刘备追上了。这一仗，杀得刘备是溃不成军，一败涂地，最后刘备只带了几十个人逃出来。连他的儿子阿斗，如果没有赵子龙舍命相救，也会死在那里了。他的两个夫人，甘夫人和糜夫人就死在这场战役里了。

你说他这是为老百姓好吧，但老百姓不跑的话，反而可能不死，或者死得少得多。跟着刘备跑，战场上刀剑无情，不长眼睛，刘备连自己的夫人都保护不了，还保护得了普通老百姓吗？所以老百姓其实是死得更多，死得更惨。因此，我说刘备实际上不是爱民，而是害民。从这点上说，我觉得在某种思想的深度上看问题，兵家的认识就要比儒家强。儒家看问题是单向性的正面的，一般都是肯定。当然，它有时候也有反思，但是不如兵家。因为兵家是个行为科学，这不是开玩笑的，败了就是败了，没有翻盘的机会，所以他必须打赢。兵家是真正把问题看到骨子里面去了。所以，我们说在度的问题的掌握上，非常有价值。这种对兵家儒家的观点，今天同样有启示意义。

历史上经常有许多伪名教、假道学，很好的东西被他们这些歪嘴和尚一唱以后，都走调变味道了。像汉朝的时候，最提倡讲孝道，所有的皇帝都有个谥号，什么孝文帝啊，孝武帝啊，都用谥号“孝”。如果你当了孝廉的话，还能当官。于是，大家为了当官，那种孝就做过头了，不近人情了。这种风气，后来都继承下来了。明明守孝三年就可以了，他来个七倍，三七二十一年，要跟家人都断绝关系，扎个草庐一个人在里面住着。这样的做法是不符合人情的。三年可以坚守，二十一年就变成老头了。所以有人就在这期间偷偷地跟他老婆生了五个孩子，被人家发现了，否则差点成为一个楷模。还有更夸张的，有一个人的家里被贼偷了，贼一被发现，来不及拿东西就跑。贼跑不快，物主又练过马拉松，结果就把贼抓住了。当时贼以为会被扭送到公安局派出所里去，弄得不好就会死掉，所以心里很紧张。可是物主却说：你跑什么，你到我家里来拿东西？——这人不说“偷”东西，他说“拿”东西——那肯定是你家里有困难嘛。但是你拿东西的时候心慌意乱，太匆忙了，我家里有好多好东西，你没发现，你没有带走，现在我追上来的目的，不是为了把你抓回去，而是把你没带走的东西给你送来。这件事被当地父母官给发现了，这么好的典型，赶紧宣传报道。后来这人当上了不小的官，那是放的政治高利贷啊，他要连本带利地收回来才对，所以就成了一个大贪官。

如果一个国家一个社会，都把这种虚伪的东西提倡到极端的话，那就走向反面了。本来都是好的东西，但是做过头了以后，它一定会走向反面的。所以我现在特别不愿意看那些报道，因为讲这个干部，要全身心投入工作，一定要报道父母死了他不奔丧，老婆生孩子他不回家，这种东西一看就是虚假的，完全是过头的，过了度了。你想想，儒家的基本理论就是这样，说人际关系是同心圆的关系，老吾老以及人之老，幼吾幼以及人之幼。而我们的宣传报道，总是让人感到，我们的“好干部”连基本的人性都没有了。我觉得，如果一个人连他的老婆都不关心、连他的父母都不孝顺的话，他关心人家是真的吗？肯定是假的。千万不能被他迷惑，这种人当了官以后一定是坏官，因为他原来付出太多了，他要收回去的。我读大学的时候，有一个同学，当时为了入党，天天扫厕所，我们睡午觉了，他就去扫厕所。可是一变成预备党员，第二天他就不扫厕所了。后来他有机会到了美国，现在成了美国居民。于是，我就问他，老兄，当时的你是真实的你，还是今天的你是真实的你？他说，都是真实的。后来我想，确实是真实的，哪里有功利他往哪里钻，不就是这个道理吗？以后中国发达了，超过美国的话，他可能又回来了，做中国公民了。

《孙子兵法》讲“度”的把握。这个度，儒家也讲的。儒家，特别是孔子，是有血有肉的，是非常有人情味的。大家有没有想过一个问题，孔子有弟子三千，贤者七十二，他经常带着这批学生周游列国，好像我们今天经常去法国巴黎、英国伦敦，而且除了个别的时候，会碰到断粮的问题，或者只能住在荒山野地里，大部分时间他都能住上三星级甚至四星级的宾馆，说不定还有五星级的，那么，他这么多开销从哪里来？孔子当官的时间不长，当的是司法部长，大司寇，而且他又是这么好的圣人，不会贪污，那他的钱从哪里来？我后来想通了，他有人赞助。他的学生有当老板的，比如子贡。子贡是福布斯排行榜前三名里面的，他有的是钱，所以资助孔子周游列国啊，包括买礼品送人，都是他开销的。但子贡很郁闷，为什么？因为孔子表扬他的时候不太多，批评他的时候比较多。

孔子最喜欢的学生，大家都知道，就是颜渊。颜渊在别人眼里是一个标准的傻瓜，他最大的特点就是穷，爱学习。住在小巷子里面喝喝冷水，吃吃炒面，就这么混日子，一点出息都没有。但是孔子喜欢。孔子为什么喜欢？因为颜渊最听话。孔子说方的，他不会说是圆的，他一定说是方得有棱角的。对此，孔子心里也是明白的，他说颜渊这个人对我无所助也，对我没什么帮助的，我讲什么他听什么，顺着说什么。孔子也是人，也喜欢听好话，颜渊经常说好话，那他当然喜欢。像我这个年龄的人，耳朵皮是比较软的，都喜欢听好话。绝对不会别人夸我，我会不开心的。就像所有的女同志一样，有人说她美女，不管她是真美女还是假美女，她都是高兴的。

可是子贡心里就不平衡，我出了这么多的钱出了这么大的力，还不如个颜渊，所以他总想做点惊天动地的事情。当时鲁国有一条法律，规定鲁国人士如果出差到其他国家的时候，发现鲁国的人在国外因贫穷沦为奴隶的话，就有责任有义务把他拯救出来。解救奴隶就是花钱赎身嘛，但是这个钱是不小的数啊，所以鲁国的法律就规定，这个钱不是真的要你自己付，而是垫付，可以拿收据拿发票，回国以后找国家财政部去报销的。所以这个法律就很好啦，为什么？它既满足了人具有同情心，有恻隐之心的本性，关心人，但是又不让他实际上受损失。

那时子贡的钱特别多，这点钱对他来说是九牛一毛，无所谓。于是，他就做了一件重大的事情，想让孔子老师能刮目相看——他把人家赎出来以后，就把发票收据撕掉了，没去报销。回来以后，说，老师你在开班委会、学生大会的时候要表扬我一下。孔子说，我为什么要表扬你？子贡说，你看我做了这么一件好事。孔子说，你这件事不但不能表扬，还要严厉批评。法律是怎么制定的？法律是根据道德来制定的，道德又是以哪些人的道德作为基本的参照数据呢？既不是那些圣人的道德，也不是那些坏人的道德，是普通人的道德。普通人都有一颗同情心，愿意关心他人，愿意帮助他人，但普通人又在乎自己的实际经济利益。所以原来的法律制定得很好，既让他们满足了表达同情心的愿望，又使法律能够真正贯彻落实不让他们实际受损，这是最好的法。现在你这么一做以后，麻烦就来了，人家要效仿你的话，第一，钱没有你多；第二，大家都心疼钱。但是人家不跟着你学的话，他又有顾虑了，怕人家在背后议论他：哎，你看子贡这么高尚，你为什么这么低级？子贡为什么能够不在乎钱？你为什么对这个钱锱铢必较？这样一来的话，他最后的选择怎样？于是，遇到赎人的事，只好装作没看到。这样一来，这个法律实际上就被废止了，更多的沦为奴隶的穷人就不可能摆脱悲惨的命运了。你说孔子多清醒啊，很有人情味，绝对不是我们现在说的那种光吃冷猪头肉不近人情的人。

儒家和兵家都面临着共同的问题，就是怎样坚持原则性和灵活运用原则的问题。儒家在原则性和灵活性的处理上，有一个重要的理论：经和权。经就是经典著作的经，大经大法，也就是我们儒家一直提倡的“君君、臣臣、父父、子子”，所谓的三纲五常，这就是经。董仲舒讲得很明确，这个经就是“道之大，原出于天，天不变，道亦不变”[④]，原则性是不能动摇的。但是儒家也强调通权达变，平时穿的衣服，用的徽章，等等，这些东西是可以变化的，不是一成不变的。通权达变，这样的社会才不会保守，才不会僵化，才有生机。

兵家则提出常和变，经常的常，变化的变。这个常和变跟经和权就是高度一致的。常是什么？常，就是那些经过战场上血的洗礼，用生命和鲜血换来的基本军事原则。变是什么？变就是指挥员、战略家、领导者、将帅，在战场上根据新的形势，用那些原则结合新的情况、新的对象、新的条件，灵活处置、灵活变化，机动地运用兵法。

抗金英雄岳飞说过一句话，“阵而后战，兵法之常”[5]。先摆阵后打仗，这是用兵打仗的一般规律，这就是常。更重要的是后面一句，“运用之妙，存乎一心”。儒家讲经和权，孟子有很好的比喻。他怎么比喻的？经是什么？经，譬如说男女关系，古人讲究男女授受不亲。当然，这是封建社会的说法了，现在男女授受很亲了，都没关系。但是在古代即使你贵为太后，要处理政事，也得垂帘听政，是不是？这叫作男女有别，内外有别。但是孟子接着说了，嫂溺援之以手。你的嫂子掉到河里去了，快淹死了，你作为小叔子，不能见死不救啊，得把她拉上来啊。你不但可以援之以手，你把你的嫂子从河里抱上来，你的哥哥也不会有意见的，这就是权。

那么兵家也是一样的。《孙子兵法》强调用兵之法，许多原则它都给我们规定了，但是你可不能事事都按照它的兵法来用。我觉得学兵法在于神似而不是形似。我的优点是对兵法非常熟悉，但我的缺点是对兵法懂得太多使得其成了负担。无论什么事情，我都要去兵法里面转一圈，可是等我转一圈出来后，形势早就变化了，就落后了。所以学兵法的人往往下场都不怎么样。古代的马谡对兵法很熟悉，但恰恰又是兵法把他给害了。赵括纸上谈兵，也是兵法学得太好了。这就是当局者迷，没有处理好常与变的关系。相对常来说，变化更重要。马谡打仗都是按军事规则，按《孙子兵法》里面的原理来打的。他把部队驻扎在山上，有人提醒他说，你怎么能把部队屯聚在山上呢？应该到平地上去。他说，《孙子兵法》里面讲了，居高临下，势如破竹。《孙子兵法》里确实有这个话，军队驻扎应该居高向阳，没错啊。又有人说，你将军队驻扎在山上，会有个麻烦事，山上没有水源，既没有矿泉水也没有纯净水。一旦人家把你包围，不用打仗，渴就能把你渴死了。他说不要紧，《孙子兵法》里面讲了，“投之亡地然后存，陷之死地然后生”。谁也说不过他，但是他忘了自己的对手是谁了。他的对手要是换成我黄朴民的话，可以这么做，可他的对手是张郃，是曹操麾下的五虎上将，他走过的桥比你走过的路还多，吃过的盐比你吃过的米还多。你不玩《孙子兵法》，你还少输一点；你玩《孙子兵法》，你输得更多，输得更惨了。这个就是最典型的墨守成规、不知变化的例子。所以常和变是非常有辩证关系的。

《孙子兵法》最强调的常和变与儒家的经和权，有同有异，重心不一样。儒家讲规则，讲条条框框，重心在经，即原则性的坚持上面；兵家讲变化，重心在灵活性上面。这就是两家既有同又有异的地方。《孙子兵法》里面最推崇的一种境界是什么？那就是无迹可求。只要你有招，那就有破解你招数的方法，只有没有招了，就像金庸武侠小说里面说的无招胜有招。张无忌学武当派武功，学到一半的时候他就说了，哎哟，太师傅真对不起啊，你刚才教我的我忘了三分之一了。张三丰怎么回答？好啊，继续练。后来又忘一半了，最后全忘了，全忘了就是全会了。就像令狐冲跟风清扬老人学剑道一样，剑道的第一个境界是心中有剑，手中有剑；到了第二个境界就是心中有剑，手中无剑；到了最高境界，就是出神入化、炉火纯青之境界，那就心中手中都无剑。

所以孙子推崇的真正境界是“兵无常势，水无常形，能因敌变化而取胜者，谓之神”[6]，这才是出神入化的最高境界的一种体现。我们现在都是追求某种模式，有时候框架太死了，反而不利于发挥积极性，不利于真正地调动大家的聪明才智，使之得到淋漓尽致的释放。所以我们说孙子这个人很有眼光，他鼓励大家学习他的兵法，但是他真诚的愿望是什么？学了他的兵法以后忘掉他的兵法。没有规则，就是最高的规则；没有规则，就是唯一的规则。

兵家讲的常和变，以及儒家讲的经和权，我觉得它们有一个最大的特点，就是处理好三种关系，达到三个统一。第一个统一，稳定和变化的统一。我一定要讲这个，为什么？我们天天讲变化，讲改革发展，这在我们现阶段确实是需要的。整个世界都在发展，我们中国能停止吗？不能。但是从某种意义上来说，没有一定的稳定，就谈不上变化，胡乱变化，那就是出尔反尔，朝令夕改，那就更糟了。经常把变化创新挂在嘴上，最后你会发现还是一成没变。我觉得"保守"不是个坏名词。旧瓶是可以装新酒的，不要把什么东西都另起炉灶，另搞一套。我回到老家时总是感觉到当地人在浪费资源，破坏环境，为什么？因为张书记到任以后要搞政绩工程，就开发城南，可开发城南需要一个过程，也许十年才能见效，但是我们的官一般三年五年就要换了，换到其他地方去当书记了，这样就来了李书记；李书记来了以后绝对不会给张书记买单的，一定不会把城南开发搞下去的，他开发城东，另搞一套；过后，赵书记来了，他城东也不开发了，去开发城西。所以出现了大批的烂尾工程，重复的投入，重复的浪费，这就是没有相对的稳定性。

"稳定"和"保守"不是什么坏名词，这是属于经的东西。既然能保存下来的东西，它都是经过时间考验的。所以英国的保守党，干脆把自己的党名就叫作保守党，这说明"保守"是个好的词啊。守旧不一定就是坏的，坚守自己的理想，坚守自己的信仰，尊重自己的文化，尊重自己的传统，尊重利用行之有效的那些制度、行之有效的做法，这是应该的。为什么我们从前光是强调变化创新？我认为其实并没这么多创新。我不敢说其他的创新，学术上的创新能有多少呢？没有多少的。我搞《孙子兵法》三十年了，有几个地方创新？我心里很明白，那是屈指可数，寥寥无几，其他的都是天下文章一大抄。为什么？没法不抄。兵者，国之大事，你翻译出来，一定是“战争是国家的大事”，你不能翻译成“小事”。翻译成“小事”当然是创新哦，但是错了。人家翻译成国家大事，你也翻译成国家大事，不就是抄下来了？抄也得要有水平，不能完全一样。现在那些抄袭的、剽窃的都是没有水平、不动脑筋的抄。我最讨厌要我归纳某篇博士论文的创新点有哪几处。我说这论文确实没什么创新啊。我搞《孙子兵法》都三十年了，也没几个创新，你比我聪明多少？读博士三年有多少创新啊？你把这个问题，来龙去脉搞清楚了，哪些专家各做了些什么，梳理一下，寻思一下，同时，文通字顺地把十万字写出来，个别地方有点你自己的想法，这就是一篇优秀的论文了。

孙子讲常和变，首先教你搞清楚稳定和变化是辩证统一的。你不要光强调变化，光强调变革。强调变化、变革，这种心情是可以理解的，但是在实际生活中，在学术研究的各个方面，这两者的关系是你中有我、我中有你的。《周易》里有两卦，是对立统一的。一个是革卦，革命的革，“汤武革命，顺乎天而应乎人”⑦，这就是追求变化。但是大家注意到没有，《周易》里还有一卦，叫作鼎卦，三足鼎立的鼎。鼎就是稳定性。你不能把好的、行之有效的传统和制度，当作脏水一样泼掉。否则的话，我们的文化就会断根。所以，儒家和兵家，经和权与常和变，讲的都是一个道理，无非是侧重点不同而已，儒家更强调稳定性，更强调原则性，而兵家更强调变化性，更强调灵活性。这是第一个统一。

第二个统一，就是原则性和灵活性的统一。我觉得这个也很重要。如果我们没有原则性的话，那个变，就像前苏联那样，变到另外一个极端去了。我以前写些文章，人家说我是自由派。前段时间在《中华读书报》写的文章，叫《北魏孝文帝改革的不归之路》,就是评价北魏孝文帝改革的。当时我是认为他有点全盘汉化,类似于我们今天有些人提倡的全盘西化,也是行不通的,把鲜卑民族都变得没有了。结果好多人就写信骂我,说黄朴民收了上级多少钱,现在变成保守派了。我说我还是我,我从来就是原则性和灵活性兼而有之的。我觉得,原则应该坚持,没有原则你就找不到方向,就会选择错误。但是没有灵活,也同样糟糕。

儒家讲的第三个统一是什么呢?就是坚守传统和开拓创新之间的统一。传统太重要了,没有传统,一个国家一个民族就没有文化的根了,这样是找不到方向的,不仅在国际上没有发言权,更不能独立于世界民族之林。但传统有时候也会是个包袱。现在有些人办国学,让小孩子穿个小马褂,戴个瓜皮帽,然后从小就摇头晃脑地念《三字经》《弟子规》,英语也不学了,数学也不学了,这是进步吗?我觉得这不但没有进步,简直就是退步。传统儒学的东西,有好多是保守的,有好多是必须扬弃的。新时期传承国学,不是对国学的简单的传承,而是一种创新性的传承、发展性的传承,是站在今天的高度,面对世界的格局,用世界的眼光、国际的眼光来传承国学。因为传统国学里有很多糟糕的东西,譬如《神童诗》的第一段话,就是思想意识有问题——天子重英豪,文章教尔曹,万般皆下品,惟有读书高。那肯定是不对的,不应该大力宣传。二十四孝那就更不应该宣传了。你看他老爹要吃鱼,他又没钱买鱼,光着身子去卧冰。我相信冰还没化掉,他就已经被冻死了,这是对他老爹不负责任,对他自己也不负责任。如果他死了谁来给他养老爹呢?再比如,有一个人的儿子要吃饭,老妈也要吃饭,他居然能想得出,为了省下饭来供养老妈,就把自己的孩子活埋掉。这太残忍太恐怖了。如果我们为了倡导国学就把这些东西拿出来宣传的话,那我们中华民族就是没有希望的民族。由此可见,传统也会是个包袱,这包袱使我们现在走得很艰难。我们的改革很难推进，就是因为传统太多、太重了。

所以传统有利有弊。改革创新也是一样。美国就没有太悠久的传统，而是新教伦理文明，建国也就二百多年，但是在有的时候，它反而没有包袱，能够轻装上阵。我们知道，在五十年前，美国有个黑人的民权领袖，马丁·路德·金。当时他呼吁取消种族歧视，作了一场精彩的演讲，题目就叫《我有一个梦》。而就在五十年后，美国真的选出了一个黑人总统，不但选出来了，还连任了。这种情况在传统观念很重的中国，你能想象吗？没法想象。

兵儒思想融汇

最后一段，我们讲一讲思想融汇。

思想融汇特别重要，譬如说兵家和儒家的汇合。刘秀的身上所体现出的兵儒合流是最典型的。在方法论上，他是道家的方法论，以柔道理天下，以退为进，柔弱胜刚强；在思想的原则性上，他就是儒家的精神，救民于水火之中。刘秀是知识分子出身，因此他的整个境界比那些草莽英雄要高得多，既不像刘邦也不像朱元璋。但是刘秀用兵打仗的智慧，却是兵家的，甚至在处理善后问题上都是兵家的，都是兵家很善于做的而且做得特别好的。比如说皇帝和功臣之间的关系，他处理得非常好。为什么？因为他看清这个问题的实质了，这是利益的问题，而不是感情的问题。作为皇上，对所有的大臣，包括有功劳的大臣，他都要防一手，有枣没枣先打一竿子再说，生怕人家功高震主，尾大不掉，对自己的皇权构成威胁。而作为大臣、功臣的话，他总是希望百尺竿头更进一步，因此往往会不收敛自己，会放任自己的那种做法。这是很难避免的一对矛盾。

要解决很简单，像刘邦这样的，就杀。杀是简单，但历史是由后人写，由知识分子写的，你以后在历史上就背了一个骂名，人家就说你刘邦这个人忘恩负义，卸磨杀驴，过河拆桥。当时，事情可以这样简单搞定，但是后果呢？

刘秀就看到问题的症结所在了，他认为没有办法解决，但是可以控制。刘邦为什么最后不得不杀韩信呢？因为他把军事上所有的事务都交给了韩信去办，“连百万之众，战必胜，攻必克”，韩信太重要了，功劳太大了。那么刘秀就要防范出现第二个韩信。怎么防范？就是分功。刘秀搞了二十八个功臣，叫作云台二十八将。大家都有功劳，但是大家的功劳都不足以大到直接对皇帝构成威胁。而且这二十八个人来自不同的地区，有贵州人、四川人、广东人；来自不同的阶层，有的是教授出身的，有的是出租车司机出身的。你还没整他们呢，他们自己内部先掐起来了，这时候你做和事佬就行了。这就是兵家的智慧，防患未然。

刘秀有一个将军，叫耿弇，三十岁的时候帮刘秀平定了今天的山东（齐地）。刘秀当时高兴得不得了，说耿将军啊，你的功劳大大的，我要感谢你啊。可转个身刘秀就对周围的人说，你们要提醒我，我自己也要记着，从此以后耿弇将军不能单独领兵打仗了，即使要他带兵打仗，也只能让他当副司令或参谋长，不能当司令。刘秀说，我这不是不信任耿弇将军，而是保护耿弇将军，是维系我们君臣友谊的重要一招，因为耿弇将军凭今天的功劳就可以滋滋润润地享受荣华富贵了，再继续立功他就有可能成为第二个韩信了。这就是兵家的智慧。所以我们说所谓的兵儒合流，在刘秀身上有很好的体现。

我们中国文化有一个特征，就是不断地融合对峙的一个过程，就是一个分分合合的过程。最初的文化起源于各个地方，什么龙山文化、红山文化、三星堆文化、河姆渡文化，彼此不相连。到了周朝的时候，礼乐文明，那就是一个大一统的文化，融合了。

可是天下大势，分久必合，合久必分，融合一段时间以后，到了春秋战国，礼崩乐坏，诸子百家蜂起，又分了。到了秦汉以后，董仲舒来了一个“罢黜百家，独尊儒术”，又合了。到了汉末以后，思想又动荡了，名教之治破产，孔孟那一套吃不开了，然后就是玄学的兴起。这时候，佛教来了。其实佛教早就在东汉明帝时就来了，可为什么至今才能兴起呢？因为适合它发展的土壤形成了。道教也是这个时候出来的。思想又分化了。到了隋唐的时候，三教合一，从王通开始一直到孔颖达，又变成合的了。宋朝的时候，又开始分了，就是内部都在分，理学分气学、象数之学、心学。到了清朝的时候又合了。民国的时候，又分了。到了新中国成立以后又合了。这就是分合，是历史发展的过程。

就分合来看，整个历史很简单。所以融合是一个必然趋势。春秋战国，诸子百家蜂起，开始的时候分得很厉害。孔子也讲了，“攻乎异端，斯害也已”[⑧]。而孟子骂异端，骂墨子，骂杨朱，那话就更难听了：“杨氏为我，是无君也；墨氏兼爱，是无父也。无父无君，是禽兽也。”[⑨]这破口大骂，跟泼妇差不多。这个是分的时候。但是彼此交锋了以后，情况开始有所变化了。到了战国中后期，大家都认识到，哎哟，我的东西是好的，但是人家的东西也挺不错的。所以他在坚持自己主张的同时，也在融合别人的东西。

每一家都在合。兵家原来是《尉缭子》《吴子》《孙子兵法》《孙膑兵法》，都不一样的。到了《六韬》的时候，就合了。儒家到了荀子那里，也是合了，把法家这些东西都合进来了，所以他的两个学生，李斯、韩非不是儒家的传人，而是法家的人士。法家也合，原来商鞅是法派，慎到是势派，申不害是术派，到了韩非那里就变成法、术、势的统一。道家也在合，道家老、庄本来是南道，这个时候就往北方推移。北道的黄老之学，以道家思想，尤其是以老子的思想为主体性，但是也吸收了诸子百家的思想。最后，干脆就出来一个杂七杂八的杂家——吕不韦的《吕氏春秋》，就是合。

所以我们兵儒要合流，思想要融会贯通，这是一个必然的趋势，一个不可避免的趋势。《孙子兵法》之所以有这么大的成就和影响，有这么大的生命力，成为代表中国兵学思想的最高典范，首先是因为它继承了周朝和商朝的兵学。《孙子兵法》里凡是所有的"兵法曰"和"法曰"，都是前人的东西，是它直接从前人那里引出来的。比如说，"《军志》曰"和"《军政》曰"这些都是前代的兵书。这就是融合。

不单是兵家里面合，兵家跟道家，跟法家，尤其是跟儒家，更是合。《孙子兵法》里融合得还不明显，到了《六韬》，我们就可以发现兵儒完全合了。我们知道《六韬》就是六种韬略：文韬、武韬、龙韬、虎韬、豹韬，还有犬韬。六种韬略里，第一韬文韬，没有一句话是讲军事问题的，都是讲政治问题，什么是爱民，什么是国务，怎么行君道，怎么搞法治。这就是把法家、儒家、墨家、道家都融合进来了，这是历史的必然。所以我们今天搞国学，从事儒学研究也好，像我这样从事兵学研究也好，都不要局限于自己的专业，不要只拿自己的一点优点来夸大，而更多的是要有包容性。像我这样搞兵学的，要多看看儒家的书；你们搞儒学的，也要多看看兵家的书。不但要看中国的书，也要看看世界的书。这种包容，就是孔子所说的"三人行，必有我师"。这是文化传承的基本方向，也是文化传承的基本规律。

真正的儒学，不是简单地背背《三字经》。人之初，性本善，这只是个初步的东西。国学真正升华了以后，是一种人生的智慧，是一种哲学的智慧，人生的经验，是升华后形成的真正的生命哲学。儒家的哲学，是生命哲学，是你下意识的行为，不是你刻意去学的、模仿的东西，而是一种自然而然的行为，道法自然的境界。最后奉告大家，我虽然研究儒家和兵家，但是我最推崇的，却是道家,最好的一个格言就是,道法自然,上善若水。

(根据 2013 年 9 月 28 日在贵阳孔学堂的演讲编订)

注释:

①《孙子兵法 · 地形篇》。

②《史记 · 孔子世家》。

③《论语 · 雍也》。

④(汉)班固:《汉书 · 董仲舒传》。

⑤《宋史 · 岳飞传》。

⑥《孙子兵法 · 虚实篇》。

⑦《易 · 革 · 象辞》。

⑧《论语 · 为政》。

⑨《孟子 · 滕文公下》。

走出历史的丛林

历史的真实与历史的重构

——兼说儒家对上古战争历史的虚拟化解读

历史的真实与历史的重构是个蛮有意思的问题。我们要了解过去的事情,就必须借助于史书,也就是去查看历史书上究竟是怎么记载的。可是,问题是书上的历史,究竟是不是完全真实的历史呢?

无论是东方也好,西方也罢,尤其是近代的历史学,一般认为历史学有两大学派:一派叫作考据学派,即兰克学派。兰克学派认为,历史就是史料,没有个人主观东西在里面,是古代事情在今天的一个历史的复原。所以,史书上的记载,不是我在说话,而是古人通过我的口,把他们原来的历史、当时的言行等一一重新恢复出来。另外一派是思想史学派,即英国柯林伍德学派。柯林伍德学派认为,一切历史都是思想史。为什么是思想史呢?因为,历史有好多都是当代人思想观念中的历史,都是当代人有选择性地提出,或者是有意识地遗忘。所以,一切的历史都是人心中的历史,一切的历史都是当代史。

这两种说法都是有一定道理的,但我个人更倾向于后者。我觉得历史好多都是史书的作者或我们今天的研究者本人对历史的一种认识或者看法。比如唐朝历史,如我们今天在《资治通鉴》《旧唐书》《新唐书》等史书中所看到的,认为在唐朝建立的过程中，主要都是唐太宗李世民一个人的功劳，而他的老爸李渊基本上是坐享其成，至于他的哥哥太子建成或者说他的弟弟李元吉，不但没有帮助，甚至是起破坏作用。我们今天能看到的历史记载，基本上是这个局面。那么，这些记载有没有道理？应该承认，它是有一定道理的。唐朝的建立，肯定是唐太宗李世民的功劳最大，征战、军功最多。不然，他作为老二，就没有野心，或者没有胆量，去觊觎或篡夺太子之位，最后当皇帝的。因为野心和胆量是要有政治资本积累做后盾的。但是不是其他人在建国中，就没有功劳呢？这也不见得！至少他们的老爸唐高祖李渊，无论是晋阳起兵，还是在进军关中的决策中，都起着主导作用，他的儿子们是辅助者。这从温大雅《大唐创业起居注》里就可以看到，这是不会有错的。

由此可见，虽然历史上的记载，有相当大的部分是真实的，但并非是完全真实的，所以我们称之为“近似真实”，这是我们要讲的第一个真实。

第二个真实则是“逻辑真实”。譬如说项羽，有多部关于他的影视作品，如《楚汉传奇》等，都为人们所熟知，里面都一定会有“霸王别姬”的情节，而这是出自最可信的史学名著《史记》的。它叙述了在楚汉相争最后一幕的垓下之战里，十面埋伏，四面楚歌，西楚霸王项羽只好跟虞姬诀别，唱了一首歌。整个场面被刻画得活灵活现，非常生动。但是只有跟随项羽突围的人，或者说当时帐篷里的人才能看到这个场面，因为一般的士兵，他们根本不会知道君上或者说大王，干了什么，说了什么。然而跟随项羽突围的人，或者说项羽帐篷里的那些他最亲信的人，也都跟他跑到乌江边上，二十八骑全军覆没了；而且虞姬死了，项羽也死了。总之，项羽和他的亲信左右，当时没有一个人存活下来，那么霸王别姬这个故事，是怎么流传下来的呢？这个故事就是司马迁塑造的。他知道项羽身边有个美人，当他们面对生离死别的时候，一定会出现一幅可歌可泣、英雄美人最后诀别的场景。那他这样写就生动了。因此，霸王别姬在逻辑上是成立的，按照逻辑推理来讲，是讲得通的，他们不会一个招呼也不打，眼泪也不流地就这么分手了。所以，《史记》是最好的历史著作，书中许多故事，都是具有逻辑性和推理性的。

再譬如说，在《左传》里，有一段故事也非常有意思，是关于"赵氏孤儿"的。我们知道，赵家在晋国最后的政治斗争中是胜利者，"三家分晋"其实主要是由赵氏发起和操纵的，而历史是由胜利者书写的，所以"赵氏孤儿"这一出戏，就变成正面的了。而实际上，赵家在当时，气焰嚣张，飞扬跋扈，不仅霸占了晋国的大权，还功高震主。但赵家作为赢者，在记录历史时，他一定要把晋国的国君，写得很不像话。史书中的晋灵公，就这样变得非常荒淫无耻了。为了表现晋君的昏庸、赵家的贤德，史书中记载了这样一个历史镜头：

当时晋国有个大臣赵盾，总是向晋国国君进谏，晋灵公很厌烦，于是就派了个杀手去刺杀赵盾。这个杀手刺杀赵盾的过程，在史书中被刻画得非常生动。我这里插一句，古代的历史书，不像今天的历史书已经演化成一个数据了，当时是有个生动的文学情节在里面的。根据史书的记载，那个刺客去了以后，在准备下手之前，突然发现天还没有亮，赵盾就起床准备去上朝了，可是一看时间尚早，赵盾就在那里假寐，也就是闭目养神。看到这一幕，那个刺客突然良心发现。他想，像赵盾这样的人是帮老百姓做事的，我如果去杀了他，那是对天下的不忠。要知道，当时的忠，不是忠于君主，而是诚心诚意办事，为人民服务，这才叫忠。但是，转念一想，自己已经接受了国君的命令，答应了这次行刺的任务，要是不杀赵盾，对国君就是失信。不忠不信，就是左右不是人，前后都见鬼，那还何以做人呢？他犹豫纠结不已，怎么做都不行，于是只能选择自杀了。最后他是一头撞在一棵大树上，触槐而死的。人都死了，这么复杂的心理活动，有谁能探知呢？

然而，《左传》就把它写到历史书里了，而且此事还确乎存在的样子。我想，肯定是第二天早上，赵家的人起床一看，大树底下有个蒙着头的黑面刺客，头流着鲜血，死在那里了。当时的人就想了，刺客总不至于路都走不好，结果无意撞到树上的吧？所以，他肯定是来刺杀我们家老爷的，但是又觉得我们老爷是个好人，不忍心下手。可是不下手回去又没法复命，左右为难，就只好自杀了。

这样，靠推理推出来的事件，就变成了历史。所以说，我们的历史，实际上只有两种：一种是"近似的真实"，如唐太宗在唐朝建立过程中，他的功劳虽然比较大，但并不像我们今天看到的历史书中记载的那么大。但是我们没有其他书来推翻我们的怀疑，只能接受《资治通鉴》《旧唐书》《新唐书》，包括《史记》《左传》等的记载。一种是"逻辑的真实"，如"霸王别姬""赵氏孤儿"等历史故事，在逻辑上分析出来是能讲得通的真实。

那么，为什么讲这个呢？我觉得我们历史上，非常有意思的现象有很多。这就涉及历史的真实和历史的重构这个话题。

首先，历史的真实是有的，但是这种真实是多样性的。在历史的记叙过程中，我可以根据我的爱好有所选择。在古代，因为儒家最后是掌握话语权的一方，所以，我们今天看到的东西，都是按照儒家的观点传下来的。

而关于历史的真实，我们可以看春秋之前战争的情况。从《淮南子》到班固等都讲到，春秋之前的战争是很温和的。如班固的《汉书·艺文志·兵书略》里面所说："下及汤、武受命，以师克乱而济百姓，动之以仁义，行之以礼让，司马法是其遗事也。"其中

“下及汤、武受命”是讲商汤、周武王他们那时候的汤武革命，是顺应天意和民心的；“以师克乱而济百姓”，是说他们当时是以征战的方式，来平定祸乱，帮助百姓的；“动之以仁义，行之以礼让”，是说他们打仗是根据仁义的原则来行动的，是以礼貌、谦让的方式来做事的；最后一句“司马法是其遗事也”，是讲《司马法》中记载了这些已经被人们遗忘的故事。那么，什么是《司马法》呢？我们说《孙子兵法》是我们今天所能够看到的最早的兵书，而在《孙子兵法》之前的兵书叫“古司马法”，记载了已经被人们遗忘的故事。由官方统一编纂，专职传授，而非个人创作的这类兵家文献，被泛称为“司马兵法”，又称“古司马法”。而今本《司马法》是后人对逐渐遗失的“古司马法”的辑佚和编纂。

在班固看来，殷商、周朝，特别是西周时期的战争，是受军礼的文化精神规范的。战争的基本宗旨，不是为了争夺土地，掠夺资源，而是为了吊民伐罪，所以战争的主导倾向是义兵至上。所以，孟子讲“春秋无义战”，这意味着春秋之前是有义战的，而这种义战的表现形式是，温和而宽厚，充满着一种仁义的精神与礼让的风度。

这种认识到南宋的时候，发生了变化。宋朝人一般学问功底不扎实，但思想特别活跃。他们看问题，跟清朝人和汉朝人不一样，特别具有反叛的思想，善于另类思维、反向思维，特别会质疑权威，有自己的主张。如宋朝之前，一直说《诗经》是讲先王的教化，因为《诗经》不仅是古代经典，也是经学，虽然也属于文艺作品，但是主要是讲教化、讲王道的。南宋的朱熹算是大儒了，他说，不对！《诗经》主要是讲男女之间谈恋爱，是讲爱情的，这就体现了宋朝人那种开放的思路。

那时候，人们对孟子的评价也发生了转变。历史上特别是从韩愈开始，把孟子认为是道统的继承人。但是，宋朝好多人，包括司马光、李觏、欧阳修、叶适等，就很不乐意了，说孟子这个人，不怎么样，他不是真正的圣人。

对于《孙子兵法》《司马法》，宋人也有自己的说法。他们认为，春秋以后，礼崩乐坏，整个社会纲常都已经颠倒了，天子失官，天下无道。在这种状况下，战争不再信乎军礼，而是忠于诡道。我们说《孙子兵法》最核心的一个字就是"骗"字，"骗"意味着走上了诡道和"兵以诈立"之路。

南宋学者郑友贤，对《司马法》和《孙子兵法》总结概括得非常精到，他认为：第一，《司马法》是"以仁为本"，即以仁义道德为本。而《孙子兵法》则是"兵以诈立"，军队打仗是靠诡诈、欺骗成功的，两者截然对立。第二，《司马法》"以义治之"，"义"就是道义的"义"，是指做事情要遵循道义，讲究原则。而孙子不一样，他在《孙子兵法》里明确说了是"以利动"，"利"是功利的"利"。[①] 意思是说，军事行动的标准是有利就干，没利就不干，有大利就大干，有小利就小干，合于利就动，不合于利就止，一切以利的大小和有无，作为行动的依据。第三，《司马法》以正，即打仗讲堂堂之阵、正正之旗。只有在没有办法的情况下，才可以适当地变通，但是万变不离其宗，基本的"正"的原则仍要坚持。而孙武以分合为变，分分合合，灵活变化用兵，实"骗"却不言"骗"。这就是对先秦时期兵学文化的归纳。

总之，在宋人看来，春秋之前的战争，就是这样一种状况。这些观点在当时是很流行的。那么，他们讲的是不是真实的呢？我认为，相当大的部分应是历史的真实，而非一种理想的境界或者一种虚拟。春秋时期战争有以下几个特点：

第一，规模上的有限性。当时打仗的规模都不大，只有几千人或者万把人，不像后来的长平之战，一打就是四五十万人。第二，程度上的节制性。当时的战争是不往死里打的，他们打仗实际上是为了争夺霸权。所谓“春秋五霸”嘛，争的就是这个霸主的位置，就是你们要承认我是老大，你们是老二、老三，大家都得听我的。我是执牛耳者——会盟中要歃血为盟时，我是执牛耳的，最后世界的秩序由我来定，而非以灭国、争夺土地、抢夺资源和人口为目的。第三，手段上的温和性。当时打仗非常讲礼貌。但这种情况到战国时就完全变了。战国的时候，都是以兼并，也即灭国为宗旨，而且战争的残酷性明显提高了，最后秦始皇统一天下就是如此。战国时的孟子，对当时的战争曾总结道：“争地以战，杀人盈野；争城以战，杀人盈城。”[②] 是说战场上漫山遍野都是人的尸体，血流成河。而且对待俘虏不像以前会好好招待，而是坑杀。譬如我们非常熟悉的“长平坑俘”，当时秦国的白起很能打，赵国四十多万军队向他投降，他就放了两百多个回去，其余的，只能对不起，一夜之间，全部被坑杀。当然，这个数字我估计有些夸张了，杀四千多或四百多还可以理解，但如果是一夜之间要杀掉四万或四十万人，在没有炮弹等武器的情况下，有点不可思议。不过可以肯定的是，当时一定杀了很多人。项羽也一样，秦朝章邯统率的二十万军队在新安向他投降，他也是一夜之间将其全部杀光。所以，战争的残酷性，这时已经明显增强了。

那么，当时为什么流行军礼呢？我觉得它与当时整个社会讲礼的背景有关。当时整个社会弥漫着礼乐文明的氛围。周朝建立以后，周公制礼作乐，礼的规定涉及方方面面，是有一整套的礼仪规定的，包括祭礼、丧礼、婚礼、军礼等等。其中的军礼，无非是在军事领域里，按照周朝礼乐文明的精神，制定出来的一些规范、要求，大家都要学习，都要遵循。现在，我们一起来看几组有趣的历史镜头。

第一个是我们非常熟悉的历史人物——宋襄公。宋襄公虽然是“春秋五霸”之一，但“春秋五霸”的档次是不一样的。有的是真正的霸主，像晋文公、齐桓公，而宋襄公却不怎么像个霸主。他在历史上最有名的事件是打了一次大败仗，不仅把自己的命搭进去了，还发表了一通今天我们看来似乎很可笑的言论。

我们知道，宋国是个非常有意思的国家。周朝灭了商朝以后，按照当时的规定，把前朝灭掉以后，是不可以把他的血缘或者子孙斩尽杀绝的，而是如孔子所讲的一样，应该“兴灭国，继绝世，举逸民”[3]。但是，值得注意的是，这个被灭之国的地位已经大不如从前了，再也不会是全中国或者是整个天下的中心。周武王伐纣，推翻商朝之后，最早封商纣的儿子武庚管理殷商的旧都殷。为防止武庚叛乱，当时武王派了他的三个兄弟去监视他，称为“三监”。可是，后来这三个兄弟与周公发生了矛盾，他们觉得周公的权力太大，因为周公是老四，老三管叔就不干了。于是，管叔联合纣王的儿子武庚等发动叛乱，这就有了历史上有名的故事——周公东征。后来这场叛乱被平定了，武庚也受到了惩处，但周朝还是要找一个商朝的大贵族来继承商朝的血缘。当时商朝最有名的有三个人：比干、箕子和微子启。比干被剖心，死掉了；箕子跑到朝鲜去了，成为朝鲜的开创者；就还剩一个隐居的微子启了。于是，周成王、周公等人将微子启找出来，继承了殷商的血统，由此创建了宋国。

而如果你仔细观察就会发现，春秋战国时期的寓言故事和成语，常常是嘲笑宋国人的。为什么呢？因为周朝人虽然让宋国来继承商朝的血缘，但是战胜者总是瞧不起战败者的，故而好多故事就拿宋国人开涮，嘲笑他们的愚蠢。譬如“守株待兔”就是在讲宋人。第二类经常被嘲笑的便是楚国人，如“刻舟求剑”，嘲笑他们的原因在于非我族类。楚国属于蛮夷，其文明远远落后于中原地区，所以常被看不起。第三个经常被嘲笑的对象是郑国人，如有“郑人买履”的故事。他们是正儿八经的周人之后，为什么还会被嘲笑？这是因为他们是暴发户，因为郑国立国很迟。老贵族看着趾高气扬的新贵族，当然心里会不舒服——本来我爹比你爹厉害得多，凭什么你现在就这么得瑟？所以，研究先秦的历史，是蛮有意思的。

另外，宋襄公这个“公”，是正儿八经的“公”，他的爵位是上公，是我们常说的公、侯、伯、子、男五等爵中最高的一个等级。你别看当时称“公”的有很多，但真正的“公”，实际上只有宋襄公。而齐桓公真正的爵位是个“侯”，是他拔高自己才称为“公”的。那楚庄王就更不是了，他的“王”是自封的，实际上他的爵位是第四等的“子”，所以《左传》里，都是称呼楚国国君为“楚子”。晋文公也是个“侯”。郑庄公也不是“公”，他只是个“伯”。而许国的国君就更低了，仅仅是个“男”，称“许男”。所以，宋襄公的爵位是很高的。当时齐桓公死了之后，一时间天下无主。大家要去对付楚国，却群龙无首，宋襄公于是就出头，搞联盟来对付楚国。但宋国不像齐国，它毕竟是个小国，所以没有多少人理睬他。这也就助长了楚国的气焰，开始大胆地修理宋国。

然而，宋国是很传统的，在打仗时仍然特别讲军礼，所以它老吃亏。其中有一次，宋楚关系十分紧张，双方需要谈判。大家知道南方人是相当聪明的，带贬义地说，就是很狡猾的，不光在今天，古代就如此。当时在列国的印象中，楚人就是“多诈”的代表。所以，跟南方人谈判，就应该多带点兵以防不测，最好坐装甲车去，以保护好自己。然而宋襄公说，这不行啊，既然要跟人家去谈判，就得表现出诚意来，怎么能坐装甲车去呢？不坐，军队也不带。结果去了以后，两边谈着谈着就谈崩了。楚国人一拍桌子，楚兵一拥而上，就把宋襄公给扣了，并带着他到宋国城下说，你们的国君被我们扣押了，你们赶紧向我们屈服投降吧！结果宋国人并不在意，说你们愿意扣就扣着吧，我们可以立个新国君，没有关系的。当时宋襄公的哥哥还是蛮能干的，但是因为他是庶出，是小老婆生的儿子，所以，虽然他年龄比宋襄公大，却不能继承王位。这样一来，楚国人扣押着宋襄公，却起不到作用。这就像明朝的“土木之变”一样，扣了明英宗，但最后只好还回来。因为像这样的国君俘虏，待遇也不能太差，每天都得供应茅台酒、XO之类的让他喝着，他如果吸烟的话，还得给他抽好烟，还怕他生病。所以，如此这般的烫手山芋得尽快离手才行。于是，楚国人就找来鲁国人做中间人，把宋襄公还给了宋国。

宋襄公回国之后很憋气，觉得很窝囊。他想去找楚国的麻烦，但没有这个胆量，是所谓有贼心而没贼胆。为什么呢？因为楚国太强大了。他当时就想，柿子找软的捏，于是就找出在他被俘时，最先投靠楚国的小国——郑国下手。当时就有人劝宋襄公说，你是不应该攻打郑国的，因为它与楚国有军事条约，它们是同盟国。宋襄公却非打不可。

看着宋军压境，郑国也不着急，不紧不慢地给楚国写了一封求救文书，楚国接到后马上就出兵了。宋襄公一看形势不对，郑国也不打了，赶紧撤吧。但是楚国好不容易才找到这样一个出兵的机会，怎么会轻易放过呢？一路将宋军追到宋国边境，宋军退无可退，只好硬着头皮打一仗。这一仗就是非常有名的泓水之战。

当时，双方的军队各自占据泓水一岸，楚军如果要攻打宋军，就需要渡水作战。这时，宋襄公的一些大臣就建议他说：“主公啊，对方比我们强大得多，按照正常打的话，我们根本就不是他们的对手。但是天时不如地利，我们现在占据有利地势，而且我们的阵已经摆好了，以逸待劳；而他们还要过河。趁他们过河一半的时候，我们就半渡而击，这样他们前后首尾不能相顾，我们就可以乱中取胜了，还有机会。”

宋襄公是怎么反应的呢？他听后骂道："你这个人，书算是白读了！让猪油蒙住心肝了？我们是讲仁义的军队，做事要光明正大，怎么能做这种偷鸡摸狗的事情呢？这绝对不行，打仗就该堂堂正正地打。"宋襄公是决策者，是最后拍板的人，所以，其他人说再多也没用。结果，宋襄公就让楚军安全、顺利地渡了河。但刚渡河的楚军还需要列阵，这时候又有大臣忍不住建议了："不行啊，主公。这是最后一次机会了，你已经让人家安全渡河了，如今还要摆阵，这是我们获胜的最后一次机会，这次机会您就不要再放弃了。"宋襄公想，我这刚刚批评过，怎么又来了，于是又把那大臣骂了一顿：这种违背礼乐的做法，怎么可以呢！结果可想而知，等到楚军摆好阵开打，宋国弱小的军队，哪里是楚国强大军队的对手。楚军像没过堤坝的洪水一样，漫山遍野地杀过来，讲仁义的宋军哪里挡得住。所以，这一仗打得宋国一败涂地、溃不成军，连宋襄公最重要的警卫部队，也被全部消灭了。而他自己也被人家砍中了大腿，所谓"公伤股，门官歼焉"，这里的"股"就是指大腿。最后，他在哥哥等人的舍命保护之下，才好不容易逃了回去。

事实上，这次战役是以宋国的彻底失败告终的。这一仗打败以后，宋襄公想当霸主的野心，也就成为黄粱一梦，是明日黄花了，宋国的大势就过去了。于是就有好多人埋怨他说："主公啊，我们当时就说了，这种仁义的做法不对。"宋襄公仍不思反悔地说，你们都不对，《司马法》说过的，军队打仗，是"君子不重伤"——在打仗的过程中，人家受伤了，你是不能再补一刀的，而且不但不能再砍一刀，你还要给人家包扎起来，救死扶伤，要发挥红十字会的作用，"敌若伤之，医药归之"。另外，打仗时，还必须做到"不禽(擒)二毛"。什么叫"二毛"？"二毛"就是白头发、黑头发都有的长者。这也就是说，要优待那些上了年纪的士兵。而且"古之为军也，不以阻隘也"，即古代军队作战，是不因有利地形，就搞那些偷鸡摸狗的偷袭、突袭这种非常规的打法。而且“寡人虽亡国之余，不鼓不成列”——宋国虽然是亡国的后代，但是人家没有摆好阵，是不能打的，我要遵循军礼的传统。这就是事实！虽然大家会觉得宋襄公太搞笑了，太不会打仗了。毛泽东就特别瞧不起他，说我们不需要宋襄公的这种“蠢猪式的仁义”。我们知道，猪已经很蠢了，如果“猪”前面还要加一个“蠢”字的话，这得是多么愚蠢啊。

关于宋襄公，我曾专门写过文章。宋襄公之死，意味着中国一个时代的结束，标志着贵族文化时代的终结。贵族文化是指讲道义、讲名誉、讲堂堂之阵，主张做事要光明正大的文化。之后，代之而起的是《孙子兵法》。《孙子兵法》是什么？它是搞阴谋诡计的小人文化。为了达到目的，是不择手段，什么都可以做的。小人文化到了极点，就是三十六计了。什么瞒天过海、借刀杀人、顺手牵羊、浑水摸鱼、趁火打劫、上屋抽梯等都用上了。

这就是宋襄公的故事。所以，我说宋襄公之死，是贵族精神最后的绝唱。为什么？因为我们突然发现君子与小人斗，总是输，君子斗不过小人。君子讲规则，而小人是不讲规则的，这样你怎么跟人家玩？如果一方按常理来出牌，另一方却不按常理出牌，时间长了，君子心里也会不平衡。为什么我老吃亏？后来他发现，我要打败小人的话，我自己必须首先也变成小人，用其人之道，还治其人之身。将一个人培养成一个好人，需要日积月累、天长地久，而变成坏人，却只需要一夕之间。而且，一旦变成坏人，再想变回来，那就太不容易了。所以，中国社会君子越来越少，小人越来越多，这种情形，就是这么发展而来的。像宋襄公，我们本来应该同情他，尊敬他的，结果所有人都在那里奚落他、嘲笑他，他被说成是“蠢猪式的仁义”了，那大家都不想做蠢猪，都想做“聪明的猴子”了！

宋襄公就是守军礼的典型。然而,宋襄公并不是一个孤立现象,因为《淮南子》讲:"古之伐国,不杀黄口,不获二毛,于古为义,于今为笑。古之所以为荣者,今之所以为辱也。"[4]《淮南子》是汉朝的书,它讲的古代就是指比它更早的先秦时期。是说古代打仗,不杀未成年的儿童,不擒捉年长者,这在古代是正义、合理的,但在今天却变成了笑话,古代以为是光荣的一些事情,到了汉朝已经变成耻辱了。这就是社会与时代的一种变化。所以,宋襄公并不是孤立的,《左传》等正史里,也有很多类似的记载。

我们知道,春秋的历史,就是晋国和楚国争霸的历史,他们之间有三次著名的战役。第一次是公元前 632 年晋文公时的城濮之战,晋国赢了;第二次是公元前 597 年的邲之战,楚国赢了;第三次是公元前 575 年的鄢陵之战,又是晋国赢了。所以,晋楚争霸,晋国稍占上风,赢两次,败一次,但是它无法把楚国灭掉,或者占据压倒性的优势。比喻成柔道的话,它不是一本胜,而是靠点数稍微胜了一点。

其中,在邲之战的战场上,就出现了一个很好笑的历史镜头。我们知道,当时打仗,既不是步兵格斗,也不是骑兵厮杀,而是以战车为主的作战。就像我们今天的坦克一样,坦克在前面冲,后面会有一些步兵跟着跑。晋国的军队打败了,于是他们的战车就开始逃跑,由于道路条件不像是今天这样都是高速公路,当时肯定是坑坑洼洼的土路,跑着跑着,会很容易陷到泥淖里不能自拔。结果晋国逃跑的战车就陷进了泥里,晋国士兵十分着急,就跳下车来,怎么推也不能把车推出来。这时楚军已经追上来了,很好奇晋国的军队怎么逃着逃着就不跑了呢?他们纳闷着,于是也停了下来,仔细观察后发现,原来是晋军的战车陷进泥坑里出不来了,大将们、士兵们都在满头大汗地推车。

楚军看着觉得很搞笑,孟子曾讲过"人之患在好为人师",看到别人做得不到位，总有人想站出来指点一下。于是，楚军就在一旁说："你们晋国的士兵也太笨了。你们这样推车，是推不出来的。这个牵马的缰绳，不能绷得太紧，太紧了马反而用不上力，应该给它松一松。而且，你们车上装的东西也太多了，应该卸掉一点。另外，车轮底下应该垫块木板，这样，车子才容易出来。"当时晋国的士兵就想，反正也没有更好的办法了，而且觉得他们说的也有道理，就决定一试。结果，车子还真的出来了，他们就开始继续逃跑。但是，晋国的士兵这时觉得很窝囊，很没有面子。为什么？你想啊，这本来打了败仗，就已经是很丢脸的事情。现在打了败仗，连逃都不会逃，还要人家教，这就更丢脸了。所以，晋人就努力想给自己找个台阶下，他们就说了："我们晋国，特别是自晋文公称霸以来，在战场上是所向披靡、战无不胜的。从来没有逃跑的经验，不像你们楚国，老是打败仗，所以，你们在战场上，逃跑的经验很丰富。今天，我们总算是学了一招了，谢谢你们！"说完就跑了。你说这样打仗，是不是周星驰式的无厘头搞笑画面啊？可是这在历史书上是确有记载的。

所以我们说，宋襄公并不是一个孤立的现象。而且，邲之战之后，又过了几十年，晋楚之间展开了第三场重要战争，这次晋国赢的是郑楚两国的联军。所以，这次换成楚国、郑国的国君逃跑，晋国的将领在后面追了。当时晋军追着追着，驾车的人对主帅说："主帅，你看！给敌方国君驾车的那个人，心里发慌了。"这就是所谓"心不在马"典故的来源，我们今天改称为"心不在焉"。"那个人老是回头看我们，是怕我们追上去。现在这种情况下，你继续在后面追，我再找辆车子，抄近路，这样我们就可以包抄他们，把他们国君抓起来了。"这时，晋国的将领却说："你这个老兄啊，军礼一定没有学好，我们打了胜仗，是要追一下的，不追逐不足以显示我们胜利的威风，但是追呢，也不能真的追上。现在虽然人家是败的一方，但是，前面逃跑的是他们的统帅，是他们的国君。我们虽然是胜利的一方，但我的身份只是一个将领。在战场上，尽管是敌对的双方，可君臣之间，毕竟还是有身份差异的，‘伤国君有刑’。如果真的追上，那是违背礼乐的。所以，不能真的追上，真的追上就麻烦了。这种行为，属于以下犯上，如果真的俘虏了国君，便会更加麻烦，你得让他住五星级宾馆，不能随便让他住招待所吧，还要好吃好喝地伺候。所以，我们只能保持距离，象征性地追一追，不能靠得太近。”

正在此时，那个已是心不在马的车夫，已经完全乱了阵脚，本来是向顺时针方向跑的，结果他心一乱，掉转马头，成了逆时针方向跑了，这下晋军想不追上他们都难了。这可如何是好呢？晋国的那个将领急中生智，下令赶紧将自己的车子靠边停下来，他跳下车来“免胄而趋风”，即把戴着的头盔摘下来，向楚国的国君行了个大礼。楚国国君本来心里发慌，想着本来是逃跑的，这下反而自己亲自送上门成为俘虏了。结果发现对方的将领，不但没有伤害他的意思，反而还恭恭敬敬地向他行了个大礼。他就开心了，在车上招手说：“你好，你好！”

晚上回到营地就想了，人家将领很讲军礼，讲道义，我也不能得了便宜还卖乖，正确的做法应该是投之以桃，报之以李。于是他晚上就派出他的“办公厅主任”，带着楚国最好的特产（肯定不是什么芝麻糖之类的普通土产）去表示感谢。晋国的将领就说：“你们国君太客气了，虽然仗是得打，但友谊也是要讲的。下次我们打败了，希望你们对我们也友好一点。”在当时，打仗这样一种残酷的事情，竟然是这样子的。要知道，这都是历史上白纸黑字的记载，不是我一个人的杜撰。所以当时的战争，是非常有意思的，你说这种历史的记载，是不是历史的真实呢？

当时的军礼，是有一些基本规则要求的。如：

第一，战争的宗旨是吊民伐罪，以义征伐不义。这是要强调师出有名，对方如果没有过错，你是不能随便去打他的。当然，古人有时候也会无中生有、移花接木地寻找名义以出师。

第二，由于当时打仗的规模是有限的，所以双方更多的是通过军事威慑而非会战，来决定最后的胜负。譬如说，齐桓公当霸主时，没有正儿八经打过一次仗。那么，当时对付楚国时，他是怎么打的呢？实际上，他当时只是带了几个国家的军队到楚国的边境上，对楚国进行军事威慑。见此阵势，楚国就派大臣前去谈判说："我们在南边，你们在北边，风马牛不相及。这么大老远的，你们怎么跑来了？"齐国的管仲就说，周天子赋予我们齐公以征伐的权力。你们楚国有两个问题：第一个问题，你们应该进贡给周王室的祭祀贡品包茅没有交纳。包茅就是在祭祀中用来渗滤酒渣的一种草，当时那种草只有楚国才有。周王室需要，而你们没有进贡，这是不合礼的。第二个问题是，早先周昭王南征而不复，我们特来查问这件事情。

我们讲过楚人比较狡猾，不讲礼，周昭王一事，是他们在周天子回朝所乘坐的船上动了手脚才导致的。那船不是用钉子钉起来的，而是用当时的一种黏液粘起来的。这样做的船放到水里不久之后，黏液就会遇水化掉，于是周天子乘坐的船就这样沉了，周天子因遭此暗算也死掉了。

当时楚国的大臣一听，这两个罪名，前面那个可以承认，没有进贡包茅是我们的不对，这个可以马上改正；但后一个罪名绝对不能承认，弑君之罪可是大罪。于是，他只说那你到汉水边去问吧，很抱歉，我们不清楚。

后来，齐桓公让诸侯国的军队摆开阵势，即是我们说的军队的伐交，与楚国的大臣同乘一辆战车观看军容，说："你看我的军队多么强大，用这样的军队去攻城的话，没有哪座城池是攻打不下来的；用这样的军队去打仗的话，哪个敌人会打不败？”

楚国的这个大臣也是个了不起的外交家，外交水平很高。他说：“您如果用仁义，我们都会拥护。如果用武力的话，那么楚国就把方城山当作城墙，把汉水当作护城河，您的兵马虽然众多，恐怕也没有用处！”于是就把人家的威胁顶了回去。

总的来说，这次行动齐桓公摆足了谱，已经到人家边境摆上了方阵，迫使对方顺势承认了自己的过错，伸出了橄榄枝。通过军事威慑，双方未伤一兵一卒，最后订立了盟约，这就是历史上著名的“召陵之盟”。齐桓公就这样班师回朝了。由此可见，当时真正的会战很少，通常是通过订立盟约来实现争霸意图的。

第三，是对军事行动的限制。比如“不加丧，不因凶”[5]，什么意思呢？人家国君死了，办丧事的时候，你是不能出兵攻打的；人家国内发生灾荒的时候，你也不能出兵。《左传》记载了这样一件事情：晋国的军队出发去攻打齐国，到了半路上，突然传来一个消息，齐国的国君死掉了。这下该怎么办？晋国的几个统帅就商量了，按照军礼“不加丧，不因凶”的规定，应该放弃攻打计划，于是就回去了。

越王勾践是如何打败吴国的呢？吴国是泰伯即周文王的伯伯建立的，受到周文化的影响，所以，夫差即使灭掉了越国，也会放勾践一马，不会赶尽杀绝。然而，越王勾践这个人是个骨子里都坏透了的小人。刚才说过，当时打仗“不因凶”，不但不能打，而且还要互相帮助。越王勾践虽然没有去打吴国，但是在其他方面动了手脚。比如，越国凶年闹饥荒颗粒无收的时候，邻国吴国就借种子给越国耕种，期待来年有个好收成，以保证老百姓的基本生活，这体现了当时的一种人道主义的精神。但当后来吴国遇到了凶年，闹灾荒的时候，吴国向越国借种子，而越国的想法就没吴国那么单纯了，越王勾践也不明着去打吴国，而是在借出去的种子上动了手脚——他把这些要借给吴国的种子，统统煮熟，然后才借给吴国。结果吴国播种下去之后，都烂在了地里。当然最后，他也打败了吴国。

第四，是战场上交锋正大不诈（战场上的交锋有正大光明的要求）。这在前面我们讲到过，就是宋襄公"君子不重伤，不禽二毛"等等。这是强调在战场的交锋中不能使阴招，不能搞偷袭。所以《左传》里有个故事很有意思，是说两个宋国的贵族打起来了，大家都驾着战车，有一个叫华豹的先射了一箭，按军礼该轮到对方射了，但是华豹的第一箭没有射中，正准备射第二箭。于是，对手公子城就喊了："不更射为鄙！"你怎么能不讲规则呢，这太卑鄙了！你射了我一箭，现在该轮到我了。华豹一听，有道理，就不射了，等你射完之后，轮到我，我再射一箭好了。于是，他就只好站在那里，等着对方射，结果被公子城一箭射死了。放在今天，哪里会有那么傻的人，但这就是当时礼乐文化对人们的约束。无论是国家内部的争斗，还是在国与国之间，都是需要按照军礼的原则进行的。另外，当时对战场纪律的要求也是非常严格的，如要求士兵不能抢掠等。

又譬如我们经常讲的一个成语"五十步笑百步"。大家有没有想过，为什么是五十步笑一百步，而不是一百步笑二百步呢？这是与真实的历史紧密相关的，在当时也有规定。《司马法》上曾提及（《周礼》中也有类似的规定），当追击逃跑的敌军时，"逐奔不过百步"，最多只能追一百步，一百步之内没有追上，就不能再追了，这是最大的距离，这个成语就由此而来。而当整个军队追击对方时，则最多只能追击三舍，所以我们还有个成语叫作"退避三舍"。三舍是指多少呢？就是我们今天的九十里地（行军时，一天三十里，而三十里为一舍）。所以当初楚国和晋国打仗，晋国方面已经退避三舍了，结果楚国仍旧不依不饶地追击，这在道义上、政治上是非常被动的，不讲信义会遭到所有人的谴责。

另外，在牧野之战开战前，文献里记载说，小邦周誓师，周武王姬发在宣布军队战场纪律的时候，不强调军队的灵活机动，而是强调军队步调的整齐划一。言“不愆于六步、七步，乃止，齐焉”[⑥]，就是说方阵里的士兵打仗时，最多走七步就需要停下来，齐整步伐和队形，重新再出发前进。而且“勇者不得独进，怯者不得独退”[⑦]。有像今天的刘翔一样，一百米只要十秒就可以跑完的，你得放慢速度到二十秒；而像我这样，跑一百米需要三十秒的，就需要加快速度到二十秒。这样，大家就可以同进同退，史书中称为“旅进旅退”[⑧]。而在接敌后，仍需要严正方阵队形进行刺杀格斗，“不愆于四伐、五伐、六伐、七伐，乃止，齐焉”[⑨]，“伐”是指使用武器的动作，有砍的意思。所以这句话就是说，用矛、戈等刺杀（当时没有刀），最多七下，就需要停下来整顿队形。

所以，当时军队打仗的方阵，行动是非常缓慢迟钝的。我们观看拿破仑时代的电影，经常会笑话那个时候的军队。想他们怎么这么笨呢？打个仗不仅要敲着鼓，还要穿着易暴露目标的红色军服，方方正正地鸣鼓整齐前进。实际上，在没有机关枪的年代，这种作战方式其实是很可以的，且十分有效果。这种军队实际上是很可怕的。我在军队待过，当对方部队黑压压的一片涌过来的时候，你是胆战心惊、肝胆俱裂的。你打倒一个人，后面的又马上填补上来，好像永远没有终结。所以，这就可以解释，强调步调的一致性的罗马方阵为什么那么厉害了。这也是军礼的要求。

最后一个基本规则，是有关战场善后的。无论是周朝灭商朝，还是春秋时期被灭掉的那些小国，战胜国都有“继绝世”，即保留他们血统的义务，这是军礼的要求，也是战争的禁忌方面。

到春秋前中期的时候，这种军礼已经开始受到冲击，但是这种冲击只是个过渡，军礼被取代需要一个过程。所以，春秋时期是个很有意思的时期，它的前半段仍然保留着西周社会的传统，而后半只脚则已经踩进了战国时期。

为什么是这种情况呢？我认为，这跟当时政权的结构有关系。就像欧洲的情况，欧洲所有的国家，他们之间都是表兄弟、堂兄弟的关系。苏格兰女王可能就是英格兰国君的姨妈，普鲁士的国君娶的是西班牙的公主，奥地利大公的女儿嫁的是法国的国王。他们之间互相通婚，有很强的政治联姻色彩。现在的欧盟就是这样传统下的一个产物。

这跟周朝的分封制和相应的宗法制很相似。当时周代分封的国家基本可以分作两类：一类是兄弟之国，老爹把天下打下来了，除了将自己的位置传给嫡长子之外，其他儿子都分封出去，成立了小的邦国，那就是兄弟和堂兄弟的关系。同时，当时又有规定，同姓不婚。这就需要和异姓诸侯国联姻。而异姓诸侯国就是第二大类分封制国家。异姓的诸侯国主要有哪些呢？一是功臣，如当时周朝的功臣姜太公建立了姜姓的齐国，他的后代就常会嫁给周天子，或者鲁国、晋国等姬姓诸侯国。如此，他们之间的关系就成了外甥和舅舅的关系。所以，由于兄弟之国、甥舅之国的名分，“兄弟阋于墙，外御其侮”[10]，他们之间的战争就有温和的一面，表现为军礼的传统。所以孔子“兴废国，继绝世，举逸民”的话，不是随便讲的，这是当时政治的一种现实反映，是真实的。

但是，我们还要看到另外一个真实。在先秦的基本文献中，记载当时战争之残酷性状况的文字，也比比皆是。而按常理来说，这才是符合战争逻辑的。

按道理，越古老的战争应该越残酷、越血腥，但为什么春秋时期，还会有讲军礼的情况呢？要明白这个问题，我们就要看到另外一种真实：

当时战争的主流是非常残酷血腥的，这与军礼的战争现象形成了鲜明的对比。譬如说在河姆渡等古代文明中有血亲复仇，就是把对手全部杀光，其中包括婴儿、小孩和老人。不知道大家是否看过成都的三星堆文明遗址，我们推测它很可能是在整个部族从宗庙到个人被灭掉以后，在上面重新盖房子，造宫殿，重新建立起来的新国家。

战争为什么会发生，有人说是因为私有制，实际上并不是，其中一个重要原因就是血亲复仇。因为古代的部族之间是有规定的，凡是本族人被外族人欺负、杀掉了，本部族的任何一个人都有义务替他复仇，这叫作血亲复仇。所以古人云："非我族类，其心必异。"这是没有办法的。一般传统认为，尧、舜、禹时代是最好的时代了，是所谓的大同社会，大道之行，天下为公。然而，他们在对付三苗的战争中，亦是非常残酷的。他们三代人都在打三苗，三苗主要分布在今天的河南、湖南一带。而舜为什么最后死在了湖南，就是因为他率军南征，去镇压三苗。结果北方人到了南方，身体各种不适，一场病下来，舜躺倒，就再也起不来了。而虞舜没有完成的事业，大禹继续进行，直到最后把三苗彻底打败。据有限的史料记载，这场连绵多年的战争异常残酷血腥：战败者的宗庙被夷为平地，祭祀重器被彻底焚毁，战俘及其子孙世代沦为奴隶，即所谓"人夷其宗庙，而火焚其彝器，子孙为隶，不夷于民"[11]。这就是真正的战争的残酷性。

后来有记载大禹伐三苗的《禹鼎》（说是记载大禹征三苗的），但是鼎文是后人补上去的。其中有几个字，我当时看了以后非常震撼，就是"无遗寿幼"。别看大禹对待自己的老百姓很好，为了治水，三过家门而不入。但是对待异族的人，是杀红了眼的。"无遗寿幼"，就是对方无论年纪大的，还是年幼的，统统将之杀掉，不留一人。这比后来的成吉思汗还厉害，成吉思汗曾有过规定，在征伐过程中，凡是没有马背高的孩子，可以留住性命。此外还有男的杀光,女的可以存留的规定。但大禹这里是男男女女、老老少少,一概杀光。这就是真正的战争!

可能你会奇怪了,一边是讲求军礼,打得那么谦让,一边又这么残酷。你说哪个是对的呢?考察文献依据,这种现象不仅出现在《禹鼎》,也保留于战国时期的《墨子》中。《墨子·非攻下》有云:攻打别国时,烧他们的祖庙,杀他们的民众,即使是老弱病残也要杀光,还要将其值钱的东西都抢光。《孙子兵法》也一样,其言:"堕其城,毁其国。"

总之,从以上的史料可以看出,中国古代的战争是非常血腥的,有时候残酷程度甚至超过了我们的想象。这其实是很正常的。二战时,盟军打德国攻入本土的时候,就把德累斯顿等城市夷为了平地。现在不会再这样了,因为现在的炸弹都是精确制导,指哪儿打哪儿。而且,现在的战争讲求人道主义。若做得太过分,则会遭到全世界的谴责。这是文明在进步,战争也文明化了。

从这个意义上讲,汤武革命的时候,当时的战争其实是很残酷的。如武王伐纣的牧野之战,史料记载说,纣王带了七十万军队——显然失之于夸大,应是"十七万"之误——在朝歌这个地方与周联军决战,这一仗在儒家文献中,却被记载得很轻松,说"前歌后舞","前徒倒戈",很轻松地就把天下政权改变了。

然而,事实并不是这样的。商朝要亡国的时候,也是拼死抵抗的,这一仗打得非常惨烈,历史记载说是"血流漂杵",这才是真正的历史。包括周公东征,也是打得很惨烈的。周公东征的过程主要分三个阶段,其中最后一个阶段是"践奄"。"奄"就是今天的安徽、山东以及河北的一部分,这是讨伐东方的最后一个据点。"践奄"揭示了周公东征的残酷性,所谓"践之者,籍之也。籍之谓杀其身,执其家,潴其宫"。大家都知道,周公制礼作乐,但这是针对本族人,对待外族人就不这么友好了。

所以我们说,从历史的真实而言,春秋时期的战争,崇尚军礼,战争手段相对温和,与战争非常残酷,都是历史的客观事实,都是真实的。但是,这两种矛盾的历史的真实,到底是如何共存的呢?我认为,军礼是有它适用的对象、范围以及时间的差异限定性和特殊性的,虽然从历史的真实性来说都是真实的,但是军礼起作用是有一定限度的,受到相当程度的规范和制约。

第一,军礼在适用性的问题上,有一定的针对性,有特定的空间范围。也就是说,军礼只适用于中原诸夏列国,在此范围之外的地区常常是不适用的。因为我们刚才说了,中原华夏地区的诸侯国之间都是亲戚关系,要么是兄弟之国,要么是甥舅之国。周公立的七十一国中,姬姓有五十三个,也就是说这些国家中,兄弟之国有五十多个,占了一大半以上。而姬姓之外,要么就是先王之后,要么就是灭国之后,要么就是异姓功臣,是一个血缘和利益的生命共同体。

凡是那些不敬奉周天子为天下共主的异族,尤其是那些四夷的少数部族,则都不是周礼的适用对象。他们不受军礼保护,同样也不受其制约。所以越王勾践拿好处的时候,就说我是周朝的一部分;做坏事的时候,就说自己与周朝没什么关系。就好像有些国家要加入世贸组织的时候,凡是对自己有利的就要,不利的部分就不遵守,都是有选择性的。所以,《左传》就说"刑以威四夷",意思是说用军事、刑罚的手段来对付四夷。中原诸夏的列国,不以军礼对待四夷。即使是周天子去攻打周边的少数民族戎狄,也不以礼相待。历史上怎么记载?说周天子是"乘其饮酒也"。什么意思?是说这些少数民族,他们都喜好饮酒,但是酿酒技术又没中原好,周天子就送他们很多好酒,这些少数民族就很高兴,当他们喝得酩酊大醉的时候,周王就派军队偷袭,把他们都干掉。可见，周朝的这些诸侯国，对付少数民族也是不用军礼的。正因为对于军礼来说，有对象上的具体限制，是只适用于中原诸侯国的军事礼仪，所以才有两种历史真实存在的情况产生。

第二，军礼在延续性问题上，有渐进的衰减性，有明显的时间趋向。也就是说，春秋前期好一点，到春秋后期和战国时期，就会越来越淡化。所以，我们说整个春秋的历史，就是礼崩乐坏的历史，但不是一朝一夕倾覆的，而是有一个渐变的过程。军礼的衰退与之相适应。

那么，军礼衰退了，为什么就出现了《孙子兵法》呢？这里有几个因素：

一是战争方式的演变。最开始的时候，打仗的规模比较小，而且当兵的人都是贵族，当时的士是指武士。贵族是有很好的军事训练、道德修养的，都是受过较高教育的。当时所谓“大学”之学，主要学的就是驾车、射箭等六艺的内容。但后来军队扩大了，改变了原来“国人当兵，野人不当兵”的传统。这里的“野人”是指当时城郊以外的乡下人。扩军是因为当时的仗越打越多，军队必须要扩充。另外，贵族像后来的八旗子弟一样，最初将当兵作为一种荣耀，后来就都去遛鸟、养花去了，于是当兵的事情，就落到普通老百姓的身上了。乡下来的平头百姓，他们学习得比较少，对军礼这套东西不感冒。军礼就这样被慢慢淡化了。

二是战争的区域扩大了。原来主要是在黄河流域打，现在打着打着打到淮河、长江流域了。地域一扩大，就牵涉到两个问题：一个是非中原地区的人，不怎么讲军礼；另一个是作战的地形变化了。军礼是需要宽阔的平原摆阵的。为什么要摆阵呢？因为当时都是车战，这必须找空旷的地方。但是战场扩展到南方之后，这战车就不行了，南方又是丘陵，又是湖泊，又是河流，又是沼泽的，战车是没法跑的。这时候，就需要将战车改成步兵。步兵神出鬼没，轻装上阵，说走就走，机动性增强了很多。

三是战争观念变了，这个是很重要的因素。原先军礼的那套打仗规则，老让中原人吃亏，加之，随着事物的发展，逼着他不得不放弃旧传统。因为当时武器装备变了，这一点一定要引起大家的注意。武器装备的改变，是引起当时时代变革的一个重要原因。欧洲的封建城堡为什么会被攻下来，最后走向统一？就是因为我们中国的火药，通过阿拉伯人传到了欧洲。原先的骑兵对付城堡是很难的，后来改用大炮就不同了。所以，恩格斯就说了：火药从阿拉伯人那里传入欧洲，使整个作战方法发生了变革，“火器一开始就是城市和以城市为依靠的新兴君主政体反对封建贵族的武器。以前一直攻不破的贵族城堡的石墙抵挡不住市民的大炮；市民的枪弹射穿了骑士的盔甲。贵族的统治跟身披铠甲的贵族骑兵队同归于尽了。”[12]

先秦时期，有一种武器已经发明了，那就是弩机。弩机的发明对当时战争的进程，是有决定性影响的。为什么？因为车战的时候是用箭，虽然有射箭高手，但毕竟是少数。一个军队里也没有几个射得准的。即使像奥运会上的专业选手一样专业，也还是会有脱靶或者射七环、八环的时候。但弩机不一样，首先无论是一个人还是两个人拉都可以。其次，弩机是有瞄准器的，这就大大提高了准确性。它不仅是力道加大了，而且射程也加大了，如原来只能射五十步那么远，现在可以射二百步了。再有，原来十发里，只能射中一发、两发，现在能射中八发、九发。原来战车为什么走在前面，可以冲锋陷阵？因为射箭的话，第一箭如果没有射中，再射第二箭，还没有射出去，战车就到你跟前了。现在不行了，有了弩机，你远远地就可以瞄准射击了。而且，即使第一箭没有射中，第二箭也可以马上接着射出去，这样一来，体积庞大的战车，就成了活靶子。这时候，贵族风度虽然高雅，但连命都没有了，你还高雅什么？所以长此以往，军礼就存活不下去了。

第三，军礼在奉行过程中，有复杂的个体性，有突出的环境差异。在不同环境下，同样是中原邦国，也会有差异，不能一概而论。例如，在战场上“伤国君有刑”，是军礼的一个教条。前面我们讲到在鄢陵之战中，晋国的大将就没抓楚国的国君。但是，不是所有人都遵守这一规定的。而且，即使同一个人，在这件事上遵守了，在另外一件事情上可能又不遵守了。换言之，面对同一件事情，遵循军礼与否，以及在多大程度上遵循它，不同的人会有不同的选择。如晋军的那个将领，对待楚国国君的时候，就很友好，但后来，面临同样的问题，在对待郑国国君时，就不那么友好了。说白了，军礼在当时不是作为一种法律的要求，而是一种道德的要求。道德的要求，对于每个人来说，就会因个体而差异化。你做得好，大家都会表扬你，说你是君子，但是你做得不好的话，至多只会被说成是道德境界比较低，但并没有违法。既然不是法律的要求，就没有法律的强制性。历史是有选择的，军礼的消泯，就是历史选择的结果。

现在，我们讨论最后一个问题，是关于儒家的。

义战是儒家军事思想的根本宗旨，但这却是儒家关于三代战争性质的历史虚拟化之重构的重要表现。中国的文化，为什么会看到很多不真实的历史？我认为，这与儒家在古代一直掌控着话语权有关。比如，儒家经常在古代战争问题上，有意识地采取了选择性的立场。而这种有选择性的取舍结果是逻辑上造成的真伪现象，造成了一种温和的真实被无限地放大，而另一种血腥的真实却被掩盖，或者淡化。这促成了历史的真实向历史的虚构转化。主要表现为：

第一，对历史真实性的遗忘或者否定，是根据自己思想的逻辑选择的。儒家讲仁、义、礼、智、信,讲伦理道德,所以它将有明确史实记载的材料进行篡改,或者说是抹杀。我们前面讲到的牧野之战,它实际上是打得很残酷的——“血流漂杵”。但孟子对这一记载就不干了,说“尽信书不如无书”,这句话本身没有错误,但是在这件事情上,他的怀疑是没有道理的。他很难接受周朝推翻商朝时的军事行动是那么的残酷,那么的血腥。他完整的话是这样说的:“尽信《书》,则不如无《书》。吾于《武成》,取二三策而已矣!仁人无敌于天下,以至仁伐至不仁,而何其血之流杵也?”[13]他说周朝吊民伐罪,那是替天行道的至善,是最好的善,商纣王坏极了,我们去讨伐他,何至于“血流漂杵”?实际上,恰恰就是“血流漂杵”!所以,孟子对历史是有选择性的。

第二,是对历史真实的曲解性,以自己的逻辑,对历史事件的真实含义进行歪说、篡改。譬如,武王伐纣的时候,所谓的“前歌后舞”。儒家看到这个词如获至宝,你看当时的人们唱着歌跳着舞,就把天下打下来了,多轻松啊。他不知道历史上的少数民族,正像今天的非洲一些部族一样,在军事行动之前,也是围着篝火,大祭司在向上苍祈祷,民众则在那里唱歌跳舞。你要知道,当时武王伐纣的时候,协助周军作战的有八个少数民族,他们来的时候,将他们的民俗也带来了。所以,在作战之前,他们通宵达旦地唱歌跳舞,这实际上是在进行军事训练。闻一多先生对此写过文章,见于他所著的《神话与诗》一书之中,说古代的时候,军事训练有两种:一是田猎,通过打猎,训练大家骑马射箭等技术,这到清朝时还保留着这一传统,如木兰秋天的打猎;二是通过跳舞唱歌的方式进行训练,舞蹈的动作模仿战争的动作。这是有文献根据的,如《礼记·内则》中就说:“成童,舞象,学射御。”《诗经》里也有《大武》等等。我们中国的文化是阳刚文化被阴柔文化所取代了,所以变成了轻歌曼舞,实际上,之前的舞蹈应该是披着虎皮,断发文身，脸上画得青面獠牙，这样跳舞，才能展现我们民族的阳刚之气。所以，“前歌后舞”的真正意思到了儒家这里被篡改了。

又譬如说，“偏战”。儒家在解释时，就望文生义了，何休在其《春秋公羊传注》中曾称说：“偏，一面也。结日定地，各居一面，鸣鼓而战，不相诈。”这就将“偏战”变成了打仗的时候，讲礼仪，讲规则，成了非常守规矩的做法。实际上，“偏战”不是这个意思，“偏”是指战车的编组与集成。周朝的军队有三种编制，第一个编组是军、师、旅、卒、两、伍这种六级编制。平时的行政管理最高的是军，最低的是伍。这是平时的军队隶属与管理体制。但是遇到战事，基本计算单位就是“乘”，由数量不等的“乘”组成“两”，并分为两“偏”，一般多称为“左偏”和“右偏”。而根据“乘”的数量的不同，还有“大偏”和“小偏”之分。一般，一辆战车配三十个步兵，就如同我们今天讲的合成编制，是步兵与战车的搭配。

但具体是由多少乘编为一偏，这是不确定的。据《司马法》记载，有的是以九乘为一偏，有的是以二十七乘为一偏，还有的以八十一乘为一偏。所以，“偏”实际上是根据临时的战斗编组而定的。譬如说，我在香港的城市大学打仗，范围比较小，那我就编九辆战车为一个战斗单元；如果我跑到香港中文大学，地方大了，我就二十七辆战车为一偏；如果是换到清华大学，这地方更大了，那我就八十一辆战车为一偏了。所以“偏战”就是指车战，就是战车的方阵。可是有的儒家学者就不懂这些了，光是在想象中，觉得“偏，一面也”，成了讲军礼、守规矩的表现。这是不对的。

另外，荀子有一段话讲得最典型，他说“齐之技击不可遇魏氏之武卒”，山东人最不能打仗，碰到河南人就被打败了；然而“魏氏之武卒不可以遇秦之锐士”，河南人又打不过陕西人；但是荀子后面接着说了“秦之锐士不可以当桓、文之节制，桓、文之节制不可以敌汤、武之仁义”。[14]是说秦国的部队敌不过齐桓公、晋文公节制的部队，而齐桓公、晋文公节制的部队又敌不过商汤、周武王的仁义之师。前三句乃是事实判断，反映齐打不过魏，魏打不过秦，这是历史的真实，但后两句则是价值判断，是根据自己的需要，按照自己的逻辑而进行的历史重构。谁能证明秦国的军队就打不过齐桓公的军队呢？没有真正交战过，这只是儒家的建构。因为后者的军队不在一个历史时空中，没办法直接实战比拼，只是因为在儒家看来，仁义最高，所以仁义之师才可以打遍天下无敌手。

儒家兼跨史学和经学，经学和史学是有本质差异的。史学求真，不论是逻辑的真实，还是近似的真实，它是在尽量求真；而经学尚善，是讲道义的。所以儒家作为理想主义者，总是按照自己固有的理想，在许多情况下，总是为了"尚善"而牺牲"求真"。所以被儒家重新书写过的历史，好多都已经发生了改变。先秦的历史，因此就不大容易讲清楚了，于是就经常性地陷入自相矛盾的两难境地中。所以，在儒家那里，他们试图解构历史的真实，致力于重构他们心目中应有的历史。当然，也不能说儒家观念指导下的历史叙述就完全是虚构的、捏造的，它也有真实的部分。譬如，军礼确实是在许多国家里得到实行，而《左传》里的记载也多是真实的。但是，他们忘掉了战争更大的真实是血腥和残暴。

所以，我想强调的是，日后我们再碰到一些历史问题的时候，就需要有敏锐的意识，分辨哪些是客观的历史，哪些是主观的想象，哪些是理想化的一种追求，哪些是赤裸裸的血淋淋现实。

（根据在香港城市大学中国文化中心的演讲编订）

注释：

①郑友贤：《十家注孙子遗说并序》，《宋本十一家注孙子》（影印本），中华书局上海编辑所，1961年版。

②《孟子·离娄上》。

③《论语·尧曰》。

④《淮南子·汜论训》。

⑤《司马法·仁本第一》。

⑥《尚书·牧誓》。

⑦《孙子·军争篇》。

⑧《国语·越语上》。

⑨同⑥。

⑩《左传·僖公二十四年》。

⑪《国语·周语下》。

⑫《反杜林论》。

⑬《孟子·尽心下》。

⑭《荀子·议兵》。

走出历史图谱化的认知误区

观念先行，将错综复杂的历史简单化、图谱化，在我们这个号称拥有数千年文明史积淀的国度里，并不少见，甚至司空见惯。

譬如在历史人物的评价上，人们总是十分热衷于善恶两元的截然对立。因此，正面人物总是以近乎高、大、全的形象矗立于后人的面前，而很少去分析其作为一个人难以避免的人性弱点、人物软肋和人生败笔；而反面人物，则往往被脸谱化、妖魔化，虽然有极少数头脑清醒的人曾对此持保留的态度，说过“纣之不善，不如是之甚也”[①]一类富有理性的话，但通常是言之谆谆，听之藐藐，不啻空谷足音，大风吹过，了无痕迹。于是乎，王朝的衰落乃至覆灭，人们不去考察其背后的深层次复杂原因，动辄将责任推卸到弱女子的身上，一句轻飘飘的“红颜祸水”，就把帝王荒淫乱国的罪责推脱掉泰半。所以，夏代的灭亡，妹喜罪无可逭；殷商的覆没，妲己造孽深重；是褒姒的一笑，使宗周的社稷灰飞烟灭；是西施的妩媚，让夫差走上不归之路；之所以会有安禄山造反，就是因为唐玄宗为美色所误、所伤。人们的思维逻辑很单纯、很笔直！其实事情并非如此简单。

其他的事例且不说，只说夫差在吴越争战中渐落下风，直至败亡，其主要原因，并不是迷恋美色、寻欢作乐，而是他刚愎自用，昧于对战略局势的分析与判断,在战略方向的选择上犯下大错,没有趁着夫椒之战的胜利一举剪灭越国,过早地实施战略重心的转移,把北威齐晋、称霸中原作为自己追求的战略目标。而勾践的胜出,主要靠的也不是什么西施、郑旦的美人计,而是他能够彻底打破军礼传统的束缚,不按正常的游戏规则出牌,突破道德的底线,同时在国际竞争大环境中翻手为云,覆手为雨,实现了越国战略利益的最大化。

勾践曾采纳其大夫逢同的建议,奉行"结齐、亲楚、附晋、厚吴"的方针:"且鸷鸟之击也,必匿其形。今夫吴兵加齐、晋,怨深于楚、越,名高天下,实害周室,德少而功多,必淫自矜。为越计,莫若结齐、亲楚、附晋,以厚吴。吴之志广,必轻战。是我连其权,三国伐之,越承其弊,可克也。"[②]此一战略的实施,果然诱使了吴国四面出击,到处树敌,自陷于孤立无援、顾此失彼的窘境,一脚跌入勾践给他预备的万丈深渊。

可是,后世人们忽视这些历史本相,简单地将越国灭吴的主要功劳记到西施头上,这真可谓是失之毫厘,谬以千里了。毫无疑问,这是以男权为中心的社会文化生态主导下的历史叙事逻辑,难怪让一些有识见的女子对此感到愤愤不平了:"君王城上竖降旗,妾在深宫那得知。十四万人齐解甲,更无一个是男儿。"

由于自汉武帝时代起推行"罢黜百家,独尊儒术"的国家思想文化战略,儒学遂成为长达两千余年的统治思想,其所倡导的价值观,也成为人们衡量道德、判断是非、区分善恶、认知美丑的根本标准。当人们在对历史真相进行回溯与考察时,儒学的价值标准就像一双无形而又无处不在的手,悄悄地使人们有关历史的认知在不知不觉中套上迎合儒家理念所设计的框架,或明或暗地都打上了儒学精神的烙印。更有甚者,是以儒家的价值观、伦理观的立场,来简单化图解复杂的历史现象,并不惜以道德的名义,来修正乃至虚构历史。这同样是典型的历史简单化、平面化解读。

譬如，儒家提倡孝悌之道，强调孝为百善之先，所谓“君子务本，本立而道生。孝弟也者，其为仁之本与”。于是，西周在夺取中原统治权前夕的太伯、仲雍出走吴地事件，便衍生成了太伯、仲雍顺从太公亶父的意愿，不给日后文王姬昌上位主政造成困扰，主动谦让退避的行为，并在长期的流传过程中，逐渐变成了言之凿凿的信史，具见《史记·吴太伯世家》：“太王欲立季历以及昌，于是太伯、仲雍二人乃奔荆蛮，文身断发，示不可用，以避季历。季历果立，是为王季，而昌为文王。太伯之奔荆蛮，自号句吴。荆蛮义之，从而归之千余家，立为吴太伯。”

但是，太伯、仲雍奔吴的原因，是否就像《史记》《吴越春秋》等史籍讲的那么单纯，乃是值得进一步讨论的。如果将这一事件置放在上古历史上东西方势力大角逐背景下考察，我们觉得这中间的深层次因素，很有可能属于当时周族灭商战略部署上的重要一环，即，太伯奔吴，为周族对东南吴地的有意识之经营，是周灭商整个大战略中的重要步骤之一。具体地说，周族通过太伯、仲雍奔吴这着棋，将自己的势力顺利地楔入商人的后方，旨在切断商人的重要战略资源——江西一带铜矿——补给线，以实现周邦剪商的战略迂回和包抄计划。这一点，著名先秦史专家徐中舒先生亦早已察觉，尝言：“余疑太伯仲雍之在吴，即周人经营南土之始，亦即太王翦商之开端。”③

很显然，将以上两种说法对照比较，第一种成说不免失之于简单，而第二种意见，虽尚无拥有铁证加以坐实，但是，从逻辑上讲，似乎更能够成立。而让贤奔吴说之所以有市场，成为正统与主流的观点，其实也多少与儒学道德伦理价值指向有某种关联。

这种将复杂的历史作简单化处理的做法，同样也在功臣与君王关系分析上有充分的反映。动辄将君王诛杀功臣的原因，归结为“飞鸟尽，良弓藏；狡兔死，走狗烹”。一般而言，这的确是大多数情况下的历史事实。但是，如果将兔死狗烹奉为认识君王与功臣关系的金科玉律，这显然是简单化、程式化的思想偷懒、研究失语。历史上的功臣遭遇，原因很多样，背景极复杂，有的也许是兔死狗烹的逻辑归宿，有的却是另有蹊跷。一概而论，难免以偏概全，甚至于郢书燕说。

譬如，越王勾践完成灭吴称霸大业后，两个最重要的功臣范蠡、文种，一个见机而作，及时隐退，躲过劫难，另一位不知进退，恋栈留下，结果落得枉送性命的悲惨下场，印证了所谓的兔死狗烹的铁律。但是，事情并不如此单纯，范蠡被逼得泛舟五湖，弃官经商，文种遭遇残酷的屠戮，越王勾践过河拆桥固然是重要的因素，但却不是关键的原因。细加考察，我们可以发现，导致这样的结局之根本原因，是范蠡与文种的身份问题。范蠡，字少伯，其生卒年不详，春秋末年楚国宛（今河南南阳）人，著名政治家和军事家。文种也作文仲、字会、少禽，一作子禽，春秋末期楚之郢（今湖北江陵附近）人，著名的谋略家。很显然，这两位都不是越国当地人，而是楚国人。

问题或许就出在他们身为楚人这一点上。

众所周知，在春秋时期，列国纷立，争霸兼并无已，晋、楚、齐、秦等大国为了牵制和打击各自的主要对手，纷纷伐谋、伐交，力图使争霸敌手陷于两线作战的被动局面。晋国曾积极扶植和支持吴国对付楚国，使其从侧后骚扰进攻楚国，严重抑制了楚国北上争霸的势头。楚国为了摆脱这种被动的战略态势，也利用越与吴争夺江湖河泽之利，各自拓展疆域而导致的矛盾，积极鼓动越国从侧后威胁和打击吴国，以减轻吴国对楚的压力。而越国为了抗衡吴国，正需要有楚这样的大国支持。于是双方一拍即合，出于各自的利益而联合起来，构成相对稳定的战略同盟。

就是在这种错综复杂的形势之下，身为楚人的范蠡和文种栉风沐雨、跋山涉水来到越国，为越国攻吴出谋划策。由于范蠡政见卓荦，智谋超群，很快就获得了越王勾践的充分信任，官拜上将军，与文种一文一武，辅佐勾践经国治军。经过多年坚持不懈的努力，终于使越国转弱为强，在政治、军事上彻底战胜吴国，帮助勾践登上了霸主的地位。事成之后，范蠡挂冠归隐，泛舟五湖，“十九年之中三致千金”④，成为一代巨商，世称“陶朱公”。

文种也是了不起的人物，他深富韬略，并具有极其出色的行政管理能力。这一点，连范蠡也是承认的：“镇抚国家，亲附百姓，蠡不如种。”⑤如果说，范蠡是刘邦手下的张良，那么，文种就类似于刘邦手下的萧何，双子星座，交相辉映，一起为勾践最终打败吴王夫差立下赫赫功劳。然而，灭吴之后，文种却比范蠡少了政治上的敏感与睿哲，他自觉功高，没有听从范蠡的劝告，继续留在越国朝堂上为臣，终于牵动了勾践的杀机，喋血长剑，黯然谢世。

勾践之所以必置文种于死地，应该说，与文种出身于楚国不无瓜葛。在灭吴事业未竟之时，勾践需要借重来自他国的能人干臣，替自己好好干活，但是，“非我族类，其心必异”的思维定式，决定了勾践不可能真正毫无保留地信任文种——也包括范蠡。对勾践而言，楚国的人才不过是利用的对象，一旦完成灭吴大业，这两位大功臣的利用价值就不复存在了，即所谓“以利相交，利尽则散”⑥，这时就可以弃之如敝屣。

范蠡识相，主动引退，那就念在当年立下大功的分上，姑且网开一面，给一条生路；文种脑筋不够灵活，错将客气当福气，赖在高官的位置不挪窝，那也只好公事公办，加以刀斧伺候了。

而这一切之所以发生，是勾践内心深处对外臣和客卿根深蒂固的疏离与排斥。文种的倒霉，就在于他始终没有意识到自己身份上的根本局限，误以为自己在越国待久了，就不再是楚国人了，以至于窝窝囊囊、不明不白丢掉了自己的性命。

可是，历史典籍中，却很少注意到这方面的蛛丝马迹，认为文种的死，同后来的韩信之被杀，多有相同处，于是就将他的死因，轻忽地归结为兔死狗烹这一点上。这不能不说是简单化、程式化评论历史人物的做法，说起来可以振振有词，但实际上并不能真正地展示历史的本相，更谈不上能够揭示历史的规律，这当然是隔靴搔痒的皮相之见，不足为训。

注释：

①《论语·子张》。

②《史记·越王勾践世家》。

③徐中舒：《殷商之际史迹之检讨》，载《中央研究院历史语言研究所集刊》，第七本第二分册。

④《史记·货殖列传》。

⑤《史记·越王勾践世家》。

⑥王通：《文中子中说·礼乐》。

历史学研究中的四个误区

在中国、在当下，历史的角色与地位显然处于非常尴尬的境地。因为，人们对于作为民族与国家生命历程本身的历史事迹是兴趣盎然、情有独钟的，但对于作为一门学科的历史学则是意兴阑珊、敬谢不敏的。一方面，大学历史系门可罗雀，历史学专著无人问津；另一方面，历史题材的影视剧充斥荧屏，大话历史的作品风光畅销。虽然说阳春白雪曲高和寡，严肃的历史学术性研究成果受众面的狭窄乃古今皆是，理所当然，它的关注度、影响力不及下里巴人性质的公共领域通俗普及史学也是客观的事实，但是，像人们在这么热衷追捧“某某朝那些事儿”的同时，却将历史学专家焚膏继晷、呕心沥血才写成的专著、论文弃之如敝屣，甚至没正眼瞧瞧，这样的反差也实在太大了一些。

毕竟，在中国古代，像《史记》《资治通鉴》这类史书，并不仅仅是其撰著者司马迁、司马光的自娱自乐，玩象牙塔里一个人的精彩，而是广为流传，至少普及于社会精英阶层的。所以，当今历史学受冷落、被边缘，其主要根因还得从当下历史学研究自己身上去寻找，而不该怨天尤人、文过饰非。我个人认为，正统严肃的历史学研究之所以遭遇瓶颈、寂寞孤独，除了社会大环境的制约之外，更致命的是理念上的偏颇与方法上的错谬。也就是说，我们的研究宗旨与原则存在着明显的问题，在浑然不觉中进入了严重的误区。这类误区是很多的，我这里就简要列举四个。

第一，追求虚幻的绝对真实。

历史研究的核心意义之一是求真，然而，由于历史时空隔膜的存在，决定了所谓求真往往耽于一厢情愿式的幻想。尽管以德国兰克为代表的考据学派一再强调历史学应以事实为依据，主张历史研究应客观如实，据实记事，所谓“不是我在说话，而是历史在借我的口说话”，认定历史研究的唯一目标乃是积累准确的知识。可是，事实上由于历史本身的复杂多样性，历史记录者主观认知能力与价值旨趣的差异性，加上拥有话语主导权的统治者出于种种原因有意无意对历史史实的掩饰或歪曲，导致今天的历史学者所接受的相关历史信息，本来已是残缺不全或真伪混杂的了。在这样的条件下，客观如实、据实记事云云，不过是可望而永远不可相即的理想憧憬。虽然“不溢美，不隐恶”作为理想的原则以及努力，值得敬重和效仿，但是作为操作的实践却不免遥不可及。

其实，正如柯林伍德为代表的思想学派所强调的“一切历史都是思想史”，“一切历史都是当代史”，“人心中的历史”，任何我们所能接触到的史实陈迹，都被赋予了记载者与研究者的主观色彩。所谓历史的真实仅仅是指主观的真实，而绝不可能是客观的真实，而只能有近似真实与逻辑真实。遗憾的是，占据我们史学界主流的，是认同兰克学派的“史料学派”，信奉的是汲汲还原于真实历史的戒律，既然要恢复所谓的“绝对真实”，那么就只能上穷碧落下黄泉式地搜集资料，在此基础上堆砌资料，考镜源流。于是乎，“史料即史学”的提法受到热情追捧，饾饤考证的途径成为最高规则。可这样一来，历史学的叙事手法就不能不沉闷枯燥，历史学的表述形式就不能不僵硬刻板。历史学的真正价值之所在——生存方式与政治智慧就完全被冲淡乃至淹没，历史研究也只能成为极少数小众的圈内游戏，钻牛角尖，进象牙塔，与普通人划清了界线，排斥了更多的人的参与。由此可见，追求绝对真实的迷思，使得历史学的活动空间受到人为的逼仄，与整个社会产生严重的疏离排斥，这显然是历史学研究宗旨偏颇而导致表述形式艰涩、无法扩大受众的基本原因。

第二，排斥合理的宏大叙事。

轻视理论思维，满足于对具体历史现象的诠释，导致史学研究在选题上的琐碎化，从而使历史研究被社会边缘化的危机日益严重。自 20 世纪 80 年代以来，我国史学界积极借鉴西方年鉴学派“新史学”的理论方法，极大地拓展了历史学领域的研究空间，深化了对诸多历史对象的认识。由此，社会史、环境史研究热潮逐渐涌动，经济史、心态史、人口史、家族史、妇女史、疾病史、灾害史、村社史等新的研究领域日益兴起并不断拓展，并产生了一批新的研究成果，且呈现出方兴未艾的态势。但受年鉴学派第三、四代史家的影响，我国的社会史研究同样也出现了“病态”。一些论著着眼于对一个村庄、一个家族、一种疾病的探究，忽略了对社会历史背景的参照，显示出琐碎化、细微化的趋向，常常是一叶障目，不见泰山，限制了人们对历史整体的认识，特别是限制了人们对具有规律性的重大历史问题的探讨。

在历史学研究的选题中，一些学者只看重对枝节性历史现象的考证或描述，而轻视甚至否定对历史规律和重大问题的考察，这就有可能使得历史学研究迷失方向，严重削弱历史研究的学术价值与现实意义。例如，在 20 世纪八九十年代，表面上看起来文化史与社会史研究成为时髦，可实际上文化史已经陷入云山雾罩的困境，而社会史则不免有鸡零狗碎的讥诮。很显然，轻视理论思维，只满足于在历史学甚至其各级分支学科内部讨论一些过于枝节性的问题，其结果是使历史研究日益被社会边缘化，历史学的价值严重失落，其影响更趋式微。当我们的研究对象日益局限于男人的胡子、女人的小脚之类的考证描述时，社会自然要使历史研究被边缘化，历史学遭到冷落便丝毫没有什么可奇怪了。

第三，陷入思想方法论上的片面性泥淖。

这种思想方法上的片面性就其表现形式而言是多种多样的。具体来说，它表现为：

一是观念上的唯新是尚，唯时是趋。创新是史学研究进步的重要动力，但是，史学研究中的创新必须具备两个最基本的条件：一是要符合历史实际，以史实为依据；二是要正确对待传统，尊重前人已有的成果。目前史学界某些人在创新问题上陷入误区，正是违背了史学研究创新的正确宗旨，为新而新，所谓“语不惊人死不休”，一味地标新立异，不加区别、不加分析地做传统定论的翻案文章，虚张声势，强词夺理，对过去肯定的历史事件、历史人物，则千方百计否定之；过去否定的，则挖空心思加以开脱、粉饰和美化，包括对以往的学术积累予以基本否定。

二是方法上的照搬套用，唯洋是取。对新的理论、方法，常常是趋之若鹜，机械照搬；对比较传统的研究方法则不屑一顾。动辄用各种时髦新潮的方法手段去解决并不深奥的问题，用所谓“后现代”的语言释读各种历史文化现象，将简单的问题复杂化。其实这样做的效果有时并不一定理想。如有的原本很见功力的社会史研究专著，由于过多地追求方法论的创新，文字表述过于西化，在某种程度上反而成为累赘，减弱了自身的学术价值与传播功能。

三是表述上的以点代面，以偏概全。缺乏全面系统的观点，攻其一点，不及其余，一些提法似乎不够严谨，存在着可供商榷的巨大空间。例如，近年来地下文献的出土和刊布，对于先秦两汉思想学术史的研究无疑具有重大的推动意义,但这是否意味着可以全面重写中国思想学术史,则是值得讨论的。简帛材料固然重要,可是它只能起辅助作用,并不能取代传世文献在研究中的主体地位,而以有限的出土文献来抹杀"古史辨派"的学术贡献,则更属数典忘祖的做法。

第四,强调贯彻所谓的科学规范。

历史学研究当然要秉持科学的态度与方法,然而,这并不意味着必须完全排斥艺术,杜绝合理的想象与一定的虚构。中国古代的史学传统之一,就是提倡文质彬彬,主张文史不分家。因此,脍炙人口的经典历史巨著,如《史记》《左传》等,都不乏用文学语言来做揣摩性质的细节刻画或气氛烘托。而正因为有这种渲染性的描绘乃至夸张,整个历史的场景才鲜活起来,历史的情节才生动饱满,历史的人物才有血有肉,充满了抒情式的诗意,使得人们在了解历史知识,获取历史智慧与启迪的同时,尽情享受历史本身所蕴含的美感与魅力。

应该说,这类推理性、只具有历史逻辑真实意义的文学性渲染或刻画,是没有充分的科学或事实依据的。换言之,是不尽科学理性的。如《左传》中关于鉏麑放弃刺杀赵盾计划触槐而死的记载,从科学实证的角度看,显然有问题。因为鉏麑自杀前的复杂心理活动,不可能有旁人作证,更不可能是史官的现场记录,然而这并不影响史书作者作自己的推断:既然有机会下手刺杀而自动放弃,并头撞大槐树而身亡,那么就可以想象杀手死前的心理活动——"归而叹曰:不忘恭敬,民之主也。贼民之主,不忠;弃君之命,不信。有一于此,不如死也。"这种事实或许是杜撰,但逻辑推理上却无碍成立,这就是历史研究中的艺术维度与空间。

又如,司马迁写垓下之战时霸王别姬的情节,也同样属于艺术的虚构,毕竟项羽与虞姬两位当事人均已身死,随同项羽突围的亲信左右亦喋血沙场，且项羽与虞姬分别的场景当有一定的私密性，旁边不会有太多的闲杂人员，那么，有谁能亲耳聆听“汉兵已略地，四面楚歌声。大王意气尽，贱妾聊何生”这样悲恸欲绝的歌声？又有谁能亲眼见证虞姬自尽绝命的悲剧？

然而，司马迁毕竟是司马迁，他可以猜度：英雄美人，生离死别之际，一定有一番感天动地、缠绵悱恻的戏剧高潮。于是，他就合情合理写入史书，并作了淋漓尽致的描绘渲染。这当然不是科学实证，而是艺术虚构。可恰恰因为有了这种虚构，《左传》《史记》才成为不朽的史学巨著，而不是像《春秋》那样，仅仅是所谓的“断烂朝报”。所以，一味强调科学性与实证性，在历史研究中是有局限性的。只有在基本尊重科学实证的前提下，运用文学的想象、艺术的虚构等手法，才能保证历史学拥有强大的生命力，才能真正吸引人、打动人，从而最大限度地扩大受众，避免被边缘化。说到底，这就是《史记》《左传》等旷代经典与《三朝北盟会编》《宋会要辑稿》等普通史料丛书之间的区别所在。

可是让人感到惆怅的是，多年来，我们的史学研究太讲究内容表述上的理性科学了，冷静严肃得令人窒息，完全排斥了文学的想象、艺术的夸张，于是乎，研究成果总是千人一面，枯燥乏味。读这类成果，不要说一般大众唯恐避之不及，即使对历史工作者来讲，也是一份苦差事，同样令他们兴味索然，昏昏欲睡。这就是当今历史学不受人欢迎的重要原因，而这很显然是单纯追求所谓科学所产生的弊端。

当今历史学研究遭遇危机，面临挑战的原因，当然不仅仅是源于上述四大误区，但是，这些误区的存在与制约，却的确影响到了历史学的健康发展。要让历史学重新走向社会，融入今天的生活，就必须正视这些误区，走出这些误区，否则，谈历史学研究的重振，谈以古鉴今，不啻为痴人说梦、顾盼自雄而已！

向何处寻觅

——兵学思想史研究中的瓶颈及其突破

有幸承蒙南京大学蒋广学教授的信任，被赋予承担《中国兵学思想发展史》撰写的重托。当时觉得自己有多年从事先秦两汉兵学文化研究的经历，在某些问题上多少有些许心得，加上合作团队中魏鸿博士、熊剑平博士等人皆为学有专攻、功底厚实的中青年才俊，遂坦然接受，为王前驱。然而，一旦进入真正的写作阶段，方知完全不是原来所想象的那么容易，以至于举步维艰、左支右绌，延宕至今尚无法交稿具结，实不胜愧怍，无地自容。这真的是印证了顾颉刚先生的一段名言："读书三年，天下去得；再读三年，寸步难行。"

《中国兵学思想发展史》一稿进展迟缓，原因是多方面的。除了我自己陷于行政琐务杂事之旋涡，未能做到心无旁骛，学术积累相对不足，研究能力平庸愚钝之外，我认为还与兵学思想史本身的属性和特点有关，与该领域研究现状和局限有关。这些问题直接制约着它的研究走向深入，成为我们顺利完成《兵学思想发展史》撰写的一个瓶颈。

与儒学、道家、佛学乃至于墨家、法家等诸子学术的研究相比，有关兵学的研究，显然是处于相对滞后的状态，成果为数不多姑且不论，即使是有限的研究成果中，质量上乘、体系严整、见解独到之作亦属凤毛麟角。更多的是词条的扩大与组合，可又没有词条来得科学与准确，犹如什锦拼盘，看不出兵学思想发展的脉络与规律，见不到兵学及其典籍所蕴含的时代特征与文化精神，在整个学术思想研究的大格局中，很明显地被边缘化，无法预流。

但是，兵学思想研究不能尽如人意的主要原因，并不能简单地责怪学者，问题还是出在兵学学科的自身性质上。所谓“巧妇难为无米之炊”就是这个道理。

在《汉书·艺文志》中，兵家并没有被列入诸子的范围，兵学著作没有被当作理论意识形态的著述来看待。诸子略的“九流十家”中，兵家无法占据一席之地，完全被排斥在外。当然，兵书也有它自己的学科归属，即兵书略，但是它的性质实际上与数术、方技相近。换言之，《汉志》六略的前三略，六艺、诸子、诗赋属于同一性质，可归入道的层面；而后三略，兵书、数术、方技又是一个性质近似的大类，属于术的层面。道的层面，为形而上；术的层面，为形而下。形而下者，用今天的话来说，是讲求功能性的，是工具型的理性，它不尚抽象，不为玄虚，讲求实用，讲求效益。于思想而言，它相对苍白；于学术而言，它相对单薄。所以除了极个别的兵书，如《孙子兵法》之类外，绝大部分的兵学著作，都鲜有理论含量，缺乏思想的深度。因此，在学术思想的总结上，似乎很少有值得关注的兴奋点存在，而为人们所忽略。

这一点，不但古代是如此，即使在当今也几乎一样。坊间流行的各种哲学史、思想史著作，很少设立讨论兵学思想的专门章节，个别的著作即便列入，也往往是一笔带过，如同蜻蜓点水，浅尝辄止。总之，在这样一片贫瘠的土地上，要开出绚丽之花，长成参天大树，就有些勉为其难，道理就这么简单。由此可见，兵学思想的研究，从学科性质上考察就有相当的难度，而一定要从工具技术性的学科来发掘形而上的抽象性质的思想与理论，则不免会教人多少感到失望。

其次，与儒学因应道教、佛教的挑战，不断更新其机理，不断升华新形态的情况有巨大的不同，兵学长期以来所面对的战争形态基本相似，战争的技术手段没有发生本质性的飞跃，大致是冷兵器时代的作战样式占主导，宋元以后尤其是明清时期出现火器，作战样式初步进入冷热兵器并用时期，但即便是在明清时期，冷兵器作战仍然占据着战场上的中心位置。这样的物质条件与军事背景，在很大程度上制约了兵学思想的更新与升华。即使有所变化与发展，也仅仅体现在战术手段的层面。如明代火器的使用，引发战车重新受到关注，于是就产生了诸如《车营扣答百问》之类的兵书；同样是因为火器登上历史舞台，战争进入冷热兵器并用时期，这样就有了顺应这种变化而出现的《火攻挈要》等兵书和相应的冷热兵器并用的作战指导原则。但是需要指出的是，这种局部的、个别的、枝节性的发展变化，并没有实现兵学思想的本质性改变和革命性跨越。从这个意义上说，明代茅元仪《武备志·兵诀评》所称的"前孙子者，孙子不遗；后孙子者，不能遗孙子"，一方面的确是准确地揭示了《孙子兵法》作为兵学最高经典的不可超越性，但同时也曲折隐晦地说明了兵学思想的相对凝固性和守成性。

没有问题对象的改变，就无法激发出发展更新的需求，而没有新的需求，思想形态、学术体系就难以被注入新的生机，就会处于自我封闭、不求进取的窘态。在这种情况下，我们今天要从学科发展的视野来考察兵学理论的嬗递，显然会遇到极大的障碍，而要总结、揭示这种演进的基本规律与主要特征，更是困难重重，充满挑战了。这方面，即便如当下最权威的《中国军事百科全书》，在各断代军事思想的领条中，也只能横向地不断重复诸如战争观上区分了"义战"与"非义战"的性质，作战指导上强调了避实击虚、因敌制胜之类的套话。先秦领条这么讲，秦汉领条这么讲，到了明清的领条，还是这么讲，千篇一律，缺乏发展性，没有创新性，非常沉闷呆板。应该说，这种局面的造成，不是偶然的，而是其研究对象本身停滞不前、自我封闭所导致的逻辑结果。

以上说的，如果指的是兵学思想发展的总结归纳存在着明显的先天不足的制约，那么以下我们还应该更清醒地注意到，这种归纳与总结，还有一个后天失调的重大缺陷。

从“赳赳武夫，公侯干城”到“彬彬多文学之士”，这是中国文化在人才观取向上的变化趋势和显著特征。阳刚之气概逐渐消退，而柔弱之风弥生，崇文轻武的社会风尚之下，军人就不复为先秦贵族社会条件下熟谙礼、乐、射、御、书、数“六艺”之武士，而逐渐成为了一群可以随时“驱而来，驱而往”的“群羊”。[①]这样的群体，在文化知识的学习与掌握上自然属于弱势群体，他们文化程度不高，知识积贮贫乏，阅读能力有限，学习动力缺乏。如果兵书的理论性、抽象性太强，那么就会不适合他们阅读与领悟。所以，大部分的兵书只能走浅显、平白、通俗的道路，以实用、普及为鹄的。由此可知，兵学受众群体的文化素质和精神需求上的特殊性，在很大程度上制约了兵学思想的精致化、哲理化提升。

这只要从后世经典的注疏水平，与儒家、道家乃至法家经典相比，就可发现其滞后、浅薄实不可以道里计。兵家的著述在注疏方面，绝对无法出现诸如郑玄之于《礼记》、何休之于《公羊传》、杜预之于《诗经》、王弼之于《老子》、郭象之于《庄子》这样具有高度学术性，注入了创新性思维与开拓性理论的著作，而往往是像施子美《武经七书讲义》、刘寅《武经七书直解》这样的通俗型注疏，仅仅立足于文字的疏通，章句的串讲而已。即便偶尔有曹操、杜牧、梅尧臣等人注孙子的成绩聊备一格，但是他们的学术贡献与价值，依旧无法与王弼、郑玄等人的成就相媲美。而这种整体性格局的滞后与粗疏，自然严重影响到兵学思想的变革与升华，使兵学思想的呈现形态失去了值得人们激发热情、全力投入研究的兴奋点与推动力，往往只能在缺乏高度的平台之上做机械的重复，这显然会导致兵学思想整体研究的严重滞后。

兵学思想史研究的后天失调，还表现为这一领域的研究者长期以来在专业素质构成上一直存在着种种局限，并不能很好地适应兵学思想发展史研究的特殊要求。军事史从本质上讲，是历史与军事两大学科彼此渗透、有机结合而形成的交叉学科。这一属性，决定了兵学思想史其实也是军事史与思想史的综合与贯通。这一学术特性，对研究者提出了特殊的要求，即他们最好能具备历史与军事两方面的专业素养。但是由于种种原因，这样的复合型队伍从古至今似乎并未能真正建立起来。熟谙军事者，历史知识、哲学思辨却往往相对单薄，这不免导致其讨论难以上升到理论思维的高度；而通习历史者，却缺乏军旅活动的实践经验，这当然会造成其所研究的结论多属门外谈兵，不着边际，可谓是隔靴搔痒，甚至于郢书燕说、张冠李戴。如《礼书通故》一类典籍中有关"偏"的考据，就近乎盲人摸象，花费大量精力考证一"偏"的战车数量，提出莫衷一是的"九乘说""十八乘说""二十七乘说""八十一乘说"等说法，这除了徒增纷扰之外，实在看不出能真正解决什么问题。

正是因为兵学思想史的研究，让军事学界、历史学界两大界别的人士都不无困惑、深感棘手，所以一般的人都不愿意身陷这个泥淖。宋代著名兵学思想家、经典兵书《何博士备论》的作者何去非，尽管兵学造诣精深，又身为武学教授（后晋升武学博士），但自上任之日起就不安心本职工作，曾转求苏东坡两次上书朝廷，请求改换文资，即希望把他由武官改为文官，由武学博士转任为太学博士。何去非的选择，就是这方面非常有代表性的例子。这种研究队伍的凋零没落、薪火难传，恰恰证明了兵学思想发展史研究确实存在着难以摆脱的困境，也是在今天亟须突破的瓶颈。

面对兵学思想研究中的这些瓶颈，如何突破？怎样超越？当然不是可以一蹴而就的，无论是学术积累，还是研究能力上，我们在今天的条件下，都还不具备完成转型、实现升华的基础。但是，这并不意味着我们因此而放弃探索、不思进取。恰恰相反，我们必须直面这些问题，筚路蓝缕，以启山林，尽可能进行必要的尝试，起到铺路石的作用，为今后兵学思想史研究的进展与成熟，打下一定的基础，提供足资借鉴的经验。

我个人认为，要突破兵学思想研究中的瓶颈，至少有三个方面的努力值得去展开。首先，必须积极尝试研究角度切入点的重新选择，转换习以为常的研究范式，改变陈陈相因的研究逻辑。具体地说，就是实现研究重心的转移，变以研究军事人物思想、兵书典籍理论为主导，为以研究战法与思想共生互动为宗旨。这个共生互动的关系，可以用一个相对稳定的逻辑结构来描述，即：武器装备的改进与发展，引发作战方式、战略战术的变革，同时也促成了军队编制体制的调整和变化，而这变化，最终又推动了兵学理论的创新、军事思想的升华。而兵学思想的发展，同样要反作用于作战指导领域，使得战法的确立与变革能够在理论的指导下，更趋合理与成熟，以适应军事斗争的需要，为达成一定的战略目标创造积极有利的条件。

例如，三代弓箭的原始性、戈斧的弱杀伤力，决定了呆板笨拙的密集大方阵作战成为主要的作战方式，同时也决定了车战成为普遍的作战样式。这样的战法以及相关的战术，这种以密集大方阵为中心的军队编组体制，其结果反映在兵学思想领域就合乎逻辑地形成了以“逐奔不过百步，纵绥不过三舍”“军旅以舒为主，故车不驰，徒不趋”为基本内涵的“古司马法”军事思想的时代特征。

一样的道理，春秋后期，随着弩机等新型兵器的出现，功能组合型兵器，如戟在战场上的普遍使用，使得灵活机动的作战方式风行于世，于是遂有兵学思想领域的革命性变迁。以“兵以诈立”为宗旨，强调“兵之情以速，乘人之不及，由不虞之道，攻其所不戒也”的《孙子兵法》遂登上历史舞台的中心位置，逐渐取代倡导“以仁为本，以礼为固”的“古司马法”，成为兵学思想界的主宰型领袖。由此可见，我们如果顺着军事发展的内在思路与自身逻辑，按照武器装备决定编制体制与作战方式，作战方式等催生兵学思想更新，这样的逻辑结构来考察兵学理论的生成发展机制，那么就有可能真正揭示出兵学思想演进的基本规律与终极动因，对中国历代兵学思想的文化更新序列做出正确描述，而不至于将兵学思想发展史编纂成一部由一些兵家人物、一些兵学著作的内容介绍与简单评论呆板组装在一起、拼凑成一盘的词条汇编。

其次，在围绕“武器装备—作战方式—兵学理论”这一主线与结构展开叙述的同时，尤其要注意对兵学思想发展阶段性特点的概括与揭示。区分不同时期兵学思想的鲜明特征，探索产生这些特征背后的深层次社会、政治、经济、文化原因，观察和说明该时期兵学思想较之于此前的兵学思想传承了什么，又改变或增益了什么，而对于其后兵学思想的发展起到了哪些作用，产生了何种影响。换言之，我们今天对历代兵学思想的研究，其成功与否，就是看能不能跳出通常的兵学思想总结上的时代性格模糊、阶段性特点笼统，大同小异、千人一面的局限，而真正把握兵学思想的历史演进趋势和文化个性风貌。

例如，要认识三代以及春秋前中期的兵学思想的发展，其要领就是考察军礼的主要内涵，体认军礼的具体表现，从而以一驭万，纲举目张，“下及汤武受命，以师可乱而济百姓，动之以仁义，行之以礼让，司马法是其遗事也”[②]。要掌握春秋战国之际兵学思想革命的基本形态和文化特征，则无疑要围绕“兵以诈立，以利动，以分合为变”这个中心来开展，从“诡诈之道”取代“以礼为固”这个角度切入，从而总结并揭示这一时期兵学主题的革命性变换。“自春秋至于战国，出奇设伏，变诈之兵并作”[③]，这一时代特征，决定了孕育并诞生诸如《孙子兵法》《孙膑兵法》《吴子》《尉缭子》等代表性经典兵书，矗立起中国兵学思想发展的第一次高峰。而兵学思想在春秋战国之际之所以能实现这样的突破，很显然并不是孤立的现象。归根结底，它不过是当时战争性质由争霸转变为兼并，政治文化上贵族精神衰微、官僚体制初建在兵学理论建设上的一种折射与反映。要理解战国后期兵学思想整合融贯的时代特征，则必须结合当时整个社会思潮的嬗递大势来加以考察。当时，在普遍检讨学术分化的弊端“道术将为天下裂”基础上，诸子内部、诸子之间的兼容综合局面开始出现。这反映在兵学理论建设上，就是严格意义上兵权谋家代表《六韬》一书的面世，真正致力于汲取诸子百家之长，并积极完成兵学思想的整合：“以正治国，以奇用兵，先计而后战。兼形势，包阴阳，用技巧。”[④]要了解秦汉时期兵学思想演变所体现的文化精神，关键在于必须通过考察《三略》等这一时期的代表性兵学著作之核心内涵，来说明大一统帝国统治条件下兵学发展的重心转移，即由取天下转变为治天下和安天下，这对应于兵学著作的宗旨调整与方向选择，就是关注治军胜过作战，强调政略高于兵略。

秦汉以降，迄至今代，各个时期的兵学思想发展一样都有其特定的主题和优先的重心。这些不同时期的主题与重心，就是我们在从事中国兵学思想发展历史研究时应该加以特别关注与充分讨论的内容。孙子有云：“备前则后寡，备后则前寡，备左则右寡，备右则左寡，无所不备，则无所不寡。”[⑤]这对于兵学思想史的研究同样富有启示意义，即在研究过程中，切忌面面俱到，平铺直叙，而必须以揭示和深化不同时期兵学主题为中心，以点带面，提纲挈领，从而准确地呈现兵学思想发展的脉络，把握兵学思想研究的关键。

其三，要突破兵学思想史研究中的瓶颈，还要求我们在具体的研究思维模式、研究范围、研究方法等方面加强努力，开辟新的道路，提升新的境界。这包括：对兵学思想史的学科内涵与外延要有一个科学而清晰的界定，不能拘囿于单纯的思想考察，必须确立兵学思想史研究的主体性，树立问题意识、自觉意识，使兵学思想史的独立性得以完全体现。要对兵学思想史研究人员的素质提出更高的要求，致力于改变自古以来军事与思想史两张皮的现象：搞思想史的不怎么熟悉军事，谙军事的在历史学的基本训练方面偏弱的情况。尽量拓展兵学思想史的研究领域，在围绕兵学思想这个核心展开研究的同时，将军事史的其他研究对象有机地综括结合到兵学思想研究之中，引入兵制史、军事技术史、作战方式、阵法战术、兵要地理等内容，让它们为开展兵学思想史研究提供坚强有力的支撑，增强兵学思想史研究的厚度，使得它能和军事史的其他要素实现有机的对接，互为补充，互为促进。

兵学思想史研究是多学科、综合性的研究，其中历史学与军事学是最核心的两大要素，这要求我们在研究过程中，充分运用历史方法的同时，应该尽可能地借助于军事学的范畴、概念与方法，注重于从军事学的角度归纳问题，分析问题，考察问题，解决问题。应该说，这正是兵学思想史研究讲求科学性、学术性的必然要求和前提条件。许多学术上的疑难问题，若能借助军事学的原理与方法，解决起来并非是不可思议、无能为力的。如用现代军事中的“战略预备队”概念诠释“大将居中，握有余奇”的“余奇”含义，就能叫人豁然开朗、举重若轻；又如，拿方阵战术的基本要领来观照“勇者不得独进，怯者不得独退”的意义所在，同样也是事半功倍、恰到好处。

彻底突破兵学思想研究中的瓶颈之思路与方法，或许在相当一个时间里并不能完全奏效，但是，它即便是无法一举突破所谓的瓶颈，却也将或多或少地起到疏通“肠梗阻”的一定作用。我深深地相信，经过坚持不懈的努力，我们就有希望在兵学思想研究中超越过去僵化的模式与平庸的论调，牢牢把握住新的发展契机，从而跃上新的台阶，迎来新的局面。

注释：

①《孙子兵法·九地篇》。

②《汉书·艺文志·兵书略序》。

③同上。

④同上。

⑤《孙子兵法·虚实篇》。

以史为镜

历史的相似性:三间大学的镜子

通俗史学,这几年在人们的文化生活中,算得上是很热火的。它之所以热,我觉得,其中最主要的原因,当在于历史往往有惊人的相似之处。它把过往的既定史实与现实生活联系了起来,从而激发了人们走近历史、认识历史,进而开发历史的心理期待与生命追求。

正因为历史有相似之处,人们才会在历史中看到现实的影子,从现实中嗅出历史的气味;正因为历史有相似之处,现实中的人在阅读历史、走近历史时才会感到莫名的熟悉,体会到身临其境的现场感,感同身受。鲁迅先生曾经说:“阔的聪明人种种譬如昨日死,不阔的傻子种种实在昨日死。”[①]历史以它与现实之间的相似性,使得人们明白和重视:历史不是一种可有可无的点缀,更不是纯粹意义上的无用之物。历史与现实其实是一枚钱币的两面,属于同一个气场。若想要在今天活得聪明,活得成功,在有限的人生道路上少走弯路,不论“阔的聪明人”也好,“不阔的傻子”也罢,了解历史终究是有益无害,抑或是利多弊少的。西哲培根说“读史使人明智”,大概就是从这个角度立论的。

历史的相似性,在我看来,可说是俯拾皆是。例如,现代社会深为诟病的高校学术腐败,与钱钟书先生《围城》里有关三间大学群生相的描绘简直如出一辙。《围城》自然是小说，而小说自然是虚构的，可艺术来源于生活，再厉害的虚构也离不开特定的历史场景、特定的历史实际。从这个意义上讲，钱钟书先生的《围城》中有关三闾大学群生相的描绘，是曲折和艺术的，但又是真切而深中肯綮的，是20世纪40年代大学文化的形象写照，是历史真实的艺术再现。

承认了这个前提，我们再来重读《围城》，看到三闾大学的章节，便不能不敬佩钱钟书先生的历史意识，不能不赞叹钱钟书先生的未卜先知，亦不能不折服于历史的惊人相似之处——

对三闾大学校长高松年不当昆虫学家，而来专司一校之长的人事安排，钱先生的感慨是："中国是世界上最提倡科学的国家，没有旁的国家肯这样给科学家大官做的。外国科学进步，中国科学家晋爵。在外国，研究人情的学问始终跟研究物理的学问分歧；而在中国，只要你知道水电、土木、机械、动植物（现在还可以加上航天技术、信息工程……笔者按）等等，你就可以行政治人——这是'自然齐一律'最大的胜利。"[②] 看看现在有多少专家学而优则仕，凭着光电生化的专业知识而当官作宰或进入各级人大、政协参政议政的，可知"中国科学家晋爵"这条规律虽历数十年但依旧是真理。

三闾大学的教授中，不乏韩学愈这样的"克莱登大学"出身的"博士"，杜撰和伪造学历学位而窃取教授之位，这可谓是斯文扫地的丑闻，但是就没有人去认真戳穿他，这更属莫大的讽刺。"方鸿渐太老实，没有堂而皇之亮出'克莱登大学博士'头衔，所以煮熟的鸭子飞了，当不成教授只好屈尊当个'如夫人'地位的副教授。怪就怪他脸皮不够厚，心肠不够黑，可叹！"环顾今日的高校，不是也时常见到某某的海外履历属造假，某某的晋升资格系作伪一类消息被曝光、被揭露吗？可见，在今天，韩学愈之流仍然没有销声匿迹，还是活得鲜活滋润。

三间大学搞任人唯亲，招揽的教师，多是高松年的亲戚、学生、朋友、同事或其顶头上司的亲朋好友，于是人品下流如李梅亭、人品猥琐如顾尔谦等等便夤缘而进，沐猴而冠，成了国立大学的教授、副教授。这些人物到了学校后，又开始各自经营自家的山头，搭建自己的圈子，有所谓的"从龙派""粤派""留日派""少壮派""汪派"等诸多有形或无形的派系，把整个大学搞得乌烟瘴气，鱼龙混杂。时至今日，这种遗风似乎也不曾绝迹。抱圈子、占山头依旧是人事关系中的常态，这在职称评定、课题立项、经费分配等方面都有很明显的表现。总之，武大郎开店或武二郎按武大郎思维方式开店的现象并不是什么秘密，结果呢？在人事倾轧中人人是条龙，可一旦到了科研教学就有不少人一晃成了虫，寂然无声。但最令人佩服的当属这些人的勇气和狂妄，还动辄想象获诺贝尔奖这样天上掉馅饼的好事。据此看来，几十年过去了，大学的某些社会生态并没有发生翻天覆地的变化，这难道不是历史相似性的有力佐证吗？

三间大学也注重教育改革，所以教育部督导到校来贯彻英国高校的导师制，高松年、李梅亭诸人便一窝蜂起，纷纷响应。从小说介绍的情况来看，推行导师制的初衷该是要向西方一流大学看齐，与国际接轨，可是经督导、高松年、李梅亭等人胡乱一折腾，就变成了倡导教师一天三餐都跟学生同桌吃饭之类非马非驴的闹剧。难怪赵辛楣要叹气："想中国真厉害，天下无敌手，外国东西来一件，毁一件。"[③]今天，我们不少高校也在大张旗鼓地搞所谓的国际接轨，生吞活剥国外办教育的经验，让大家为迎评估、搞考核、做工程、填报表疲于奔命，不亦乐乎，口口声声说是要跻身于世界一流大学的行列，其实底气却虚得很，让香港等几所高校一搅局（还仅仅是招生一个环节），便有沦为国内二流之虞，成了大家茶余饭后谈笑的资料，实在有些滑稽可笑。这与当年三闾大学推行导师制所闹的笑话，又有什么区别！

三闾大学训导长李梅亭对导师资格的认定有深富“创意”的见解：“中西文明国家都严于男女之防，师生恋爱是有伤师道尊严的，万万要不得，为防患于未然起见，未结婚的先生不得做女学生的导师。”[④]原本以为这是小说的夸张，如今才知道这也是经得起历史检验的，不是有某大学之前作出规定（要知道如今已经是21世纪了），凡已婚男教师不得与女学生单独交谈相处，否则以违纪论处，要接受校纪校规的惩罚。看来此省高校的男教授、男副教授们今后是不能再动招收女博士生、女硕士生的念头了，不然，每次指导论文时总得另找个不相干的第三者来专司陪同旁听之职，岂不是大大的麻烦？由此可知，瓜田李下之嫌及其防范，李梅亭与某教育行政部门的想法的确是惊人地相似，这精神也可算是一脉相承了。

经典之所以不朽，就在于它是历史现象集中的概括与提炼，所揭示的是隐藏在生活深处的历史的本质，所反映的是历史与现实之间的文化传承。从这个意义上讲，《围城》中的三闾大学就像一段永恒的历史记忆，记录了20世纪40年代的大学文化生态；也是一面鲜活的历史镜子，折射着我们今天高校中光怪陆离的世态人情！

注释：

①鲁迅：《而已集·小杂感》。

②钱钟书：《围城》，三联书店，2002年版。

③同上。

④同上。

治世与盛世

曾几何时，国人们就让中国和平崛起的美好希望激动、振奋得有些找不着北了，于是乎，盛世的高调开始充斥于各种媒体，更有教授口沫横飞、言之凿凿地宣称：目前的中国正处于五千年历史上最大的盛世！言外之意，不外乎多年行之有效的韬光养晦之类的战略方针，已可以丢到爪哇国里，是到该歌舞升平、到处出头，与那个超级大国较劲叫板的时候了。

今天的中国，是不是五千年来最大的盛世，这属于见仁见智的问题。我想，要害并不在于所谓的盛世降临是否已经成为现实，而是社会上普遍弥漫的盛世情结，正有如滚雪球似的越来越大，其所带来的偏执自大、盲目乐观、忘乎所以等浮躁心态，使得大家沉醉于天下第一的光荣想象之中，不知道天有多高，地有多厚，乃至有可能迷失了走向理想彼岸的方向！

其实，从中国历史考察，盛世也不尽然是值得一味讴歌赞美的对象。在辉煌气派的背后，它往往笼罩着挥之不去的阴影，蕴含着盛极而衰的契机。我们在今天实在不必迷恋于它的光环，而把它作为汲汲追求的最高目标。

众所周知，中国古代封建社会的历史，不外乎乱世、衰世、治世、盛世的逐次更迭、轮番登场。乱世、衰世当然不是什么好日子，俗谚云："宁为太平犬，不为乱离人。"可见，统治者主观上总是力求避免它们，老百姓打心眼里总是希望远离它们（当然绝大多数情况下属于缘木求鱼、一厢情愿）。很显然，我们今天同样不会有兴趣于此（至于总结历史教训则又当另说），大家津津乐道的是往昔的光荣，是历史上那些屈指可数的治世与盛世，毕竟一提起它们，总让我们血脉贲张，自豪感油然而生，证明我们也有"曾经阔过"（鲁迅语）的荣耀！

然而，若是拿同为正面性质的治世与盛世说事，我们则不得不承认：其实两者还是有轩轻高下的——盛世不及治世。换言之，即封建政治的最理想境界，应该是治世而不是盛世，因为盛世意味着水满则溢，月盈则亏，往往成为中衰的转折点。汉武帝盛世的弊端丛生，唐玄宗开元天宝盛世的旋生旋灭，乾隆皇帝十全盛世的积重难返，皆印证了这个不可抗拒的历史规律。而治世则完全不同，它象征着生机勃勃，象征着和谐有序，是锐意进取的推动力，而不是盛极而衰的抛物线。历史上著名的"成康之治""文景之治""贞观之治"等，就经济繁荣的程度、物质富庶的规模、文化昌盛的气象而言，都谈不上是最出色的岁月，都与盛世的标准有一定的距离。

这里，我们可以拿唐代的贞观与开元天宝作个简单对比。封建史家对"贞观之治"最富于激情的描绘，是"官吏多自清谨。制驭王公妃主之家，大姓豪滑之伍，皆畏威屏迹，无敢侵欺细人。商旅野次，无复盗贼，囹圄常空，马牛布野，外户不闭。又频致丰稔，米斗三四钱。行旅自京师至于岭表，自山东至于沧海，皆不赍粮，取给于路"[①]。很显然，该段评价的重心乃是落在贞观时期社会秩序良好（如"无复盗贼，囹圄常空"）以及社会矛盾缓和（如"无敢侵欺细人"）这些方面，并非是着重指当时社会物质生活的极大富庶（尽管也一笔带及"米斗三四钱"云云）。而唐玄宗开元天宝时期的经济繁荣富庶程度，则明显要大大超越了贞观年间，“忆昔开元全盛日，小邑犹藏万家室。稻米流脂粟米白，公私仓廪俱丰实”[②]。可见，开元天宝才是名副其实的盛世，而贞观则还称不上。

然而，历史的吊诡却表现在：偏偏是非盛世的“文景之治”“贞观之治”最为后人所讴歌，最为后人所向往！究其原因，就是它们的核心内涵是“治”：国家充满朝气，社会充满生机，君臣充满追求，民众充满希望，历史充满机遇！

治世与盛世的差异，当然不胜枚举，但我认为，两者的根本区别，集中体现在两个方面：

首先是两个时期的社会心态截然不同，即浮躁与清醒的两极对立。

治世的统治者一般都能保持清醒的头脑、进取的心态，对历史上兴衰成败的经验教训有认真的总结和借鉴，对为政治国的得失有深刻的认识和把握。如汉文帝就以秦亡为鉴，致力于休养生息，无为而治；唐太宗李世民也一再强调“以史为镜，可以知兴替；以人为镜，可以明得失”[③]。

正是由于有这样的思想认识基础，这些统治者才能够践行儒家所倡导的“政者，正也”以及“其身正，不令而行”的为君之道，心态平和，不事铺张，说实话，办实事，带头提倡节俭，让利于民。汉文帝不愿以耗费十家之产的代价（这已经是少得可怜的费用了）替自己整修露台，将国家征收赋税的额度一减再减，由十五税一改为三十税一，甚至在某些年份干脆分文不取，降低广大民众的负担；唐太宗去奢省费，轻徭薄赋，释放宫女，奖励耕织等等，就是他们头脑清醒、举措得宜的证明。

反观所谓“盛世”的那些统治者，情况则有本质的不同。国家府库充溢，民众丰衣足食，他们便沾沾自喜，固步自封，开始不再安分了，要折腾胡来了。

一是大摆其谱，充撑门面，搞政绩工程，做官样文章，大树特树皇帝的权威，唯恐作威作福的场面不够光鲜亮丽。汉武帝大兴土木，封禅泰山；乾隆皇帝踌躇满志，自诩“十全老人”，就是这种浮躁心态的折射。

二是好大喜功，穷兵黩武。既然是天下第一，那么他们念兹在兹的，就是汲汲于扬天朝国威于四夷。为了达到这一目标，他们动辄大张挞伐，用兵四方。汉武帝为汗血宝马血刃大宛，唐玄宗为扬名立万远征南诏，很显然皆是出于好大喜功心态的驱使。其结果只能是一个：扰乱天下，贻祸人间，所谓“边庭流血成海水，武皇开边意未已”[④]！

三是贪图安逸，穷奢极侈。歌舞升平，让统治者有了自诩的本钱；府库盈实，让统治者有了享乐的条件。于是，励精图治之心渐消，奢靡纵欲之念日长。宫殿唯恐不够华丽堂皇，珍馐但愁不够铺张丰盛，妃嫔只恨不够妖艳妩媚，一头扎进酒池肉林，日夜徜徉温柔之乡。

治世与盛世的君主心态和行径固然南辕北辙，而作为社会良心的士人（也即今天的知识分子）的所作所为也同样判若云泥、泾渭分明。治世的士人，似乎更具有强烈的忧患意识，关心社稷的生死存亡，秉持和践行“为天地立心，为生民立命，为往圣继绝学，为万世开太平”[⑤]的理念。如汉文帝时期的贾谊有勇气做“乌鸦”，痛陈天下之事有“可太息者”“可痛哭者”“可流涕者”各若干条，鸡蛋里面挑骨头，汲汲于提醒统治者尽明主之职责，为改善民众的生计不断进言；景帝时的晁错，殚精竭虑，为天下求治论贵粟，议实边，道削藩，最后把自己的生命也给搭了进去；唐代的魏徵心系社稷，知无不言，言无不尽，犯颜直谏，恪尽职守，为“贞观之治”的造就，奉献了自己的忠诚与才智。可见，在他们的身上，所体现的正是传统士大夫兼济天下的高尚风骨，因而成了“富贵不能淫，贫贱不能移，威武不能屈”的典范，名垂青史，震古烁今。

可盛世的士人，却多是另外一种面目。他们要么是粉饰太平，歌功颂德，写一些诸如“云想衣裳花想容”[⑥]或“生不用封万户侯，但愿一识韩荆州”[⑦]之类的东西，寻讨主子的欢心；要么是目空一切，自我膨胀，像“仰天大笑出门去，我辈岂是蓬蒿人”[⑧]这样的言辞，又怎是一个“狂”字了得！至于风骨，则更是谈不上了。董仲舒蹲了几天大牢，立马学乖巧，“遂不敢复言灾异”[⑨]；李太白仕途一遇挫折，转眼沉湎于醇酒美人，放纵无羁，“人生得意须尽欢，莫使金樽空对月”[⑩]！这说明在盛世莺歌燕舞、纸醉金迷的大氛围之中，士人们亦迷失了自我，不复再有激浊扬清，针砭时弊，充当社会脊梁，引导社会正气的人格和魄力，而是随同社会的沉沦而一起没顶。

其次，是两个时期的社会秩序截然不同，即和谐与撕裂的两极对立。

俗话说，“种瓜得瓜，种豆得豆”。社会心态与世情的重大差异，使得社会政治秩序呈现出不同的面貌，也制约与决定了治世与盛世历史命运的不同归宿。

治世统治者的清明、节俭、勤政、进取，士人群体的忧国忧民，以天下为己任，这种率先垂范，这种身体力行，在很大程度上影响着社会风气的走向。因为将心比心，设身处地，普通民众就容易“与上同意”，体谅和理解朝廷的处境，愿意与统治者共渡时艰。这样，就比较有效地缓和了各种社会矛盾，化解了社会生活中的戾气，大大有助于社会秩序的稳定，社会关系的和谐，达成社会相对的动态平衡。

“贞观之治”在这方面可谓是一个典型。贞观前期，战乱的创伤尚未得到治愈，加之天灾频繁，民众的生活其实还是相当痛苦的。然而，民众凭着朴素的直觉看到了朝廷朝着政通人和方向所做的努力，所以，尽管在现实生活中仍遇到许多不尽如人意的问题，也依然对朝廷充满期待，抱有信心，所谓“百姓虽东西逐食，未尝嗟怨，莫不自安”。一旦情况有所好转，民众即返回故土，致力耕织，流散者咸自归乡，使生产迅速恢复、生活逐步改善的愿望转变成为现实。而唐太宗慎重选择地方官吏，整肃贪渎腐败的举措，又确保了朝廷的安民方针与措施能够落到实处。

孔子说：“不患寡而患不均，不患贫而患不安。”[11]老百姓既能吃得上饭，社会上不公平、不公正的现象又相对较少，那社会上铤而走险、犯上作乱的情况也自然随之递减，社会秩序自然显示出和谐的气象，所谓“无复盗贼”，（贞观四年）“终岁断死刑才二十九人”云云，就是当时社会相对和谐的形象写照。在这样的背景下，道不拾遗、夜不闭户的皇皇治世，遂永远定格在中国历史的巨大天幕上！

盛世的社会状态却完全不同。此时，物质尽管远较治世丰富了，国力尽管远较治世强盛了，但是，福兮祸之所伏，其背后蕴藏的破坏性力量却在全盛的同时迅速地积累增长。

具体地说，统治者的好大喜功、穷奢极侈，士大夫的纵情声色、苟且自安，其结果一是再大的家业也给折腾垮了，再多的财富也全打水漂了，造成国库枯竭，入不敷出。二是导致社会财富更快地向少数权势者手中集中，贫富两极分化愈演愈烈，官吏贪墨，小民无告，社会危机四伏，社会和谐越来越遥不可及。董仲舒所悲叹的“富者田连阡陌，贫者无立锥之地”[12]现象，成为社会生活中割裂族群的无情利刃；杜甫所控诉的“朱门酒肉臭，路有冻死骨”[13]世态，成为社会生活中酝酿动乱的巨大温床。

社会秩序日益恶化，铤而走险的犯罪行为层出不穷，“盗贼滋起……大群至数千人，擅自号，攻城邑，取库兵，释死罪，缚辱郡守都尉,杀二千石,”[14]这就是汉武帝晚年自己亲口承认的所谓“亡秦之失”。一旦有契机,这股破坏性的力量就会以极其可怕的方式释放出来,造成社会的大失控、大动荡,将整个社会打入万劫不复的深渊,“亡秦之祸”遂成为现实!如唐玄宗开元天宝盛世接踵而至的就是“安史之乱”的爆发。可见,盛世在历史的十字路口一拐弯,便向衰世甚至乱世滑落沉沦,这是历史的嘲讽,更是历史的无奈。

所以,我们在今天大可不必因遐想盛世而痴狂,因忽悠崛起而自慰,真正清醒的选择应该是:与其汲汲执迷于盛世的梦幻,不若多一份追求治世的情怀!

注释:

①(唐)吴兢:《贞观政要》卷一,《论政体》。

②(唐)杜甫:《忆昔》。

③《旧唐书·魏徵传》。

④(唐)杜甫:《兵车行》。

⑤(宋)张载:《张子语录·中》,《张载集》,中华书局,1978年版,第320页。

⑥(唐)李白:《清平调》。

⑦(唐)李白:《与韩荆州书》。

⑧(唐)李白:《南陵别儿童入京》。

⑨(汉)班固:《汉书·董仲舒传》。

⑩(唐)李白:《将进酒》。

⑪《论语·季氏》。

⑫(汉)荀悦:《汉纪·孝武皇帝纪四》。

⑬(唐)杜甫:《自京赴奉先县咏怀五百字》。

⑭(汉)班固:《汉书·酷吏传》。

从普适性的视域重估中华文化的价值

之所以讨论这个问题，就是有感于长期以来，人们在从事文化交流或文明对话时，总是强调立足于特定文化的本位立场，在突出自己文化鲜明特征的前提下，来与他类文化或文明进行比较，这样做的结果，常常是展示不同文化之间的特殊性、独立性，而有意无意地淡化了不同文化之间的内在普遍性、共通性。

于是，较量高低、争雄恃强，也就成了文明冲突、价值分殊的常态，强势的文化会利用掌握的话语霸权而强行推销自己的价值观、政治观、社会观，而处于弱势地位一方的文化，则因不甘心被边缘、被消解而在压力前产生巨大的反弹，进行几近绝望式的猛烈反抗。在这种情况下，文明的交流越深入，则冲突的程度越激烈；文化的互动越频繁，则排斥的态势越明显。非但不能和平共存，反而导致诸多误解与对峙。“道术将为天下裂”[①]，这样的结果，虽然令人悲哀，但却是不争的严峻现实。毕竟，在老子所追求的“鸡犬之声相闻，民至老死，不相往来”[②]理想社会生态里，文明的碰撞，文化的冲突，乃是不可能发生的。

而问题的根本，我认为就是人们在面对不同文明、不同文化时，其讨论的重点，总是热衷于求异，而未能改变视野，将求同放在中心的位置。应该说，是求异还是求同，是互相指摘，还是彼此欣赏，这对文明对话顺利畅达与否关系至为重大，对文化的包容也实具关键的意义，所谓立场决定态度，品格彰显高度。换言之，如果人们不能克服求异的价值取向，那么就必然无法体现“百虑而一致，殊途而同归”的文化宗旨，就会难以真正实现文明平等、文化宽容、人类和谐、世界和平的理想追求。

所以，我们开展文化交流、文明对话，首要的任务是要改造文化观，基本立场当由注重求异转化为求同，改弦更张，拨乱反正。否则，必然是缘木求鱼、南辕北辙。于是乎，西方世界热衷于指责中国的“专制”，而我们又动辄贬斥对方尽搞虚伪的“民主”，也就成为国际政治生活中十分普遍的现象。

这里，我们有必要率先厘定“文明”与“文化”的不同概念。我认为，文明与文化既有联系又有区别。文明是物化的、具体的，更多体现为物质性、实质性的形态，例如青铜文明、农业文明、工业文明等等，有先进或发展程度上的不同，如工业文明一般情况下要较农耕文明来得先进。而文化的情况则有所不同，其是抽象的、理念性的，其本质则更多地体现为无形的精神力量，不同文化彼此之间并无优劣高下之分，我们不能说基督教文化优越于儒学文化、伊斯兰文化，反之亦然。换言之，文明更多地呈示为硬实力，而文化更多反映为软实力。

以政治文明、政治文化为例，在美国是通过全民普选，以选举人得票多寡，决定总统宝座的归属，即是政治文明实现形式的具体反映；而在中国，则以人民代表大会的方式，实现国家领导人的产生，这同样是政治文明实现形式的具体反映。这貌似为两种截然不同的政治文明体制，人们对它们的认同或喜恶也或许会有相当的差异。然而，若以政治文化的概念来分析，那么，两国的政治文化之宗旨与理念其实有着相当的共同性、一致性。即两者从根本上讲，政治文化的基点都是要实现“主权在民”的当代诉求，著名的林肯“民有、民享、民治”观念，与中国毛泽东倡导的党和政府的根本宗旨“为人民服务”，可谓异曲同工、殊途同归。

很显然，两国的政治文明在本质上是相通的，而只是其如何实现并运作的途径不一样而已。至于决定着政治文明发展水平与基本趋势的政治文化，则更是有内在的趋同性。所以，中美两国更应该互相体谅、共同进步，而不必要彼此纷争、相互指摘。

中国古人有云："观乎人文，以化成天下。"[③] 文化的价值与功能，在于互为观照，互为包容，互为渗透，互为升华。任何一种文化，都面临着人类共同所要解决的基本问题，如：怎样正确处理人与自然的关系，怎样满足人们的精神需求和心灵慰藉，怎样构建与调适合理的伦理秩序与个性自由之间的关系，怎样妥善对待文化上本我与他者的同异性质，怎样克服科学与技术迅猛发展所带来的道德滑坡反差现象。既然所面临的问题有相同性，那么，文化，尤其是反映文化最核心本质的宗教，其所回应的主题与路径也会有高度的相似性。求真、致善、尚美，也就成为任何文化、任何宗教建立并发挥作用、产生影响的共同基调，成为人类社会赖以存在并不断进步的价值取向与历史动力。这种基调上的一致与坚守，实际上就是所谓的“文化价值观上的普适性”。从这个意义上说，不同文化都有其普适性的成分，普适价值不应该是西方文化的专利品。当然，侈谈什么 21 世纪是中国文化的世纪，三十年河东，三十年河西，也同样是胡扯！

中华文化核心价值究竟该怎么来概括，可谓言人人殊、众说纷纭。各种说法无疑都有自己的道理，但皆可作进一步的推敲商量。我个人认为，也许可以抽象地提炼为以下五个方面：

博爱

基于民本立场上的博爱精神，很显然是中华文化核心价值体系的重要组成部分。以民为本，以和为贵，诸子百家思想观点有所差异,甚至不乏对立,但是在对爱心的肯定与弘扬上则是相当趋同的。

在儒家学说中,仁是最高的政治伦理范畴,它的基本含义是爱人,其被引入治国之中,就是主张推行以爱民、安民为主旨的仁政,实现德治的理想境界。墨家学说具有相当饱满的人民性,其中心思想就是兼相爱,很显然与儒家泛爱众含义相似,蕴含有博爱的基本精神。

道家推崇道法自然,这一命题本身就包含有博爱的精神。即:舍弃过度的措施,摈除酷烈的政举,尊重普遍规律,承认独特个性,一切顺其自然,凡事因势利导,使民众能够"甘其食,美其服,安其居,乐其俗"[4]。这种爱,用老子的话来说,就是号称为"三宝"之一的慈。

即使是在以崇尚功利的法家与兵家那里,也不乏爱民的情怀,尽管其表述的方式有别于儒、墨学派。如法家主张富国强兵,其本意之一也是为了造福民众,因此,政治得失在于能否做到避免伤于民,"是以善为国者,必先富民,然后治之"[5]。至于兵家,也提倡唯人是保。主张关心民众的福祉,爱护士卒的利益,"善为国者,驭民如父母之爱子,如兄之爱弟。见其饥寒则为之忧,见其劳苦则为之悲,赏罚如加于身,赋敛如取己物"[6]。

这种爱,从范围上讲,普及于天地万物,惠泽于草木昆虫,同时超越族群,超越邦国。从这个意义上讲,这种仁爱具有博大无涯的性质,称之为博爱乃是名副其实。

公平

公平,是历代思想家、政治家关注与倡导的政治理想。在他们看来,对社会稳定与和谐构成最大威胁的,是社会生活中不公平、不公正现象的大量存在,愈演愈烈,导致贫富悬殊,民不聊生,严重激化社会矛盾,酿成社会动乱。这表现为经济资源配置上是

"富者田连阡陌,贫者无立锥之地"[7];剥削经营方式上,是杀鸡取卵,竭泽而渔;政治前途出路上,是少数人把持主要资源,不容他人染指;法律奖惩对象上,是同罪异罚,赏罚不公;教育权利享受上,是富贵者近水楼台,拥有一切,贫寒者忙于生计,无所受益;生活境地对比上,也是宛然两重天地。凡此等等,不一而足。

要使社会保持稳定,就必须改变这样的现实。为此,历代思想家大多主张通过利益调整的机制,来改变这种政治、经济、文化上的失序状况。即在维持统治者长远根本利益的前提下,实现相对的社会公平与公正,将社会冲突的程度控制在最低的程度。

于是,他们主张正人必先正己,体察民情,以身作则;主张节制剥削,安定民众的生活;主张政治资源共享;主张法不阿贵,赏不遗贱;主张教育权利分享;主张去奢节俭;主张发展生产,丰富可分配的各种社会资源。总之,运用政策的杠杆和制度的功能,减轻甚至消弭导致社会不和谐、政治不安定的种种动因,构建和维系社会的和谐稳定。

正义

毫无疑问,正义是构成中华文化核心价值的又一个基本范畴。所谓"正义",就是正确的行为原则。很显然,合理而高尚的行为准则,是一种最基本的价值取向。这就是韩愈《原道》中所提出的"博爱之谓仁,行而宜之之谓义"。为此,古人提倡崇公道、顺公理、厉清议,将"公"看作"天之经也,地之义也,理之要也"[8],并主张发挥舆论和刑赏两种手段来维护至公。

具体而言,这在社会规范方面,是强调明礼诚信。"人而无信,不知其可也。"[9]信也具有治国平天下的意义。至于"礼",《左传》赋予它"经国家、定社稷、序民人、利后嗣"[10]的意义,道德如何具体体现在行为上,需要礼来做恰当的规定。经过礼对道德的整齐划一,道德才具有普遍性。同时,道德也必须通过礼来约定,才具有可实践性。至宋代，李觏更是强调礼的重要意义，认为“人道之准，世教之主也。圣人之所以治天下国家，修身正心，无他，一于礼而已矣”[11]。

在人格磨砺和理想追求上，倡导正确的人生观与气节观，强调忠孝节烈。就忠而言，它更多地包含对祖国对民族的深沉的爱。没有“忠”的道德观念，很难想象会有文天祥、史可法他们慷慨激昂的民族大义。就今天来说，孝敬父母、忠于国家民族，依然不过时，而且永远也不会过时。节烈在古代，也更多地体现在对人的气节、操守的要求。这种要求，从本质上而言，是一种角色品格，即人在社会上充当什么角色，就要承担相应的义务，遵守相应的道德法则，因此，官员叛国、贪污、渎职，都属于失节。推而广之，凡是不正当履行自己职责的人即是失节，就这方面而言，也依然有其积极意义。这是对完美人格的不懈追求。

同时，正义也意味着社会地位的相对平等和社会角色的各自担当。《左传·昭公二十六年》记载：“君令、臣共，父慈、子孝，兄爱、弟敬，夫和、妻柔，姑慈、妇听，礼也。君令而不违，臣共而不贰；父慈而教，子孝而箴；兄爱而友，弟敬而顺；夫和而义，妻柔而正；姑慈而从，妇听而婉：礼之善物也。”《孟子》则曰：“君之视臣如手足，则臣视君为腹心；君视臣如犬马，则臣视君如国人；君之视臣如土芥，则臣视君如寇仇。”

在社会管理上，正义的精神就是以民为本，关心民众疾苦，满足民众的愿望。国家为君主之本，庶民为国家之本，所以安定民生为政治之本。西周初年，提出了“敬德保民”的命题。春秋时期，“重民轻神”和“恤民为德”成为社会上的普遍思潮。孔子建立仁学，核心宗旨便是爱人。孟子“民本论”是“民为贵，社稷次之，君为轻”[12]。荀子认为“‘君者，舟也；庶人者，水也。水则载舟，水则覆舟。’此之谓也”[13]。秦汉以降，重民爱民始终是正义在社会实践层面上的具体体现，维系着社会的相对稳定。

包容

兼容并蓄，宽容海涵，这同样是中华文化的核心价值之一。

古人早已指出，“天下同归而殊途，一致而百虑”[14]。过分狭隘的视野与心胸，是无助于事业的成功和社会的发展的，所谓“水至清则无鱼，人至察则无徒”[15]。所以，真正理想的境界应该是，海纳百川，有容乃大。换言之，只有以极其博大的襟怀和勇气，容忍和接纳具有差异性的事物，才能不断丰富和充实自己。这在治国上，就是要做到虚怀若谷，宽容包纳，不以一人之智为智，而以众人之智为智。在用人上，就是主张秉持宽松的尺度，切不可求全责备，应该博采众长，为我所用。在文化选择上，便是在坚持统治思想主体性的同时，以开放的心态，充分汲取其他学派理论中的合理因素，为思想的整合、文化的构建创造更为广阔的空间。

中华文化之所以历经数千年而生生不息、光彩夺目，其中一个重要的原因，是其为一个开放的体系而非封闭的系统，能够不断吸收新的活力因子丰富和充实自身。从战国晚期诸子之间的整合融汇，到秦汉思潮的综合贯通；从隋末王通的三教归一，到宋明理学的援释入儒；从胡汉文化的交汇渗透，到中西思潮的激荡沟通，中华文化始终在保持主体性的前提下，不断汲取新的因素，注入新的活力。

进取

中华文化始终具有强烈的进取性。这主要表现为：一、自强意识。《周易》就提出“天行健，君子以自强不息”[16]这一命题。主张自强不息、勤劳刻苦、舍生取义。孔子主张“三军可夺帅也，匹夫不可夺志也”[17]。孟子提倡舍生取义，推崇大丈夫精神。这已经成为民族的普遍心理认同：锲而不舍，百折不挠，义无反顾，虽死不悔！二、反省意识。每当前进过程中遇到挫折、出现坎坷时，都能审视自己的不足与局限，及时发现问题，重新选择方向，百折不挠，克服困难，创造条件，走向成功。三、忧患意识。在顺境时不骄傲自满，不忘乎所以，强调生于忧患而死于安乐，从而保持清醒的头脑。四、与时俱进意识。所谓“与时迁移，应物变化”[18]。

综上所述，中华传统文化的核心价值是一笔弥足珍贵的历史文化遗产。它既具有鲜明的独特性，又充满着极大的普适性；它既是历史对我们的丰厚馈赠，也是我国今天继续前行的动力。换言之，它之所以生生不息、亘古常新，就在于它的核心精神具有广泛的普适性。像敬德尊祖、泛爱仁慈、民为邦本、孝悌忠信等等，皆呈示了鲜明的厚德载物的本质属性，它超越了时空，也超越了族群与阶级，是我们今天进行东西方文化接轨与融合的重要资源。我们认为，这种接轨与融合乃是理所当然、事有必宜。因为很显著的事实是，它与其他宗教文化中所倡导的慈悲、宽容、爱人、正义、公平、正直、诚信等核心价值观念是高度重合、普遍一致的，也是与近代以来西方文化中所致力弘扬的自由、平等、民主、博爱、天赋人权的普适价值互为呼应、互为辉映的，即所谓：百虑而一致，异曲而同工，殊途而同归。

总之，指出和肯定中华文化的普适价值，是世界文化对话与融合的前提，而世界多元文化之间的对话与融合，变求异为求同，舍分歧而寻共性，则为引领未来新型世界文明的走向创造了最佳的契机，提供了最优的资源。

（根据“纽约世界文明论坛”上的讲演编订）

注释：

①《庄子 · 天下》。

②《老子》八十章。

③《周易 · 贲》。

④《老子》八十章。

⑤《管子·治国》。

⑥《六韬·文韬·国务》。

⑦(汉)荀悦:《汉纪·孝武皇帝纪四》。

⑧《艺文类聚》卷二十二,引三国魏曹羲《至公论》。

⑨《论语·为政》。

⑩《左传·隐公十一年》。

⑪《礼论第一》,《李觏集》卷二,中华书局,1981年版,第5页。

⑫《孟子·尽心下》。

⑬《荀子·王制》。

⑭《周易·系辞下》。

⑮《大戴礼记·子张问入官》。

⑯《周易·乾》。

⑰《论语·子罕》。

⑱《史记·太史公自序》。

从春秋历史看当前国际格局

开展文化对话，增强包容理解，化解分歧对立，深化互信合作，是普遍的共识，也是正确的选择。在这个过程中，历史的经验是重要的资源。历史有惊人的相似之处。它把过往的既定史实与现实生活联系了起来，从而激发了人们走近历史、认识历史，进而开发历史的心理期待与生命追求。在我看来，中国历史上的春秋时期的时代特征，国际战略格局，十分接近于今天的世界形势，值得高度重视，充分借鉴。

春秋时期有三个鲜明的时代特征：第一是动态性。众所周知，历史是动态的，但是春秋时期的动态性在整个中国历史上也是非常突出的，因为当时几乎所有的领域都在变革，都在演进。第二是过渡性。春秋时期的前脚已经跨入了新时代，也就是与战国时期无缝接轨，但是后脚还停留在旧的时代，即那个讲究"礼乐征伐自天子出"[①]的礼乐文化时代，是西周古典文明的自然延续，当时的核心价值观乃是"尊王攘夷"。第三是不平衡性，地区间的差异非常明显。中原大地及其周边国家，同楚、吴、越这些国家的发展观念、文化观念、道德伦理是很不一样的，这种地区间的差异性使得春秋历史显得很复杂，但同时也使得春秋时期的文化呈现出特别丰富多彩的面貌。

环顾今天的世界，其现实的特征同样可以用动态性、过渡性和不平衡性来概括。首先是充满变化，动荡不已。世界各国，尤其是几个主要大国之间，关系错综复杂，利益交织纠缠，实力此消彼长，挑战无处不在。其次是潮起潮落，趋势鲜明。战争的阴影犹在，但和平与发展的潮流不可逆转；霸权的余威尚存，但新兴势力的崛起无法抑制；旧有的格局绵延，但新型的国际秩序正在形成。其三是发展不均衡，进步有先后。文明的差异，文化的多元，既丰富充实了我们的世界，也导致诱发了各种各样的误会与冲突。

春秋时期的头等大国有四个，晋、楚、秦、齐。这四个一等强国很像当前国际对峙格局中的四个国家。

用不完全恰当的比喻来说，晋国相当于今天的美国，他是中原文化的中心，自居天下无可争辩的“老大”地位，是所谓中原地区核心价值观、普世价值观的体现者和诠释者。它是最强大的头等大国，对那些不遵循周礼传统的诸侯以及化外的蛮夷之邦，动辄纠集其仆从国，凭借强大的武力进行征服，并在这个过程中，打出冠冕堂皇的“尊王攘夷”的旗帜，为自己的暴力手段寻找借口，提供依据。自以为是当时整个“国际秩序”的标准制定者与执法主宰者。

中国的境遇似乎接近于楚国，它处于中原礼乐文明文化圈的边陲，有自己独特而悠久的历史文明与深厚的传统文化积淀，被中原那些自以为是的诸侯列国看作是南夷、南蛮，所谓“尊王攘夷”的“夷”首先针对的就是楚国。这些守旧的诸侯无法认同楚国的独特文明，不能接受楚国选择的特殊发展模式，总是以“非我族类，其心必异”的狭隘心态对待楚国的文化，总是千方百计勾结在一起来和楚国作对。但楚国同时又是新兴的大国，富有蓬勃的生机，拥有强大的国力，让周边各国忌惮，不敢轻易得罪，甚至于不得不在许多场合与楚国虚与委蛇，把酒言欢。毫无疑问，在春秋绝大部分时间里，唯一能跟晋国拍板顶牛，挑战晋国霸主地位的就是楚国。

秦国在这四国中扮演的是搅局者的角色，它的力量偏向哪一方，往往会对当时"国际"战略局势变化产生很大的作用与影响。因此秦国就有点像今天的俄罗斯，看似综合实力不强，但军事力量还是很强大的，而处理国际事务的手法，往往强硬而坚决。像秦晋王官之役中所体现的破釜沉舟的果决拼命，秦穆公"益国十二，开地千里，遂霸西戎"[②]式的所向披靡，战场上"岂曰无衣，与子同袍"[③]式的壮怀激烈，使得秦国能够独树一帜而在当时的天下占有不可忽略的地位，发挥着匪夷所思的影响力。

位处东方的齐国，就好像类似于当今的英国或者欧盟，在一般的情况下，总是唯晋国马首是瞻，但同晋国有时也会发生一些矛盾，甚至也打过仗，如齐晋的"鞌之战"，就是这种冲突的一个缩影。但是齐国毕竟也是受周礼传统长期熏陶的诸侯国，所以，一打完仗便马上又和晋国及其仆从国团结在一起，来对付他们共同的敌人楚国。

因此，在开展文明交流、文化对话时，首先，要明白国际战略的大势，找到自己的位置，既不能妄自尊大，又不可妄自菲薄。不要惧怕有对手，从某种意义上说，有对手的存在与挑战，恰恰是自己存在与发展的前提。一个团体、一个国家，所需要担忧的，不是有对手，而是没有对手，一旦打遍天下无敌手，落了个高处不胜寒，其实它的危机、它的厄运也就随之降临了，这就是孟子所谓的"无敌国外患者国恒亡"[④]的道理。

其次，要正确对待对手，不能以自己的价值观、文化观为区分文明高下、文化优劣的标准，谁也不能独自拥有最高的真理，充当最高审判官的角色。像楚国，虽是中原列国"尊王攘夷"的对象，但楚庄王的识见、格局和功业，较之于齐桓公、晋文公，毫不逊色，有过之而无不及。楚庄王最让人肃然起敬的，不是他的功业显赫，而是他对待皇皇霸业时所反映出来的谦和心态和节制立场。作为成就一代大业的君主，最容易滋生的毛病就是忘乎所以和骄傲自大，历史上夫差、唐玄宗等人的沉浮就是典型的例子，因此，“靡不有初，鲜克有终”[5]便成了永具警示意义的宝训。

而楚庄王却很好地摆脱了这种宿命的怪圈。他在实现自己战略目标的过程中，始终坚持有理有利有节的原则，力求战争善后做到平和顺当，尽可能消除各种矛盾与隐患，化解来自敌方的反抗，使自己的军事胜利建立在坚固的基础之上，争取政治上的最大主动。这一理念，在楚庄王的具体军事行动中有着不止一次的体现。如当郑国表示屈服的时候，他主动撤围，同意对方的请和要求；当宋国顽固抵抗最终不支，不得不愿意媾和时，能非常大度地宽恕宋国的所作所为，放其一马；当陈国灭亡后，能根据“兴灭国，继绝世”的礼乐文明精神，同意其恢复国家，再造社稷。凡此等等，不一而足。

尤其让人佩服的是，在邲之战中楚国大获其胜，许多楚国将领主张将晋军尸身叠垒为京观，向晋国炫耀楚军的神勇，并报城濮之战惨败之仇。然而，楚庄王坚决制止了这种耀武扬威、穷兵黩武的举动，并就战争提出了一番发人深省的见解：“夫文，止戈为武……夫武，禁暴、戢兵、保大、定功、安民、和众，丰财者也。”强调战争不是目的，而只是一种为实现和平而迫不得已动用的手段。这一见识的确是超越一般古人而长领历史风骚的。而晋国始终坚持与楚国为敌，一味打压楚国，到头来，只能是自我毁灭，走上“三家分晋”的末路，而给秦国提供了坐收渔利的机会。

其三，在国家核心利益的追求过程中，大国有矛盾乃至冲突，是十分正常的。关键是要选择正确的方针策略去应对，对冲突进行控制，要善于妥协，把握分寸，收放自如，恰到好处，见好就收。以对话、谈判为主要手段。在今天来看，公元前546年向戌所倡导的弭兵运动⑥之实质，是典型的春秋时期“G2”⑦，是所谓的晋楚共治天下。换言之，乃是当时中原长期争霸的两大主角晋、楚彼此承认战略均势，互相妥协，分享霸权。对于晋楚等大国而言，弭兵的圆满成功，使得它们能够从漫长而沉重的对外争霸战争中暂时摆脱出来，这当然有利于减轻战争的负担，赢得宝贵的喘息与恢复时机。同时，随着外患的暂时淡出，各国内部的统治秩序就可以较好地理顺了，各种内政改革措施可陆续推出并着手实施了，利益集团的统治权益重新洗牌、重新配置的速度也能够大大地加快了。这样，就有力地促进了统治集团内部的新生力量的成长壮大，为适应历史大潮流，在日后建立起新的运行机制，开辟了道路，创造了条件。显而易见，“向戌弭兵”的成功，就是当时大国关系处理上的一个很好范例，值得我们今天借鉴。

（根据中国人民大学国际关系学院“名家论道”讲坛的演讲编订）

注释：

①《论语·季氏》。

②《史记·秦本纪》。

③《诗·秦风·无衣》。

④《孟子·告子下》。

⑤《诗·大雅·荡》。

⑥弭兵运动：春秋中期，中原地区形成晋楚争霸的局面，由于这两国长期对抗，兵祸不断，一些小国及人民饱经战乱。尤其是郑宋两国，常常是被争夺的目标，受害最严重。因此，在郑宋两国人民以及中小国家的反对下，晋楚争霸战争失去了社会支持；再加上诸侯国内部卿、大夫的权力斗争，使得国君无力对外扩张。在此情势之下，公元前579年，宋国大夫华元首先倡导和平，发起和主持了以“弭兵”为口号的和平运动，谋求晋楚和好，订盟互不侵犯，可惜为时三年，因楚国背约而结束。三十多年后（公元前

546年)，宋大夫向戌再次倡导弭兵之盟，邀集了晋、楚、秦、齐、宋、鲁、郑等十多个国家，在宋国召开了规模盛大的休兵会议。此后四十年间，晋楚未再发生战争，各国得以维持暂时的和平。

⑦G2:“中美共治论”，源于美国经济学界新造词汇“Chimerica(中美国)”，原指最大储蓄国与最大消费国——中美构成的利益共同体，及这两个相互依赖的经济模式对全球经济的影响。随后，“Chimerica”被美国国际关系学者描述为建立中美平等协商、领导全球经济事务的G2。但此时的G2仍仅限于经济领域。随着全球金融危机的纵深蔓延，主要发达国家普遍出现衰退，而中国巨额的外汇储备、快速的反应、果断得力的应对、依然被看好的经济前景，使中国成为亮点。西方社会出现将遏止全球性衰退的希望寄予中国的舆论倾向。美国一些政要提出，美中应确立G2关系。G2由此从经济双峰被延伸到政治范畴。伦敦峰会期间，中美政策走向成为主要看点：佐利克提出的G20的成果有赖于G2发展，更使G2效应急剧升温。伦敦峰会后，英国外交大臣率先将G2推至国际政治框架的战略高度，认为中美将在未来几十年成为世界两强。西方媒体甚至大肆鼓吹“中国提出与美国共管太平洋”。“Chimerica”最终被演绎成“中美共治论”。

附录

南辕北辙：关于研究生培养的断想

德国诗人海涅曾写有这样精辟的诗句:“我播下的是龙种,可收获的却是跳蚤。”用它来观照和衡量现在的国内研究生培养,你就不能不承认:海涅的诗句,真的是天才的预见。

工业化对高等教育中研究生教育的最大影响,或许就是整个专业人才培养上的批量化生产,程式化管理。具体地说,标准化、数字化,成了放之四海而皆准的独门神器,让学生和导师均磨平了棱角,中规中矩地做事服役,而不敢越雷池一步。

我并不想否定研究生培养上讲求操作规范化的必要性与合理性,在近些年来研究生队伍按几何级数翻倍增长,导师群体素质、水平鱼龙混杂、良莠不齐的情况下,讲求培养工作上的规范化是完全必要的,即所谓“没有规矩,不成方圆”。

然而,我个人认为,这种培养模式、管理机制,用于理工科或社会学科上或许比较合适,而落实到传统的人文学科上则很容易导致削足适履、泯灭特色的后果。对于人文学科来说,传统的手工作坊式师傅带徒弟的人才培养途径,似乎要远胜于大工业化背景下的人才批量生产。它符合学术传承的内在规律,能够形成富有鲜明个性的学术风格,而这种风格又可以使得人才拥有创造性的思维，善于在学术上进行创新与突破，成为开拓型的学术薪火传承者。

可是，当今在人文学科研究生培养上的数字化、程式化管理一刀切的简单化做法，则属于治丝益棼。它的良好初衷与最终归宿之间，很有可能是南辕北辙、背道而驰的。

这方面所存在的缺陷，挂一漏万地归总起来，就是形式主义猖獗，大玩花架子，形式大于内容，有哗众取宠之心，无实事求是之意。具体表现为以下几个方面：

首先，是表格名目各异，泛滥成灾。无论是导师，还是学生，从进入培养环节伊始，就不得不与一大堆莫名其妙的表格打交道，制订培养计划要填表，中期综合考试要填表，论文开题要填表，申请博士生课题要填表，学位论文答辩要填表，毕业派遣还是要填表，总之，填表成了人才培养过程中的一项重要工作，而不少表格在设计上肯定不是深思熟虑的产物，而是让大家为填表而填表，所以，即便是填了表，签了字，也不见得在日后学习、研究的过程中会执行落实，而管理部门在日后更不见得会仔细考核，严格要求填表人逐一落实。一句话，它大多是虚应故事，彼此虚与委蛇，走个过场。既然这是画饼充饥、纸上谈兵的事情，又何必一开始时就搞出一副大动干戈、煞有介事的模样，让学生与导师为此浪费时间与精力，难道就为了虚张声势、虚晃一枪而已？

这中间，最无聊最扯淡的表格，就是研究生刚入学时就填写的“培养计划表”。说实在的，像历史学等专业，一个刚刚考上硕士生或者博士生的同学，对自己接下来的学术兴趣、学术规划、研究现状、研究能力以及可能的学术主攻方向基本谈不上有什么感觉，尚处于茫无头绪的状态，所以，他或她也就很难早早地梳理清楚研究的思路，选择研究突破的方向。要尽快进入研究的前沿阵地，他们就必须在接下来的时间里，了解和掌握自己研究范围中的研究现状与发展趋势，在此基础上，慢慢地弄清楚自己究竟喜欢研究什么问题，搞明白自己究竟能够研究什么问题。这之后，才可以基本明确并选择自己读书期间的大致学术研究主题与方向。可是，现在却要求研究生，尤其是博士生一入学就选择具体的研究方向，并制订出详尽细致的相应工作计划，这显然是强人所难的做法。学生们即便填了表，那也是闭门造车、瞎编一气而已，是不具备操作性的，也是缺乏落实相关计划的保证的。而其导师在未完全充分了解自己学生的情况之下，也是很难提出实质性的计划修改建议的。

所以，新生此时填写的表格，不过是自己在规则的要求下，临时拼凑出来的计划表，没有价值，缺乏必要，完全可以不填或仅简略填一下应付就可以。如果，太把它当一回事，那真的是买椟还珠，脑子进水了。所以，我在指导硕士生、博士生时，对学生提交的这类表格，一般是不会太较真地审读把关的，只要表格上的空白之处已被文字基本填满，相应环节没有缺漏的，我就毫不犹豫签名通过。

其实，大家都知道一个基本道理，即计划赶不上变化。《何博士备论·霍去病论》有云："法有定论，而兵无常形，一日之内，一阵之间，离合取舍，其变无穷。一移踵，一瞬目，而兵形易也。"用之观照我们制订所谓的研究生培养计划，实不无启迪意义。人文学科的研究自有其内在的规律，讲求灵光闪现，文思泉涌，立地顿悟，豁然开朗。最犯忌的是中规合矩、刻板僵化。学生在三到四年的学习期间，学术关注上的兴奋点或许会转移；学术研究的潜力与特长有个性上的极大差异，如有的沉潜守拙，适合于做精细的考证；有的高明灵动，擅长于从事思辨色彩浓厚的阐释。而这些都需要学生在治学过程中渐渐实现自我定位，需要导师在指导过程中慢慢地去发现，否则就等于是作茧自缚，即所谓"守一定之书，以应无穷之敌，则胜负之数戾矣”[①]。

我读硕士生、博士生那个时代，并没有这么多乌七八糟的表格要填写，不是也顺顺当当走到今天了吗？那个时候，学位论文可以写成像模像样、花团锦簇的正经论文，也可以拿以校勘注疏为主体但又确有学术价值的古籍整理成果去交差。没有人会来横加干涉。甚至在一些老先生眼里，与其炮制玩弄概念、故弄玄虚、虚张声势、大而无当的高头讲章，不如脚踏实地做些文献整理的基础性工作。更何况，文献整理同样是发现问题，并运用厚重的学科知识、正确的研究方法来解决问题的训练过程，同样可以提升学术研究的能力，同样是学术文化传承上的创造性努力。

也是在那个时候，学位论文的选题也可以随时改变，根本没有什么固定的计划。像我的博士生同学齐涛教授，刚入学时初定的题目是对韩偓《香奁集》的整理与研究，可一年后便换成了唐代盐政研究，从原先的以文学史研究为对象，变更为以经济史研究为对象，跨度不可谓不大，可谁也不觉得有什么不妥；而我本人的博士学位论文题目，更是到临近毕业前三个月时才最终确定下来，且与最初的题目有了很大的不同，即由整体考察两汉儒学演变的历史，换成了专门讨论董仲舒思想的内涵与意义。这同样也没有导致任何麻烦。如果事先有什么计划，那么，这计划岂不等同于一张废纸？

所以说，没有计划，这恰恰是最好的计划，就像武侠小说中所讲的那样，无招胜有招。应该讲，这合乎兵法上所揭示的克敌制胜的最高原则：“兵无常势，水无常形，能因敌变化而取胜者，谓之神。”[②]

其次，是规定要主修完相当数量的学分，搞莫名其妙的课程体系。研究生，尤其是博士研究生的课程开设不开设，开设多少门才合理适当，怎么开设，等等，同样关系到研究生培养的质量。

研究生是不是应该上课，回答当然是肯定的，天底下，哪有作为学生而不用上课的道理。问题是，现在各个高校研究生的课程设置，似乎很有值得反思和改进的地方。仅就我所比较熟悉的历史学专业而言，其形式上的欠缺，至少有两个地方。

一是课程多为本科生专业课程的放大或延伸，改头换面，了无新意，没有体现研究生教育自身的特点，侧重于一般知识性的传授，而较为忽略对创造性思维的培育和对方法论运用的掌握。如我所在的中国人民大学国学院，本科阶段开设有"中国思想史研究"，而硕士生学习阶段又开设有"古代思想家研究"，多年来一直如此。其实，要对这两门课之间的异同作区隔与界定，是比较困难的。学生们在短短的时间里，修读两门性质相近、内涵相似的课程，自然不太容易激发起学习的兴趣，其授课的效果、接受的能量肯定会相应打折扣。

二是课程的数量太多，学分要求牵着同学们的鼻子走，让大家把大量宝贵的时间耗费在课堂听课记笔记上，严重缩减了研究生能自主支配的学习和研究时间，其研究的主动性与积极性无形之中受到侵蚀，与培养研究生独立从事研究能力的宗旨背道而驰。在我们现在的体制之下，政治理论课、外语课是人人都得受教的，这一点，可以暂且不论。但专业课开设得这么多，则是大可不必了。除了讲授研究方法论的课程和开展重大学术专题讨论的课程之外，一般的知识性介绍课程完全可以减省掉，以大大压缩学分修习的数量。这样，学生便可以拥有更多的自由支配时间，为泡图书馆、读文献资料乃至外出进行学术考察、参加学术会议提供更大的空间。

以过来人的切身体会，我觉得课真的不必多上，关键在自学。记得我在杭州大学历史系跟随黎子耀师攻读硕士生、研习先秦史期间，专业课程也就两门，一门是先秦史专题研究，一门是先秦文献研究，学得很轻松，可同时也学得很有效率。再如，在山东大学历史系师从王仲荦师、杨向奎师、田昌五师攻读博士学位时，专业课更只剩了“先秦史研究”一门了，由徐鸿修教授负责讲授。这同样也不曾影响到我对专业知识的系统学习，对研究能力的专门训练。

另外，我个人认为：与其上大量少有新意、乏善可陈的课程，倒不如多听些权威学者的专业讲座，因为这些讲座或是讲演者本人殚毕生精力所提炼而得的学术精髓，或为学术前沿信息与动态的第一时间反馈，对于拓展学术视野，掌握学术信息，了解学术新见，借鉴学术研究方法，均不无裨益，受用良多。

我的本科生、硕士生学习生涯都是在杭州大学度过的。上有天堂，下有苏杭。江南忆，最忆是杭州。对杭州这样的好地方，外地的学者都有游历的兴致与意愿，所以，当时好多的学术会议都在杭州开。历史系的领导很是敬业，处处为学生们着想，于是秉持江湖的规则，“此山是我开，此树是我栽，打从杭州过，留下买路钱”，诚诚恳恳地请求那些专家留下“买路钱”：给杭州大学历史系的同学们作专题讲座。吾生也有幸，曾聆听过多场精彩的学术讲座，近距离感受了不少史学大师的学术风采。这个名单可以列上长长一串，包括有：著名历史地理学专家、复旦大学的谭其骧先生，著名经济史专家、厦门大学的傅衣凌先生，著名古文献学专家、华中师范大学的张舜徽先生，著名先秦史专家、兰州大学的赵俪生先生，著名法国史专家、北京大学的张芝联先生，著名先秦史专家、吉林大学的金景芳先生，著名宋史专家、北京大学的邓广铭先生，著名先秦史专家、中国社科院历史所的张政烺先生，著名明史专家、中国社科院历史所的谢国桢先生，著名史学史专家、华东师范大学的吴泽先生，著名俄国史专家、北京大学的张蓉初先生……至今思及，犹是悠然神往，感恩于上苍的眷顾！

与课程设置平庸无特色、课程过于繁多相比，授课内容上过分强调系统性、完备性，授课方式上与本科生授课雷同性、同质化，则更严重影响到研究生培养质量的提高。

《孙子兵法》有云："无所不备，则无所不寡。"[③]研究生的授课最忌讳的就是追求面面俱到，作平铺直叙式的介绍。研究生不同于本科生，一般的历史学知识他们早已有所接触和掌握，在这种情况下，你若是泛泛地介绍某一领域的知识，一定无法得到他们的认可，听你口干舌燥地讲，远不如他们自己上电脑，到百度、谷歌的检索系统中去检索和了解。他们听你的课，是要听你别开生面的见解，了解你发现问题、解决问题的思路与方法。可是，每个老师的知识结构中都一定会有软肋的，有学术上的盲点，其真正有独到研究心得的，是非常有限的。如果过于追求系统性，那么，许多内容的讲授只能是浮光掠影、浅尝辄止。

像我本人，虽以思想史为专业，但有所擅长的不过是先秦军事思想和两汉经学思潮而已。而"古代思想家研究"这门课，从系统性、体系性完备考虑，魏晋玄学、宋明理学的代表人物就应该讲到，而我哪里做得到，硬要讲的话，也只能拿本参考书，依样画葫芦式地复述一遍，这难道有意思吗？所以，我开这门课时，每讲完两汉思想家，就加以"腰斩"，打住不往下说了，这显然是不符合课程教学大纲的要求的。

其实，真正有价值的课程，都是那种富有学术个性特色的课程。不应该强调体系性、系统性。这方面前辈学术大师已为我们做出了很好的榜样。马叙伦先生当年在北大讲授《庄子》，一个学期就讲了其中的《天下》一篇，遂得"马天下"的雅号。

陈寅恪先生在清华大学讲授中国通史课程中的"晋南北朝史"，第一堂课就开宗明义申明："本课程虽属通史性质，也不能全讲。如果各方面都讲一点，则类似高中讲法，不宜于大学。每星期两小时，在听者或嫌其少，在讲者已恨其多。其原因有三：（一）自己研究有限，自己没有研究过的，要讲就得引用旁人的研究成果和见解（包括古人的和今人的）。这些，都见于记载，大家都能看到，不必在此重说一遍。（二）有些问题确是值得讲，但一时材料缺乏，也不能讲。（三）以前已经讲过的也不愿意再重复。有这些原因，所以可讲的就更少了。现在准备讲的是有新见解、新解释的。”④这可谓是真正的“通人之论”，应该奉为讲授研究生课程时的最高原则。

我所遇上的不少优秀老师，在给学生授课时，也都或多或少不约而同地呈示着陈寅恪先生的教育理念。如杭州大学主讲“世界上古史”的毛昭晰老师，一个学期下来，就讲了“腊玛古猿”专题；对于古希腊、古罗马，他抄了一黑板的提纲，就算完了。而主讲元史的黄时鉴老师，也只是重点讲了“怯薛”“探马赤军”“也里可温”等几个题目，其他的蒙元史史实，则同样忽略了过去。可恰恰是他们，才是我们当时最崇拜的师长，而且觉得听课最有收获。

至于我的硕士生导师黎子耀先生，他虽给我一个人开设了“先秦史专题研究”和“先秦文献研究”两门课，但是每两周让我去他家里一次，前一门课以王国维的“卜辞中所见的殷先公先王考”为题，对甲骨卜辞所反映的殷代统治谱系展开讨论，提出他自己的看法。后一门课则只讲《诗经》，而《诗经》中则又仅仅疏解了《关雎》一首诗。

到了山东大学读博士期间，徐鸿修教授的“先秦史研究”，课同样在他家里讲，且也只是讲了“周代宗法”“国人议政”等三四个专题。然而，他们的授课，却真的是第一流的课，因为通过他们的讲解，我多少窥见了治学的门径，能帮助自己做到触类旁通、举一反三。所谓“一法通，万法通”，这才是成功的课程设计，典范的研究生教育之道。而今天求大求全的研究生课堂教学与之相比，其水准低下，相距实不可以道里计。

其三，是违背因材施教的原则，泯灭学生个体之间的差异，同时对学术创新作简单化、机械化的理解，任意割裂学术传承与学术创新之间的内在辩证统一关系。

学术的生命力在于创新，这一点是毫无疑问的。但是，现在研究生教育与培养上的问题之一，是将所谓的学术创新流于口号化、形式化，一味强调创新，而相对忽略了必要的传承。事物是辩证统一的，传承与创新互为关系，相辅相成。没有创新，就会窒息学术发展的活力；但没有必要的稳定，创新也会成为无源之水、无本之木式的忽悠。所以，《周易》既有革卦，肯定开拓、变革、创新的意义，又有鼎卦，强调稳定、积淀、厚重的价值，二者不可偏废。在我们中国，保守似乎完全是负面的意义，意味着固步自封、封闭僵化、消极落后；其实，事情哪有这么简单，保守在许多情况下是合理的，也是必要的。因为在某种程度上，坚守自己的核心价值，坚守自己的文化传统，坚持自己行之有效的做法，坚守自己的合理制度，乃是一种美德、一种正能量。

在学术研究上，我们一方面要努力开拓，积极创新；另一方面，也要倡导传承，充分借鉴和汲取前人已有的研究成果，使我们的研究基于原来的学术成绩，又超越于原来的研究成就。然而，我们现在的研究生培养却提倡为创新而创新，这在论文写作上更是强调到了不恰当的地步。

我本人忝列教授之位，也经常受邀担任硕士生、博士生的论文评阅人，或参与同行评议，经常看到评议书的说明文字中，要求评阅人指出该论文有哪些创新，罗列出一、二、三，甲、乙、丙，等等等等。说实在的，我最嫌烦的，就是这个提法了。人文学科，尤其是历史学，其中主要的命题，千百年来，早已让读书人研究得相当饱和了，从某种意义上讲，可谓是“题无剩义”了，哪有这么容易让今天的我们任意创新？

我本人研究《孙子兵法》近三十年，创新的地方少之又少，无非是写过的《“伐交”考》《〈孙子兵法〉与〈司马法〉关系辨析》等论文有些新意之外，其他的方面还不是沿袭古今学术界的成说而已？现在一篇博士学位论文的完成时间一般也就是三四年而已，想有多少创新也实在困难。

我个人认为，一篇博士学位论文，能全面梳理清楚前人这方面的研究状况，个别地方有些自己的看法，文通字顺地写出十多万字来，那就算是一篇优秀的学位论文了。如果念兹在兹地强调创新，那么很有可能会是一厢情愿的白费劲，甚至会“创新”出类似“武大郎个子不会太矮”或“西门庆是君子”这样的胡说八道。

在研究生教学的实施与管理上，同样也不宜刻意追求所谓的“创新”，否则，同样容易走火入魔，大闹笑话。政出多门，朝令夕改，出尔反尔，标新立异，总是喜欢打着“创新”的旗号，悄悄地夹带追求“政绩工程”的私货，让人手足无措，无所适从。法国罗兰夫人有言：“自由，多少恶行借汝名而行。”套用之，我们也可以这么说：“创新，多少折腾借汝名而行。”

明明是培养方案，却故弄玄虚命名为“路线图”；明明是个必读论文选，却煞有介事地宣称为“主文献”，实在看不出有多大的实际意义。况且，即使是同一个专业，学生之间的情况也千差万别，该读的书，该看的文，不应该整齐一律。硬性作统一规定，就违背了古圣贤所提倡的因材施教之道，是值得商榷的。况且，哪些论著该必读，每一位做导师的，也往往众说纷纭，莫衷一是。萝卜青菜，各有所爱。你也许推崇陈寅恪，我可能赞赏梁启超，哪里会有标准的答案？

所以，与其费心在研究生培养问题上大张旗鼓搞“创新”，还不如鼓励所指导的研究生沉静下来，踏踏实实读点书，顺其自然做学问。毕竟，板凳要坐十年冷，文章不写一字空，才是颠扑不破的永恒真理，乃至宇宙真理。

注释：

①《四库全书·子部·兵书类》之《何博士备论·霍去病论》。

②《孙子兵法·虚实篇》。

③同上。

④蒋天枢：《陈寅恪先生编年事辑》卷中，上海古籍出版社，1997 年版，第 94 页。

我的国学观

一、怎么界定国学

国学热是真的一浪高于一浪了，大学里国学院、国学研究院如雨后春笋般冒将出来，社会上“国学大讲堂”“国学总裁班”似过江之鲫不可胜数，中小学开始在教学课程中尝试增加阅读传统文化经典的比重，连一些学龄前的儿童也戴上瓜皮帽、穿上小马褂在那里摇晃着小脑袋放声吟诵“人之初，性本善”。至于在海外文化交流中，国学一样成了强调中国特色、弘扬中华文化的重要话语象征，承担着文明对话的主要角色。季羡林老先生“三十年河东，三十年河西”说，若仅就国学近百年的遭遇而言，倒是十分贴切的比喻。

国学热的兴起，原因当然是多种多样的，不过，其深层次的根源毫无疑问与中国在新世纪全面崛起有关，是中国在世界舞台上闪耀亮相的标志。换言之，在我们与其他国家和民族对话的时候必须有自由的平台和载体，要在传播自己的思想时赢得最广大的认同，即找到文化的最大公约数。这样也可以使对方最大程度地了解我们，减少误解，同时我们也要对西方有所了解，这就是文化的作用。国学就在此时扮演了重要的角色。

但是，国学的定义究竟是什么？它的内涵与外延又该怎么来界定？这始终是个问题。这里，似乎没有必要把诸家的高见一一铺陈开来，否则治丝益棼，聚讼无已，徒增困惑罢了。但是，假如一定要给国学下个简明扼要的定义，我赞同下面的提法，即“国学就是中国固有的传统学术及其研究的学问”。

具体地说，国学包含有三个层面：第一，国学是一种知识体系。作为一个中国人，对中国的传统文化自然应该有一种最起码的亲近感与敬畏心，都应自觉成为一名中国文化的传承者，对唐诗宋词、四书五经、《史记》和《汉书》这些内容应该有基本的了解。第二，国学是一种思维智慧，是中国人的行为方式。不管中国人有没有正式地把国学当作学问来学习，都是在国学的氛围里成长的，受到其熏陶。所谓“随风潜入夜，润物细无声”，因此面对同样的事情，中国人和西方人可能会用不同的方式来处理。譬如，遇上家庭中“红杏出墙”之类的变故，为骑士精神所哺育的普希金，会用决斗的方式与情敌做了断；而受《孙子兵法》、三十六计文化熏陶的中国人，很可能会拜托黑社会老大去把情敌做掉。最后，国学就是它的核心价值观，比如“和而不同”“天人合一”“自强不息”，应该说，这些价值观层面的东西，才是国学最根本的。总之，要清醒地认识国学。要知道，无论是祭孔还是穿长袍马褂，都只是形式——甚至可以说是消极与怪诞的形式，不容否定，国学的核心还是精神。

在强调价值理念为国学核心的同时，我们也不能忽略国学综合性与整体性的特征，不能把国学收缩为单纯的精神、理论层面，而应该系统梳理国学演变的轨迹，区分国学的原生态与次生态，界定国学“道”与“术”的关系。

现在，有不少人在呼吁重归传统，倡导弘扬国学，这当然值得赞许。然而，当激情渐渐消退，理性终占上风之时，我们是否该扪心自问:我们究竟要回归哪个传统,我们到底是弘扬哪种国学?是回到明清,还是唐宋,抑或秦汉,甚至先秦?是依据《隋书·经籍志》所最终确定的经史子集的四部之学,还是复振《汉书·艺文志》所系统构建的六艺、诸子、诗赋、兵书、数术、方技这等六略之学?是回归以经典传承为中心的诗、书、礼、乐、易、春秋的“六艺”呢,还是回归以全人人格培养为宗旨的礼、乐、书、数、射、御的“六艺”?倘若连这些都没有任何感觉,理不清头绪,不知有汉,无论魏晋,却侈言国学,大谈传统,则不免是顾盼自雄、自娱自乐而已。

二、如何认识国学

现在有些人一提到国学,马上想到让小孩读经,穿着长袍马褂上课,穿着汉服唐装祭孔,这实际上真是把国学完全做歪了。假如我们文化里还有好东西的话,那是它的核心价值中还有超越时空的内涵,值得借鉴和继承,而决不能迷恋其骸骨,企图通过形式上的复古来面对现代生活的挑战。所以,在今天我们迫切需要的是怀着忧患意识来反思传统,真正挖掘传统中的好东西。

国学是个好东西,这一点恐怕很少有人会否定,事实上也没有人能否定。然而,我们也应该清醒地看到,国学如同世间其他事物一样,也有它的软肋,也有它的局限性。所谓“尺有所短,寸有所长”。否则,我们就无法解释国学依旧昌盛的清代后期,偌大的中国怎么会在船坚炮利的西方列强侵略面前,被动挨打,几无招架之力,留下极其屈辱的历史一页!

说到底,国学的不少内涵本身就是落后腐朽的,如“君为臣纲、父为子纲、夫为妻纲”的封建“三纲”思想,这种情况,在号称“兵学圣典”的《孙子兵法》中同样有鲜明的反映。如它公然鼓吹“因粮于敌”,主张“掠于饶野”“掠乡分众”,这就是战争中的抢光;

又如它提倡在战争中对敌方实施“堕其城、毁其国”，这也有烧光、杀光之嫌。无怪乎曾有人称孙子是战争中推行“三光”政策的“始作俑者”，话虽然说得有些刻薄，但并非子虚乌有，厚诬古人。

而国学中有的本来是正面积极的内容，但随着时空的变化，时过境迁，渐渐落后于形势，已无法应对时代的挑战，而成为了历史的惰性与包袱。譬如《孙子兵法》所提倡的原始民本观“道者，令民与上同意也”，在其诞生的春秋战国时期，无疑是进步的，但进入近代后，却严重滞后于新型的民主要求了。因为“令民与上同意”，显然是君主为能治之主体，而民众则为受治之客体，是以君主为主导而以民众为附庸。而它本身是无法顺利完成转型，变“令民与上同意”为“令上与民同意”的。

另外，以国学为主要表现的传统文化理念，在许多情况下，是知行割裂的，即说的不是做的，做的不是说的。说得漂亮，却往往是幌子；做得残忍，却常常是真实。如《孙子兵法》乍读之下，会觉得它很爱兵，体恤士卒，视卒如婴儿，视卒如爱子，云云，真的是亲切动听，令人神往。但如果你把它看作是孙子的真实想法，那可就太天真、太离谱了。其实在孙子的眼里，士卒不过是牛羊而已，所以，可以“上屋而抽其梯”，能够“投之亡地然后存，陷之死地然后生”[①]，不存丝毫怜悯之心，只有赤裸裸的敲骨吸髓，还美其名曰“慈不主兵”[②]。

从这个意义上讲，国学绝对不是只有其美、没有其恶的纯粹事物，在它的身上，善与恶、真与伪、美与丑同样交织在一起，我们既不能因它存有糟粕而一概抹杀它，但同样也不能因它今天仍拥有合理的内核而一味拔高它。科学理性以及一分为二永远是我们对待国学应有的立场与态度。在国学热蓬勃兴起的今天，我们对国学多一份冷静、多一点客观显得尤其重要，注意避免因弘扬国学而导致对传统文化的曲解与粉饰，为维系定见而虚幻想象。

事实上，伴随着国学热的迅速兴起，担心也随之而来，其中一种就是对于国学的热情究竟能持续多久而有所担心。我曾经强调心态不要太功利，要汲取国学里真正有价值的精髓，而且不要指望它永远都是高潮。国学发展的前景就是在东西方文明的交流当中让自身变得更厚实，面向世界。而现在国学热潮最大的意义在于调动起了民众对于国学的热情，下一步就是读原本，先振奋再沉淀，这也是一个过程。

另一种担心，也是更为严重的，即忧虑在称道国学的同时，忽略或淡化国学的负面因素，造成封建沉渣的泛起。这也许是杞人忧天，但古人说得好，宜未雨而绸缪，毋临渴而掘井，宁可把问题看得严重一些，也不能高枕无忧，忘乎所以。这时候，保持清醒头脑有利无弊！

三、怎样弘扬国学

对这个问题，学术界与社会上也是说法多样、意见纷纭。我个人认为，在传承与弘扬国学方面，宜提倡“三纲九目”：第一，要强调“三个回归”，即回归文本，回归主流，回归核心。第二，要完成“三个沟通”，即沟通古今，沟通中外，沟通知行。第三，要实现“三个超越”，即超越文本，超越国学，超越国界。

现在，有些人把国学在近现代的中衰、没落完全归咎于五四新文化运动所带来的后遗症，这种说法有些似是而非。我们细加考察就能看到，在“五四”以后国学出现了真正繁荣的高潮。现在很多人研究国学，争论的问题和民国期间争论的东西其实是一样的，讨论的好多问题都是民国时期的翻版。民国的国学教育与国学研究可以分为三大类：第一类就是清华国学研究院，完全是用科学的方法、先进的理念、中西文化汇通的角度进行科学的研究，用科学方法来整理国故，借鉴西方学术、理论、文化及其方法对中国传统文化学术进行综合性研究。第二类可以无锡国专为代表。那里注重国学教育的博雅性，不但践行“文以载道”的理想精神，也注重“游于艺”的艺术陶冶，追求全人人格的滋育培养。诗词歌赋琴棋书画均有较高的造诣，水平都是很高的，比如饶宗颐、钱仲联、冯其庸、王遽常全部是那里出来的，这又是一个路子。还有第三类就是马一浮，他搞复性书院，强调“六艺”为一切学术之本，就是坚守原则，比较传统的做法，可以称得上是原教旨主义者，但最后所有的老师都跑光了，熊十力也不跟他合作，复性书院也搞不下去了。显而易见，清华国学研究的特点是求真务实，无锡国专国学教育与研究的特点就是崇尚博雅，马一浮的国学教育与研究的特点就是追求纯粹。当然，我们今天弘扬国学，就应该有全新的理念与方法，尤其要做到两个“超越”：

第一，超越单纯的汉族畛域。中华民族有五十六个民族，不能因为强调了五十六个民族的个性，淡化甚至否认了作为一个中华民族主体的共性的东西。这个是我们要强调的。不要让少数民族看来，你们这个国学仅仅是你们汉族的学问，这与我们都没有关系。如果我们今天的国学仅仅局限于汉族这一块，这显然会是残缺不全的，既不符合实际，也不利于民族的团结与国家的统一。我们必须特别强调，今天的国学是整个中华民族的共同之学，五十六个民族个个有份，弘扬它也是人人有责。总之，我们的大国学首先应该是超越汉族的。

第二，超越经史子集。为什么后来国学变成大家觉得无用的东西了，或者说淡出了？因为它后来仅限于经史子集了。但是去看一下《汉书·艺文志》，实用之学与理论之学是结合在一起的，“七略”实际上有“六略”。第一略通论，就是理论指导，就相当于今天的马克思主义理论；诸子略，就是中国的学术学派；诗赋略，就是文学艺术创作；兵书略，就是用于指导战争实践的理论及其相应的操作方法；数术略、方技略，这些都是属于自然科学范畴的东西。但经史子集里淡化了这些操作性、实践性的东西。我们现在要做的就是要超越经史子集，回归到《汉书·艺文志》的学科传统中。西周时期的"六艺"，是培养全人人格的，让人得到德、智、体、美全方位发展——精神思想的指导为"礼""乐"，自然科学知识、文化技能的掌握为"书""数"，军事技能、操作实践能力的培养为"射""御"。但孔子之后的"六艺"却变成了纯粹的书本知识。"学习"，一个词有两层意思，不是偏正结构，而是一个并列结构。"学"，首先是从知识层面上学，是被动的、灌输性的学；"习"，是练习，是在实践中练习它、升华它，然后真正成为自己的知识。本来"学习"是个很好的词，现在我们只有"学"，没了"习"的成分了。所以今天弘扬国学，要真正超越经史子集的传统，回归理论与实践相结合的中国传统学术的原生态。实际上，经史子集只是次生态，原生形态应该是六艺之学，就是从西周的六艺之学，一直延续到班固《汉书·艺文志》的六略之学。

总之，现在我们提倡的大国学、新国学，绝对不是要回到单纯的经史子集小小的范围里面，而是要在中西文化背景交融的理念下研究国学，以整个中华民族的共有文化立场而非狭隘的汉族文化角度研究国学。我们还是要包容。当然，包容也不是没有主导，即在坚持主体性立场的基础上，以开放的心态，汲取世界一切优秀文化的精华，源于传统又高于传统。

注释：

①《孙子兵法·九地篇》。

②《事林广记·警世格言》。

现代中国需要国学

现代职场竞争激烈，现代科技日新月异，用六年时间研习中国文化元典的国学生如何面对现代职场？满腹的经史子集能否帮他们找到理想的工作？而这些问题的实质是，现代中国是否还需要国学？现代中国应如何对待具有数千年传统的国学？

国学生的优势在哪里？

问：今年被称为“史上最难就业年”，而国学院的学生却能顺利地找到理想的工作。国学专业的优势和特色是什么？

答：近几年国学院的学生就业总体上比较好，今年尤其突出。我们国学院是一个新生的事物，是新中国建立以来高等院校中第一家国学院。它以教学为主体，同时也包含了科研、社会推广、国际交流等。它的特色和优势主要有四个方面：第一，符合国家传承文化、弘扬文化这一时代主流。中国经过改革开放三十年，经济高速发展的同时，对文化有了新的认识。一个国家综合实力的提高，体现在软实力、硬实力多个方面，而文化是可持续发展的重要内涵。我们应学习西方国家的先进文化，但不能忘掉自己的根，要珍视和维系我们的传统，充分借鉴和运用我们的传统文化资源。

一位著名教授曾说，一般的人学习知识的来源有三个：第一个是摸着石头过河，即从实践中汲取；第二个是横向地学，学习和借鉴其他国家先进文化；第三个是纵向地学，从历史当中学，从传统文化里面学。我们有时候摸着石头过河，如果抬头看看，也许旁边就有座石桥。走过这座石桥，根本就不用摸石头过河了。这座古老的石桥就是传统文化。我们国学院可谓是应时而生。一方面，我们国家自身发展要突破瓶颈，要从传统文化中获取启迪。另一方面，我们国家要真正融入世界，自立于世界民族之林，弘扬国学乃是一个必然选择。

我们从事国学教育与研究不是简单的复古。换言之，今天我们提倡重振国学，是指用新的科学的方法，站在今天的立场，用全新的视野，用世界的眼光，去重新认识国学。一个人不可能两次踏入同一条河流，所以我们倡导的是大国学、新国学，不仅包括经史子集，还包括五十六个民族的传统文化；我们既有传统的国学主体部分，如经学、史学、子学、文学，更包括了国学中新的亮点、新的增长点，诸如西域历史语言文化的传承与研究。

国学专业的第二个特色和优势是对各个学科的贯通。近代以来的文、史、哲学科分类是有意义的，任何一门学科的建立，都有它的合理性，但是，任何一门学科都不能包办天下。我们国学教育与文、史、哲分科教育其实是互补的，它在教学中比较注重打通传统文、史、哲分科的那种界限，尽可能做到贯通，培养通才型人才。中国传统学术有辞章之学，相当于今天的文学；义理之学，相当于今天的哲学；考据之学，相当于今天的历史学。这三者是三位一体的。完全分开的话，这三位一体的整体性就破坏了。另外，中国的学术有自己的特色，经学、史学里的好多东西，你很难认定是哪一科的。你说《史记》是什么？它不仅包括史学、文学，而且包含着深刻的思想，更包含有天文学、经济学、地理学等内容，需要进行整合性的综合研究。

国学专业的第三个特色和优势是回归元典。我们的课程设置中，特别重视古代经典的学习与诠释。例如，《论语》是一门课，《孟子》是一门课，《孙子兵法》是一门课，《老庄》也是一门课。这种课程设置的好处是，学生通读一本经典以后，可以举一反三，触类旁通，有时候以一驭万，即所谓"一法通，万法通"。

国学专业的第四个特色和优势，是我们借鉴古代书院式教育的经验与做法。近现代工业化后的教育方式中，一大特征是批量生产。有些专业需要和适宜于批量化生产，比如社会科学领域的不少学科，而人文科学的个性化特别突出，手工作坊式的路径，师徒相传的方式，或许仍有存在与坚持的必要。我们借鉴古代书院的教学方式，一是实行全程导师制，二是实行游学制度。古人提倡：读万卷书，行万里路。我们每个国学生的本科和硕士阶段各有一次游学机会，到名山大川、历史文化名城游历，从感性上认识当地的历史文化。

国学生既要仰望星空，又要脚踏大地

问：许多人认为，国学院是培养国学大师的，而有的学生却走上了和国学看似不搭边儿的工作岗位，比如有的同学去了银行，您如何看待这种现象？

答：这是一个很正常的现象。中国有多少国学大师？民国时期是国学比较兴盛的时期，但也仅仅出现了马一浮、章太炎、马叙伦、王国维、陈寅恪等屈指可数的几个国学大师而已。任何事业都有两种状态：理想态和现实态。分子只是少数，大多数还是分母。

取法其上，得乎其中，取法其中，得乎其下。国学院一定是以最高的标准来培养学生的。国学大师凤毛麟角，现在没有几个人了，将来也不可能多到哪里去。可是假如没有一个崇高的目标的话，事业就没有一种庄严感和神圣感。

但是在现实生活中，一定要放低身段，脚踏实地。温家宝曾经说过，要仰望星空，脚踏大地。培养国学大师就是我们的“仰望星空”，而培养更多的国学传播者、文字工作者等普通劳动者则是我们的“脚踏大地”，这两者是不矛盾的。

著名思想家的思想都是二元的，像康有为的《大同书》是一个非常宏伟的理想诉求，可是他真正践行的是维新改良。孔子的最高理想是大同，“祖述尧舜”[①]，“大道之行，天下为公”[②]，可他真正努力的方向，是致力于“宪章文武”[③]，是恢复文王、武王、周公的“小康”，所谓“齐一变，至于鲁；鲁一变，至于道”。

国学院有些学生进入哈佛大学、芝加哥大学等世界一流名校深造，他们的外语水平、视野思维和研究潜力，与当年同年龄段的我们相比，可以说，是不可同日而语了。长江后浪推前浪。我们相信，将来一定有国学生的国学造诣超越他们的师长，青出于蓝而胜于蓝，后来居上，这是不可逆转的自然规律。

有些工作与国学的教育研究并没有直接联系，可同样能够发挥一技之长。比如公函写作、邮件联系中，许多人写的公函意思表达不清楚，味同嚼蜡，言之无文。国学专业学生的文笔好，能够驾轻就熟，得心应手。

同时，这些学生可能会带动身边的人接触国学，使社会上普遍弥漫的那种浮躁、焦虑的心态沉静下来，知道什么时候应该放下，什么时候应该舍得，这是国学潜移默化的作用。我认为文化不是学习来的，而是熏陶出来的。我是浙江绍兴人，鲁迅、周恩来、蔡元培、马一浮、马叙伦、马寅初、竺可桢都是绍兴人，为什么有这么多名人？开句玩笑，那可都是臭豆腐、霉干菜、加饭酒的混合味道熏出来的。这些学生像种子一样，渗透于天地之间，改变各行各业的人们对于国学的认识，提升民众的人格魅力。

学生在就业过程中骑驴找马也是正常的现象。实际上，真正有大智慧的人会选择往低处走。著名学者李零教授有一本书就叫作《人往低处走》，是阐述他本人解读《老子》一书的体会与感悟的，这是年过五十且看透世事而有大智慧的人才会有这种觉悟和认识。年轻人还是应该往高处走。

一个学院也是一个团队，包容性是很重要的方面。就业并不是唯一的，我们会尊重每一位学生的自由选择。其实这正好也说明了国学的学习是没有止境的。老子有一句话“少则得，多则惑”④，人在面临众多的选择时难免会产生迷惑。假如我遇到这样的学生的话，我会劝告他，继续研读国学。

国学专业不是“多多益善”

问：国学院的学生就业状况很好，这是否说明，国学专业，以及中国传统文、史、哲专业将会受到职场欢迎？

答：不能简单地画等号。少则得，我们人大国学院，还有武汉大学国学院等属于就此一家，别无分店。而中国是这么大的一个国家，这么大一个就业市场，要消化几十个、百多个国学专业学生还是比较容易的。就好像说，发行一套学术专著，大陆印五千册，可以卖光了；台湾印五百册，可能好长时间也卖不完。你说台湾人不爱学习吗？台湾人同样爱学习，但是它就那么小一个地盘，很容易就达到饱和状态。我们好多专业也是这样，假如大陆出现二百个国学院，学生同样也分不出去。另外，我们毕竟还是处于首都北京，依附于中国人民大学这一名校。人家不仅仅看重国学专业的背景，更是对人大这种名校地位的认同。中国的教育就怕一哄而起。法学好不好？经济学好不好？管理学好不好？可师院、师专都办法学院、财经学院、新闻学院。法学院需要这么多吗？新闻工作者需要这么多吗？

当代社会中，国学传统几近中断，国学人才太少了，所以中国人民大学做得好一点，就会得到社会加倍的重视和欢迎。我们社会对国学是有需求的，而且这个需求随着我们国力的增长，随着我国对文化的日益重视，将保持一种相对稳定的恒量的需求。

问：国学在现代职场中还有哪些作用？

答：在职场中，国学可以改善我们的队伍结构，填补原来队伍的空白，提升职场队伍的总体文化素质，改善我们职场的文化氛围，尤其是扭转价值错位的现象。我想，对于职场文化生态，国学是会产生影响的。现在由于诚信的缺失，大家没有敬畏之心，没有感恩之心，没有是非之心。在社会生活中，大家都是加害者，同时又是受害者。取小利而舍大义，忘恩负义，投机取巧，我们相信，国学所承载的精神会对这些东西有所批判，有所控制的。但这不是一朝一夕的，也不是国学一家可以承担的，还需要法制，需要其他的规章制度，还有领导的表率作用。这是多方面的。但国学从长远来讲，对职场文化建设是可以发挥作用的。

问：有人称，国学教育在大陆已经中断了六十年。据您了解，国学教育在台湾是个什么情形？台湾的大学如何设置国学教育？

答：简要地说，大陆的国学教育中断了六十年是不准确的。我觉得应该说是断断续续、苟延残喘。即使在“文化大革命”的文化沙漠中，人们仍然有机会接触到一些经典著作。当时批判儒家，推崇法家学说，客观上却使我有机会接触到了《韩非子》《刘宾客集》《论衡》《王文公文集》《柳河东集》《曹操集》等一批法家著作；同时当时为了批判儒家学说，也出版了一些儒家著作供批判用，因此我也借此机会阅读了一些儒家著作和诸如《神童诗》《增广贤文》《千字文》《朱伯庐治家格言》《三字经》之类的蒙学作品。

国学在台湾受到重视，一直以高校的国文系教育形式而存在。国文系非常重视国学中最基础的文化教育，比如训诂、文字、音韵等小学知识、版本目录学、经学等等。台湾的哲学系基本上都是西方哲学，中国的哲学必须以西方的哲学体系包装。

近些年人文学科的发展在台湾也遭遇了挑战。如今，台湾教授和科研人员的工资水平基本与以前持平，而大陆高校教师的收入在迅速增加。面对如今的国学热和日益改善的科研环境，无论是科研人员还是学生，都应该保持清醒的头脑。一个人或者一个团队，最危险、最容易遇到挫折的不是在逆境中，而是在顺境中。

最后需要指出的是：国学在发展中既拥有美好的机遇，但也依然面临着不少的挑战，比如说社会上在传播和普及国学方面可谓是鱼龙混杂、良莠不齐；人们对国学的价值和意义的认知也不乏片面或偏激之处，一些封建的糟粕、落后的观念，经常打着国学的旗号而沉渣泛起；另外，国学科研项目中真正有价值的难以获得经费支持，而那些偏重宣传而不是研究的课题却很容易申请下来。总之，开展国学教育与研究，还有漫长的路要走。但是，红杏枝头春意闹，国学教育与研究事业拥有远大的未来，国学人才培养工作拥有光明的前景，乃是毋庸置疑的大势所趋！

（根据 2013 年 6 月 22 日刊《燕赵都市报》采访编订）

注释：

①《礼记·中庸》。

②《礼记·礼运》。

③《礼记·中庸》。

④《老子》二十二章。

图书在版编目(CIP)数据

大写的历史:被忽略的历史文化 / 黄朴民著. —杭州:浙江文艺出版社,2016.4
ISBN 978-7-5339-4441-4

Ⅰ. ①大… Ⅱ. ①黄… Ⅲ. ①中国历史—通俗读物 ②文化史—中国—通俗读物 Ⅳ. ①K209 ②K203-49

中国版本图书馆 CIP 数据核字(2016)第 025047 号

责任编辑 徐 莺
特约编辑 李 烨
封面设计 柏拉图创意机构
版式设计 吕翡翠
责任校对 许红梅
责任印制 朱毅平

大写的历史:被忽略的历史文化
黄朴民 著

出版 浙江文艺出版社
地址 杭州市体育场路 347 号
邮编 310006
网址 www.zjwycbs.cn
经销 浙江省新华书店集团有限公司
制版 浙江新华图文制作有限公司
印刷 杭州广育多莉印刷有限公司
开本 710 毫米×1000 毫米 1/16
字数 187 千字
印张 16
插页 2
版次 2016 年 4 月第 1 版 2016 年 4 月第 1 次印刷
书号 ISBN 978-7-5339-4441-4
定价 35.00 元